청춘아, 겁먹지 마

청춘아 겁먹지 마

김세진

규장

새벽이슬 같은 청년들의 가이드북

이 책은 새벽이슬 같은 청년들을 진심으로 사랑하고 그들을 위해 즐거이 헌신하는 한 청년사역자의 깊은 묵상과 사역 그리고 삶의 이야기입니다. 저는 10여 년간 학원복음화협의회 사역을 함께하며 청년들을 향한 저자의 열정과 헌신을 옆에서 지켜볼 수 있었습니다. 저자의 가장 큰 강점은 다음세대 사역을 향한 불타는 마음입니다. 그는 오랜 시간 청년사역 및 교육 사역의 현장에 있었고 다음세대들을 향한 한결같은 사랑과 열정을 지니고 있습니다. 이 책을 보면 어디서 그런 열정이 나왔고, 저자의 삶과 사역을 하나님께서 어떻게 인도해주셨는지 알 수 있습니다.

겸손하고 성실한 저자는 성경 말씀 곳곳에 있는 '새벽이슬'의 의미를 깊이 묵상하면서 두려움 가득한 이 시대에 새벽이슬 같은 주의 청년들이 어떻게 살아야 할지를 성경적 원리와 생생한 믿음의 체험을 통해서 친절하게 안내해줍니다. 이 원고를 두 번이나 읽었는데, 정말 많은 은혜를 받았습니다. 주의 청년들과 청년사역자들에게 이 귀한 책의 일독을 권합니다.

장근성 목사 학원복음화협의회 상임대표

다음세대를 향한 하나님의 기대와 마음

다음세대를 사랑하는 일에 청춘과 평생을 바친 사람 중에 '성경이 만든 사람 백화점 왕인 워너메이커'를 들 수 있습니다. 그는 청년의 때부터 호흡이 다하는 날까지 다음세대를 사랑하여 평생을 교회학교 아이들을 위해 헌신했습니다. 최근에 다음세대를 위한 사역은 장년 사역을 위해 거쳐가는 사역쯤으로 여기는 풍조가 만연해 있습니다. 그만큼 다음세대를 위해 온전히 헌신하는 전문 사역자를 찾아보기 어려운 시대가 되었습니다. 그런 면에서 저자는 청년들과 다음세대를 사랑하고 그들을 위해 헌신하기를 마다하지 않는 귀한 사역자입니다.

이 책에는 17년간 청년들과 다음세대를 한결같이 사랑하며 섬겨온 저자의 열정과 헌신, 다음세대를 향한 하나님의 기대와 마음, 비전이 담겨 있습니다. 청소년과 청년들, 다음세대와 그들을 아끼고 사랑하는 모든 이들에게 이 책을 추천합니다.

전광 목사 《백악관을 기도실로 만든 대통령 링컨》, 《평생 감사》 저자

청년을 위한 애틋한 마음과 지속적인 분투, 열정적인 조언

영향력 있는 기독교 사상가이자 《순전한 기독교》, 《나니아 연대기》의 저자이기도 한 C. S. 루이스는 일찍이 자신의 책 《네 가지 사랑》에서 순종이 얼마나 어려운지를 토로했습니다. 자신에게 상상(想像)이 순종보다 앞서가는 성향이 있다고 고백하면서, 상상이 순종을 앞서갈 때, 자신이 실제로 도달하지 못한 단계에 도달했다고 착각하면서 자신을 기만하거나 다른 이들을 오도(誤導)할 수 있다고 본 것입니다. 특정한 사람에게만 해당되는 말은 아닐 것입니다. 저자를 오랫동안 봐온 사람으로서 그가 얼마나 열심히 한 방향으로 순종해온 사람인가를 잘 알고 있습니다. 전임사역자로서 그는 17년 동안 청년들과의 사귐을 위해서 헌신했고, 그 부르심을 이루기 위해 온전히 순종해온 사람입니다.

이 책은 그의 헌신과 순종의 결과물로서 청년들을 향한 저자의 애틋한 마음과 지속적인 분투와 열정적인 조언들이 담겨 있습니다. 이 책의

원고를 읽으며 큰 은혜와 감동을 받았습니다. 이 세대를 믿음으로 지탱하며 다음세대에서 지속적으로 활약할 청년들이 저자의 모범과 헌신, 말씀에 바탕을 둔 조언을 통해 큰 도움을 받을 수 있으리라 확신합니다.

장경철 교수 서울여대 기독교학과 교수, 《축복을 유통하는 삶》 저자

청년들의 진정한 지도자

이 시대는 청년들이 꿈을 잃어버린 시대입니다. 내가 누군지도 모르고, 인생의 목적도 모른 채 끝없는 경쟁에 내몰리며 하루하루 마음 둘 곳 없이 살아갑니다. 우리 사회에서 그들을 위한 멘토라고 자처하는 사람들이 있고 정치가들도 그들의 마음을 얻으려 노력합니다. 그러나 청년들의 현실은 여전히 암담합니다. 어느 누구도 이들의 문제를 해결할 수 없습니다. 사람은 해결자가 아닙니다. 사람을 이 땅에 보내신 하나님만이 진정한 해결책을 가지고 있습니다. 그들에게 하나님을 가르치고 스스로 하나님을 바라보게 하는 것 외에 다른 방법은 없습니다.

청년들의 영혼을 위해 울어줄 사람이 필요합니다. 동시에 그들이 나아가야 할 방향을 제시하는 하나님의 사람이 필요합니다. 저자가 바로 그런 사람입니다. 인생의 문제로 울며 고민해보았고, 하나님 안에서 그 문제를 극복했기에 청년들과 함께 울고 웃으며 그들을 이끌어줄 진정한 지도자라고 생각합니다.

저자가 새벽이슬 같은 청년들을 위해 오직 한 길을 걸어오면서 청년들에 대한 그의 마음이 바로 이 책입니다. 책 안에는 청년들의 속성과 가능성, 장단점과 그들의 현실이 나타나 있습니다. 더 나아가 그들을 향한 하나님의 기대와 소원이 뭔지 알 수 있습니다. 우리가 입버릇처럼 외쳤던 '새벽이슬 같은 청년들'이란 말 속에 이런 뜻이 담겨 있었구나!' 깨닫게 될

것입니다. 청년들 자신은 물론이고, 청년을 이해하려는 분들, 그들을 하나님께로 인도하려는 분들이 꼭 읽어보아야 할 책이기에 기쁘게 추천합니다.

황명환 목사 수서교회 담임목사, 《죽음, 새로운 삶의 시작》 저자

겁먹지 말고 내일을 향하여 도전하라

젊은이는 꿈과 비전을 갖고 살아야 합니다. 그러나 오늘의 젊은이들은 '내일이 없다'고 합니다. 꿈이 없기 때문입니다. 꿈이 없으면 도전 정신도 없습니다. 하버드대학교에 이런 낙서가 있다고 합니다. "오늘 자면 꿈을 꾸지만, 오늘 공부하면 꿈을 이룬다."

저자는 젊은이들에게 길을 안내하는 멘토로서 담대하게 "청춘아, 겁먹지 마"라고 말합니다. 성공하는 사람의 특징은 바로 두려움이 없다는 것인데, 이를 잘 반영해줍니다. 그는 이 책을 통해 하나님이 주신 꿈과 약속의 땅을 향해 도전하라며 청년들에게 용기를 북돋아주고 있습니다. 함석헌 선생님은 "꿈이 없는 백성은 망한다"라고 말했습니다. 젊은이들이여! 이 책을 읽으십시오. 겁먹지 말고 내일을 향하여 도전하고 하나님의 꿈을 마음껏 이루어가십시오.

용혜원 시인 유머자신감연구원 원장, 《열정 깨우기》 저자

하나님의 꿈에 동참하라

만나기 전에 기대되는 사람이 있고, 만났을 당시에 좋은 사람이 있는가 하면, 만남이 지난 후에 긴 여운을 주는 사람이 있습니다. 제가 경험한 저자는 마지막 부류의 사람입니다. 또한 훌륭하다 해서 만나보니 평

범한 사람이 있는가 하면, 평범한 줄 알았는데 지나고 보니 '아, 그 분은 진짜였구나!' 하는 사람도 있습니다. 제가 아는 저자는 늘 후자였습니다.

제가 청년 때는 청년에게 미쳐 있는 목사님의 열정과 사랑을 미처 다 깨닫지 못했습니다. 그러나 시간이 지나면 지날수록 제 가슴 저편에서 떠오르는 울림이 있었습니다. '아, 그때 그 목사님은 진짜셨구나!' 목사님은 한 영혼을 향한 사랑으로 인내하며 끈질기게 기도해주셨습니다. 하나님께서는 목사님의 그런 순박하고도 우직한 영성을 통해 많은 청년들을 축복해주셨습니다.

또한 제 기억에 목사님은 바쁘고도 열정적인 사역 중에서도 늘 하나님을 향한 사랑과 우선순위를 잃지 않던 분이셨습니다. 주님께서는 '자기의 일에 능숙한 사람은 왕 앞에 서게 될 것'(잠 22:29)이라고 하셨는데, 청년들을 위해 헌신된 목사님의 그간의 삶과 메시지가 이번 기회에 귀한 책으로 엮어지게 된 데에는 다 하나님의 정하신 뜻이 있었다는 마음이 듭니다. 많은 청년들과 신앙인들이 읽고, 하나님의 꿈에 동참하게 되는 은혜가 있길 기도합니다.

이 책에서 상기시켜주는 것처럼, 청년의 때는 나뭇잎 위의 이슬처럼 금새 지나갑니다. 예쁘다고, 곱다고 나뭇잎 위에만 앉아 있는 이슬들은 해가 뜨면 어느새 흔적도 없이 사그라들어버리겠지요. 반면 굳이 수고스럽게 나뭇잎 밖으로 나가 겁 없이 땅에 떨어진 이슬들은 땅에 부딪혀 부서집니다. 그러나 그렇게 부서진 이슬들은 대지를 적시고 급기야 생명을 풍성하게 하는 일에 쓰임 받게 될 것입니다. '의미 없이 사그러지는 인생이 될 것인가, 아니면 겁 없이 나아가 하나님께 크게 쓰임 받는 청춘이 될 것인가?' 이 책을 통해 해답을 얻을 수 있으리라 생각합니다.

이송용 선교사 《괜찮아, 그래도 널 사랑해》 저자

하나님의 뜻을 품은 한 발 앞선 리더

청년사역은 다음세대 사역과 장년세대 사역의 가교(bridge)이기에 너무나 중요합니다. 하지만 많은 사람들이 이 중요한 시기를 벅차게 헤쳐가는 젊은이들에게 '후회스러운 잔소리'와 '아쉬운 바람'만 늘어놓는 것을 격려라고 착각합니다. 그러나 이 책은 다릅니다. 청년들을 향한 젊은 사역자의 따뜻하고 진심 어린 애정이 넘쳐납니다. 하나님의 뜻을 품은 한 발 앞선 리더의 깊은 묵상과 어둡고 힘든 현실을 이겨낼 만한 지혜를 담고 있습니다.

이 책을 읽다 보면 청춘들이 처한 막막한 현실에 대한 두려움 대신에 하나님을 향한 감사와 찬송 그리고 결단의 고백을 드리게 될 것입니다. 믿음의 분투 현장에서 승리하기 원하는 청년들과 다음세대들이 이 책을 통해 주님의 군사들로 성장하는 일이 일어나기를 기대하는 마음으로 적극 추천합니다.

김한수 목사 한국 NCD 대표

주님을 향한 순전한 사랑의 고백

세상이 두려워하는 세 부류의 사람이 있다고 합니다. 첫째는 비전의 사람이요, 둘째는 소유에 집착하지 않는 사람이며, 셋째는 목숨을 걸고 일하는 사람입니다. 저자를 생각하면 위의 세 가지를 품고 눈물 젖은 언어로 기도하며 불같이 자신을 태워 주님께 바치신 분으로 떠오릅니다.

신학생 시절 개척교회를 섬기면서도 언제나 하나님만을 바라보고 흔들림 없이 청소년과 청년을 섬기며 민족과 세계를 가슴에 안고 부르짖어 간구하던 저자의 기도가 하나님의 때에 아름답게 응답이 된 것을 봅니다. 새벽이슬 같은 청년들과 다음세대를 위해서 땀과 눈물과 피가 묻어 있는 책이 발간되어 기쁩니다. 이 책은 주님을 향한 순전한 사랑의 고백이며 청년들을 향한 애끓는 한 구도자의 외침입니다. 기쁨으로 추천합니다.

김만배 목사 주사랑교회 담임목사, COM선교회 대표

생동감 넘치는 사역 현장 이야기

청년들을 향한 저자의 열정과 사랑은 수년간 함께 동역하면서 익히 알고 있었습니다. 청년들을 향한 그의 사랑은 한 마디로 '대단하다'입니다. 청년사역에 모든 것을 내려놓고 헌신하기란 쉽지 않은 일인데 저자는 언제나 청년들이 우선이었습니다. 청년들을 향한 그 사랑의 메시지가 이 책에 고스란히 담겨 있어서 읽는 내내 감사한 마음이 들었습니다. 왜냐하면 청년들과의 만남과 생생한 사역 현장에서만 경험할 수 있는 생동감 넘치는 이야기들과 고민들 그리고 청년사역자의 열정 넘치는 이야기가 이 책 곳곳에 살아 숨쉬고 있기 때문입니다.

지금 청년사역을 하고 있지만 열정이 정체되어 있거나, 새로운 돌파가 필요한 청년사역자들이 있다면, 또한 자신의 정체성과 비전을 고민하는 청년들에게 이 책을 강력히 추천합니다. 이 책을 읽는 순간 청춘의 열정과 청년들에 대한 소망과 비전이 다시 살아나게 될 것입니다.

민병우 목사 학원복음화협의회 대전충청지역 상임총무

새벽이슬 같은 주의 청년들 일어나

김세진 작사
정상수 작곡

이슬 이 하늘에서부터   내려와 메마른   땅을 적시고

생명력을공 급하듯이   주여   내려주소서   하늘위에서부   터

충 만한은혜 와   능력을 한없 는   지 혜와 권능 을

메   마른   이땅을 적 시고   갈급한 영 혼을살릴수있 도록

새벽이 슬같   은주의청년들일어 나   주의군 사로   굳게서게 하소서

주의은혜로   하나되 게하소서   주의영 광온땅에   드높이게하소 서

* 이 찬양은 저자가 새벽이슬에 대해 묵상할 때 하나님이 주신 감동으로 쓴 가사에 곡을 붙여 만들었습니다.

•

이슬 같은 청년은
하늘의 보물이다

•

성경은 이슬을 하늘의 보물이라고 한다.

요셉에 대하여는 일렀으되 원하건대 그 땅이 여호와께 복을 받아 하늘의 보물인 이슬과 땅 아래에 저장한 물과 신 33:13

이슬은 하늘에서부터 내려와 만물에게 생명력을 공급한다. 메마른 광야 사막지대에서 이슬은 생명 그 자체라 할 수 있다. 그러기에 하늘의 보물이라 불릴 만하다. 시편 110편 3절에서는 이슬 중에서도 새벽이슬을 가리키는 대상을 소개하고 있다. 바로 청년들이다.

주의 권능의 날에 주의 백성이 거룩한 옷을 입고 즐거이 헌신하니 새벽이슬 같은 주의 청년들이 주께 나오는도다 시 110:3

성경말씀을 통해 청년들이 하늘의 보물과 같은 존재임을 알 수 있다. 왜 새벽이슬 같은 주의 청년들이 하늘의 보물일까? 보물의 특징을 하나씩 살펴보면서 나는 그 의미를 묵상하게 되었다. 시편 110편

3절 말씀을 토대로 가사를 지어 만든 찬양("새벽이슬 같은 주의 청년들이 주님 앞에 나오는도다 주님의 이름으로 축복하여 주소서 주의 빛을 발하게 하소서…")이 널리 불렸던 적이 있다. 지금도 많은 교회의 청년들과 청년 공동체들이 이 말씀과 찬양으로 새벽이슬 같은 주의 청년들이 되고자 결단하고 헌신한다.

그러나 새벽이슬 같은 주의 청년들이 된다는 것이 과연 무엇을 의미하는 것인지에 대해서 그 의미를 제대로 아는 사람들은 얼마나 될까? 왜 성경은 청년들을 향해 새벽이슬 같은 주의 청년들이라고 표현했을까? 이 궁금함은 청소년과 청년 시기에 예수님의 십자가 사랑을 체험하고, 이 시기가 얼마나 중요한지를 몸소 깨달아서 젊은이들을 믿음과 비전의 세대로 세우라는 주님의 부르심을 받은 후로부터 내 마음속에서 끊임없이 떠오른 질문이었다.

그런데 이 질문에 대한 답을 명쾌하게 제시해주는 자료나 책을 접하기가 쉽지 않았다. 그럴수록 '왜 성경은 청년들을 향해 새벽이슬 같은 주의 청년들이라고 표현했을까' 하는 궁금증이 더욱 커졌다. 그 답을 얻기 위해 말씀을 묵상하고 간절히 기도하던 중에 '이런 이유로 청년들을 새벽이슬 같다고 하셨구나!' 하는 귀한 깨달음을 하나씩 얻기 시작했다. 그리고 신학대학 시절부터는 24년, 전임사역으로만 17년간 청년들과 다음세대를 일으키는 사역을 감당해오면서, 자신의 정체성과 비전에 대해 고민하는 청소년, 청년들에게 이 내용을 소개하고 그들을 섬겨야겠다는 열망을 갖기 시작했다. 그와 같은 소원을 품게 하시고 구체적으로 준비하게 하신 것도 벌써 10년도 더 된 것 같다. 그러나 부족한 내가 과연 그런 일을 할 수 있을까 싶은 마음에, 그리고 그 같은 소원이 진정 하나님께로부터 온 것이 맞는지를 확인하기 위해 기도하고 하나님의 때를 기다려오던 중 최근에 여러 말씀 구절들과 상황들을 통해 여러 번 확인시켜주셨고 부지런히 글을 정리하라는 마음을 주셨다.

원고 초안이 거의 마무리될 때쯤에 어느 출판사에 출판의뢰를 할지 기도하는데 규장에 원고를 보내야겠다는 감동이 왔다. 규장에서는 대표님을 포함해서 전 직원들이 기도하면서 책을 출판한다는 사실을 알고 왠지 믿음이 갔다. 그래서 출판의뢰를 하고 연락을 기다리면서도 '너무도 부족한 내가 과연 책을 낼 수 있을까'라는 마음과 '하나님께서 감동을 주셔서 시작하고 진행한 일이니 하나님이 이루어가실 거야!' 하는 두 마음이 들었다. 10여 일쯤 지났을 때 출판사로부터 책을 출간하자고 연락이 왔다. 하나님의 뜻이 분명함을 알게 되어 나도 모르게 눈에서 눈물이 흘러내렸다.

청년이 보물인 이유

새벽이슬 같은 주의 청년들이 하늘의 보물인 이유는 다음과 같다.

첫째, 귀하기 때문이다. '희소성'의 원리가 있다. 세상에 여기저기 널려 있는 것은 그리 귀한 대접을 받지 못한다. 반면에 세상에서 얼마 없는 것은 아주 귀한 가치를 지닌다.

지구상에서 유일한 존재인 우리 각자는 하나님이 보시기에 존귀한 존재이다. 따라서 나를 존귀하게 여길 수 있어야 한다. 자기 정체성과 존재감에 대해 심각하게 고민하는 청소년과 청년 시기에는 자칫 사람의 시선과 안목에 흔들리기 쉽다. 하지만 그 무엇이 나를 흔들어도 하나님은 내 가치를 알아주시는 분이다.

축구로 국민적 영웅이 된 박지성 선수는 히딩크 감독과의 만남을 통해 꽃을 활짝 피우게 되었다. 히딩크 감독은 '히싱크'(He Think), 즉 다르게 생각했다. 다른 이들은 대부분 체구가 왜소한 박지성 선수가 국제무대에서 통하기 어려울 것이라 생각했지만 히딩크 감독의 생각은 달랐다. 박지성 선수의 가능성과 가치를 알아본 것이다. 그의 판단은 옳았고 박지성 선수는 한국 축구 역사에 큰 획을 긋는 선수가 되었다.

하나님의 안목은 사람의 안목과는 다르다. 다윗을 택하실 때를 보면 인물이 더 출중해 보였던 다른 일곱 형제들이 아니라 형제들 중에서도 주목받지 못하던 막내였고 아직은 어려서 부족함이 많을 법한 다윗을 택하셨다. 그러면서 이렇게 말씀하셨다.

내가 보는 것은 사람과 같지 아니하니 사람은 외모를 보거니와 나 여호와는 중심을 보느니라 하시더라 삼상 16:7

다른 사람을 함부로 판단하고 평가하지 말고 축복해야 한다. 외모를 중심으로 보려고 하는 나의 시선이 아니라 중심을 우선하여 보시는 하나님의 시선으로 바라볼 수 있어야 한다.

둘째, 가치가 있기 때문이다. 가치가 있다는 것은 곧 많은 값을 지

청춘아 겁먹지마

불했거나 지불해야 한다는 것을 의미한다.

대저 나는 여호와 네 하나님이요 이스라엘의 거룩한 이요 네 구원자임이라 내가 애굽을 너의 속량물로, 구스와 스바를 너를 대신하여 주었노라 네가 내 눈에 보배롭고 존귀하며 내가 너를 사랑하였은즉 내가 네 대신 사람들을 내어주며 백성들이 네 생명을 대신하리니 사 43:3,4

이스라엘 백성에게 애굽을 속량물로 주었다고 하신다. 보배롭고 존귀하게 여기시고 사랑하시기에 그렇게 하신 것이다. 호세아 선지자는 부정한 아내 고멜을 다시 데려오기 위해서 많은 값을 지불한다. 죄인 된 우리를 다시 사시기(살리시기) 위해 우리 하나님은 예수님의 목숨이라는 값을 지불하셨다. 그러므로 우리는 예수님짜리이다. 예수님의 희생 값으로 나를 사실 정도로 나는 참으로 가치 있는 존재이다. 절대로 함부로 취급하면 안 된다.

너희 몸은 너희가 하나님께로부터 받은 바 너희 가운데 계신 성령의 전인 줄을 알지 못하느냐 너희는 너희 자신의 것이 아니라 값으로 산 것이 되었으니 그런즉 너희 몸으로 하나님께 영광을 돌리라 고전 6:19,20

셋째, 보물을 가진 존재의 위상을 높여준다. 나는 누구의 소유인가? 하나님의 소유이다. 하나님이 나의 생명과 호흡을 주시고, 심장 박동을 뛰게 하신다. 내 인생의 주인은 내가 아니다. 내 인생의 주인은 하나님이시다. 그러므로 나는 하나님의 위상을 높여드리며 하나님께 영광을 돌려야 하는 존재이다. 내 인생의 목적과 가치가 무엇인가? 하나님이시고 하나님을 높여드리는 것이다.

내 이름으로 불려지는 모든 자 곧 내가 내 영광을 위하여 창조한 자를 오게

하라 그를 내가 지었고 그를 내가 만들었느니라 _{사 43:7}

이 백성은 내가 나를 위하여 지었나니 나를 찬송하게 하려 함이니라 _{사 43:21}

보석은 절대 자신을 빛내기 위해 존재하는 것이 아니다. 사실 빛낼 수도 없다. 안 쓰면 그뿐이기 때문이다. 운전면허를 따 놓고도 오랫동안 사용하지 않는 것을 장롱면허라고 하듯이 결혼반지가 있어도 화장대 서랍 속에만 넣어두면 그 가치가 드러나지 않는다. 보석은 사용할 때 빛이 난다. 주인의 위상도 높아진다. 우리는 스스로를 빛낼 수 없다. 주인이 사용해주어야 빛낼 수 있는 기회가 주어진다. 어딘가에 쓰임 받고 있다면 하나님이 나를 사용해주심에 감사하자. 절대로 교만해서는 안 된다.

이는 아무 육체도 하나님 앞에서 자랑하지 못하게 하려 하심이라 너희는 하나님으로부터 나서 그리스도 예수 안에 있고 예수는 하나님으로부터 나와서 우리에게 지혜와 의로움과 거룩함과 구원함이 되셨으니 기록된 바 자랑하는 자는 주 안에서 자랑하라 함과 같게 하려 함이라 _{고전 1:29-31}

넷째, 보석은 깎고 다듬어져야 한다. 보석도 처음엔 원석 상태로 발견된다. 발견된 후에는 가공을 거쳐야 한다. 새벽이슬 같은 주의 청소년, 청년들도 아직은 공사중이다. 조급해하지 말자. 다 때가 있다. 우리는 여전히 다듬어지는 중이다. 다 다듬어져 주인의 위상을 높이고 아름답게 빛날 때를 기대하고 기도하며 기다리자.

연단은 하나님의 사람을 아름답게 빚어내는 과정이다. 고난 중에 있을 때는 다 목적이 있고 계획이 있음을 믿어야 한다. 깎이는 아픔을 견디면 결국엔 아름답게 빛나게 될 것이다. 진주는 조개가 자신의 몸 안에 들어온 이물질의 아픔과 고통을 끝까지 견디어낼 때 비로소 영롱하게 빛나게 된다.

지금의 내 모습이 부족하다고 좌절하지 말자. 하나님은 우리를 향한 놀라운 계획이 있으시다. 위대한 조각 작품도 쓸모없어 보이는 돌덩이에서부터 시작된다. 조각가의 시선에는 아직 돌덩이지만 이미 그 속에서 작품이 보인다. 그래서 작품이 완성되기 전에 이미 마음속에 그 작품을 그려놓고 조각한다. 나는 놀라운 작품, 그것도 최고의 걸작품이다. 그러나 아직은 완성되지 않았다. '이미, 그러나 아직 아닌' 상태이다. 깎이는 아픔을 기꺼이 감수하자. 연단을 통해서 멋지고 아름다운 작품으로 빚어내시는 위대한 예술가이신 주님의 손길을 기대하자.

다섯째, 보석은 아름답게 빛난다. 보석이 다 깎여졌을 때, 연단을 거쳤을 때 비로소 아름다운 빛을 내게 된다. 요셉은 온갖 고난의 오랜 연단을 거쳐 애굽의 총리가 되었다. 자신을 미워하고 죽이려 했던 형들을 용서하고 긍휼을 베풀며 구제하고 축복해주었다. 그들을 따뜻한 말로 위로한다.

당신들은 나를 해하려 하였으나 하나님은 그것을 선으로 바꾸사 오늘과 같이 많은 백성의 생명을 구원하게 하시려 하셨나니 당신들은 두려워하지 마소서 내가 당신들과 당신들의 자녀를 기르리이다 하고 그들을 간곡한 말로 위로하였더라 창 50:20, 21

요셉이 어떻게 이런 고백을 할 수 있었을까? 청소년기와 청년기의 고난과 연단을 통해서 아름다운 성품의 사람으로 빚어진 것이다. 결국 그는 많은 사람들을 구제하고 구원하는 도구로 귀하게 쓰임 받는다.

지혜 있는 자는 궁창의 빛과 같이 빛날 것이요 많은 사람을 옳은 데로 돌아오게 한 자는 별과 같이 영원토록 빛나리라 단 12:3

이 땅에서 빛나고 천국에서도 별처럼 영원히 빛나는 존재가 될 것이다. 또 많은 이들에게 꿈과 비전을 심어주고 그들의 가슴에 그 꿈과 비전이 빛나게 할 것이다. 이 얼마나 멋지고 아름다운가!

우리를 이렇게 하늘의 보물처럼 존귀하고 멋진 존재로 부르시는 하나님께 응답하여 젊음과 인생을 드려 즐거이 헌신하며 나아가자. 하나님께는 나의 작음이나 부족함이 아무런 문제가 되지 않는다. 아무리 힘든 시대를 살고 있어도 자신감 없이 겁먹고 미리 포기할 이유가 없다. 하나님께서 나를 향해 얼마나 크고 놀라운 계획을 갖고 계실지, 나를 통해서 이루고자 하시는 위대한 사명은 무엇인지 확인해보고 싶지 않은가? 주저하거나 두려워 말고 당신의 부르심을 확인하라.

너는 내게 부르짖으라 내가 네게 응답하겠고 네가 알지 못하는 크고 은밀한 일을 네게 보이리라 렘 33:3

새벽이슬 같은 주의 청년아, 꿈과 사명을 이루는 데 필요한 것을 아낌없이 부어주시는 하나님께 달려나가라.

하늘의 보물, 청년들을 응원하며
김세진

추천사
프롤로그　이슬 같은 청년은 하늘의 보물이다

나의 정체성

part 1　빛나는 가치를 알라

01　새벽이슬은 맑고 신선하다　24

새벽이슬은 깨끗하고 순수하다 • 이 시대의 다니엘을 찾으시는 하나님 •
하나님의 말씀을 따르고 사랑하라 • 새벽이슬은 신선하다 • 새벽이슬은
생동감이 있다 • 약속의 땅을 향해 도전하라

02　이슬은 하늘 위에서 내린다　51

흠뻑 내려주시는 은혜 • 하늘의 생명력 • 죄 사함과 거듭남 • 비전은 하늘
의 선물 • 불가능한 일을 가능케 하신다 • 지혜의 원천 • 나의 후견인

03　이슬은 부르심을 알게 한다　86

이슬로 사명을 확인한 기드온 • 토기장이의 손에 맡겨진 진흙 • 부르심을
확인하라 • 너는 내 것이다 • 전능하신 하나님의 능력으로

인생의 전투 무기

part 2　믿음 스토리를 만들라

04　이슬은 축복의 선물이다　106

야곱과 에서 이야기 • 신앙의 회색지대는 없다 • 선택의 중요성을 간과하
지 말라 • 믿음의 선택을 하라 • 생명과 번영을 선택하라

05　이슬은 사랑의 설렘을 머금고 있다　124

뜨겁게 사랑하라 • 만남의 축복을 구하라 • 부지런히 찾고 두드려보라 •
배우자를 위한 기도와 확인 • 그럼에도 또다시 사랑하라 • 허물을 덮어주
는 사랑을 하라 • 하나님을 열렬히 사랑하라

06 이슬은 깊은 밤과 새벽에 내린다   148

　　　고난은 인생을 맛깔나게 하는 좋은 재료 • 고난을 견딜 내면의 힘을 길
　　　러라 • 고난의 때에 부르는 노래 • 어려워도 인내하며 때를 기다리라 •
　　　소수의 영적 거장을 길러내라 • 교회의 허리, 하나님나라의 기둥

07 새벽이슬은 날마다 내린다   168

　　　너는 내게 부르짖으라 • 당신을 향한 하나님의 생각 • 그래도 기도해야 하
　　　는 이유 • 끝까지 기도하라 • 뜻이 하늘에서부터 이루어진 것처럼 • 합심
　　　하고 연합하여 기도하라 • 새벽을 깨우는 주의 청년들

08 새벽이슬은 소리 없이 조용하다   186

　　　자기 일에 성실하라 • 조용히 자기 시대를 준비하라 • 온유함으로 마음을
　　　다스리라 • 주 앞에서 겸손하라 • 오직 하나님의 은혜로

인생의 핵심가치

part 3　하나님의 꿈을 이루어가라

09 이슬은 만물에게 생명력을 공급한다   206

　　　사람은 모두 다 목마르다 • 이슬이 만물에게 생명력을 공급하듯이 • 신앙
　　　훈련과 단기선교 • 한 알의 밀알처럼 생명을 살리는 비전 • 북한 땅, 메마른
　　　영혼이 소생되는 그날을 꿈꾸며

10 이슬은 연합할 때 더 큰 능력을 발휘한다   230

　　　연합함이 중요한 이유 • 관계를 통해 행복을 누리는 존재 • 연합은 생명의
　　　축복을 누리게 한다 • 어렵지만 결코 포기할 수 없는 가치 • 작은 불씨 하
　　　나에서부터 • 생명을 살리고 부흥케 하는 능력 • 교회 연합과 부흥의 불씨

11 영적 전쟁의 군사로 주님께 나오라   256

　　　주의 권능의 날에 • 영적 세계에 대한 눈을 뜨라 • 승리하기 위해서는 적을
　　　알아야 한다 • 온 세상의 통치자이신 하나님 • 명장 중의 명장이신 예수님
　　　• 주의 군사들로 훈련되기 • 다음세대를 영적 군사로

에필로그　이슬은 금새 사라진다

청춘아
겁먹지마

나의 정체성

빛나는 가치를 알라

part 1

01

새벽이슬은 맑고 신선하다

새벽이슬은 깨끗하고 순수하다

이슬은 반짝반짝 빛나는
보석 눈망울을 가지고 있다.
그 눈만 팔면 부자가 되는데
마음 착해서 안 판다.

안동대성국교 5학년 손후남, 〈이슬〉

'이슬' 하면 맑고 깨끗한 이미지가 떠오른다. 이슬의 맑은 이미지
처럼 청년들의 이미지 또한 깨끗하고 순수하다. 물론 청년들이라고
다 깨끗하고 맑다고 할 수는 없겠지만 장년 세대와 비교해볼 때 그
래도 아직은 세상의 때가 덜 묻었다. 청년은 은혜를 받으면 계산하

지 않고 자신을 아낌없이 내던지고 헌신한다. 결혼하고 자녀들이 생기면 어쩔 수 없이 이것저것 계산하고 생각할 일이 많아진다. 그래서 바울은 고린도전서 7장에서 장가가지 않은 자는 주의 일을 염려하여 어떻게 하면 주를 기쁘시게 할까 생각하되 장가간 자는 세상 일을 염려하여 어떻게 해야 아내(배우자)를 기쁘게 할까 염려한다고 말했다. 청년의 때는 계산하기보다 아낌없이 헌신할 수 있는, 어찌 보면 무모한 것 같기도 하지만 한편으로는 순수함을 지녔다. 그래서 하나님께서 하늘의 보물 같은 귀한 존재로 여기시고, 새벽에 맺히는 이슬처럼 신선한 주의 청년들이 주님께 나올 것을 기대하고 계신다.

주의 백성이 스스로 원하여, 주의 권능의 날에 참여할 것입니다. 거룩하고 위엄 있게 단장한 새벽에 맺히는 이슬처럼 신선한 청년들이 주님께 나올 것입니다.
시 110:3, 쉬운성경

이렇게 귀한 청년들을 사탄이 가만둘 리가 없다. 이 시대 젊은이들의 마음과 생각을 얼마나 잠식하려 들겠는가! 우리 사회에서 취업난에 시달리고 비정규직 일자리로 내몰리는 청년들을 '88만 원 세대'로 부르기도 했다. 그리고 연애, 결혼, 출산을 포기할 수밖에 없다고 해서 '3포 세대'라고 하였고 내 집 마련과 인간관계까지 포기한 '5포 세대', 더 나아가 꿈과 희망마저 포기하는 '7포 세대'라는 용어가 등장했다. 이뿐만이 아니라 최근에는 다른 것도 다 포기해야 할 처지라고 해서 수학에서 부정수로 쓰이는 N자를 써서 'N포 세대'라는 신조어도 등장했다.

이런 표현들을 들을 때마다 정말 힘든 시기를 살아가고 있는 청년들이 안쓰러우나, 결론은 다른 모든 것들을 다 포기하더라도 주님을 믿고 의지하는 것만큼은 절대 포기하지 말라는 것이다. 주님만이 우리를 도울 수 있는 분이시기 때문이다. 주님은 청년들이 세상 풍조에 흔들려 믿음을 저버린 채 사는 것을 원하지 않으신다. 주의 청년답게 살기를 원하신다. 그렇다면 어떻게 맑고 순수한 새벽이슬 같은 주의 청년으로 주님께 나아갈 수 있을까?

이 시대의 다니엘을 찾으시는 하나님

다니엘은 뜻을 정하여 왕의 음식과 그가 마시는 포도주로 자기를 더럽히지 아니하리라 하고 자기를 더럽히지 아니하도록 환관장에게 구하니 하나님이 다니엘로 하여금 환관장에게 은혜와 긍휼을 얻게 하신지라 단 1:8,9

다니엘은 하나님 앞에 '뜻을 정한 삶'을 살았다. 뜻을 정한다는 것은 중요하고 의미 있는 일을 위해서 뜻깊은 결단을 한다는 것이다. 성경 주석가 볼드윈은 당시 고대 근동국가에서 왕의 진미를 먹는 것은 왕에게만 충성하고 왕만 의지하겠다는 언약관계를 상징한다고 말한다. 그러기에 다니엘의 결단은 바벨론 제국의 인재로 선발되어 교육을 받고 있었지만 바벨론 왕의 통치를 받는 것이 아니라 하나님의 백성으로서 하나님만 의지하겠다는 신앙적 결단이었다. 내 인생의 주인 되시는 하나님의 영광을 위해 살겠다는 분명한 뜻을 세운 것이다. 그렇게 세운 뜻을 지켜가기 위해 왕이 하사한 음식과 포도주로 자기를 더럽히지 않겠다고 다짐했다.

하나님께서 이와 같은 다니엘의 결단을 기뻐하셨고 은혜를 베푸시어 바벨론 왕의 미움을 받기는커녕 도리어 신임을 받고 총리가 되어 큰 영향력을 끼칠 수 있었다. 당신도 다니엘처럼 거룩한 영향력을 끼치며 하나님께 쓰임 받는 인생이 되기 위해서는 뜻을 정해야 한다. 젊은 날 어떻게 살아갈 것인지 인생의 방향과 목적을 정하는 것은 아무리 강조해도 지나치지 않다. 남은 인생이 나아갈 바를 가리키는 이정표와 같기 때문이다.

지금 우리는 문화와 정보 그리고 가치의 홍수시대에 살고 있다. 나름 건전한 문화들도 있지만 세속적인 문화와 가치관이 그 어느 때보다 넘쳐나고 있다. 성(性)적인 부분만 보아도 개방된 정도를 넘어서 성경에서 금하고 있는 동성애에 대해서도 잘못되었다고 이야기하기가 어려운 시대가 되었다. 이런 시대와 세대 속에서 크리스천의 정체성을 가지고 하나님의 백성으로서 뜻을 정하여 살아가는 사람, 특히 젊은이들을 찾는 게 점점 더 어려워지고 있다. 그렇기 때문에 더더욱 이 시대는 다니엘과 같은 주의 청년들이 요구되는 때이다.

한번은 섬기던 청년공동체에서 이 시대의 다니엘이 되자는 의미에서 '뜻을 정한 삶'이란 제목의 말씀을 선포하였다. 물결을 거슬러 올라가는 연어처럼 거대한 세속의 물결을 거슬러 거룩한 하나님의 백성의 정체성을 가지고 하나님 앞에 뜻을 정하고 세상이 제시하는 유혹을 과감히 물리치자고 도전하였다. 이 말씀에 청년들이 하나님의 영광을 위해 뜻을 정한 삶을 살기로 결단하였고 그 뜻을 이루기 위해 절제하고 끊어야 할 것들이 무엇인지를 진지하게 고민하기 시작했다. 몇 명의 청년들과 만나 교제를 나눌 때 한 청년이 말했다.

"저는 오락에 깊이 심취해서 어떤 때는 밤을 새기도 하는데 잘못된 습관을 끊도록 노력하겠습니다."

또 한 청년이 말했다.

"저는 공부하고 연구하는 것을 조금은 절제해야겠습니다."

이 말은 좀 의아했다.

"공부하고 연구하는 것은 좋은 것 아닌가요?"

"좋은 학점을 받고 연구 성과를 내려는 욕심에 새벽까지 연구를 하곤 했는데 그러다 보니 건강도 점점 안 좋아지고 예배도 소홀해지는 것 같아 위기의식이 느껴져 절제하기로 했습니다."

다른 청년이 자신의 마음을 솔직하게 말했다.

"저는 부끄럽지만 술을 끊으려고 합니다. 성경에 술 취하지 말라는 말씀은 있어도 술을 마시지 말라는 말씀은 없지 않느냐며 술을 마시는 것을 대수롭지 않게 여겼습니다. 그러다 보니 친구들에게 크리스천이라는 말을 할 수가 없었고 '교회 가자, 예수님 믿자'는 말은 더더욱 할 수가 없었습니다."

그러자 한 청년이 질문을 했다.

"목사님! 정말 궁금해서 여쭤보는데, 술 마시면 죄인가요?"

내가 되물었다.

"만약 술 마시는 것이 죄가 아니라면 자유함을 가지고 마음껏 마실 건가요?"

물론 그 청년은 확실한 대답을 하지 못했다.

"술 마시는 것이 '죄냐, 아니냐'를 묻기보다 '하나님께서 기뻐하시느냐, 아니냐'를 묻는 것이 중요하다고 생각해요. 비슷한 말일 수도 있지만 하나님의 영광을 위해 거룩한 영향력을 끼치며 살기 위해서 '이것을 해야 하느냐, 하지 않아야 하느냐'를 고민해볼 수 있어야 해요."

그러면서 내가 스무 살 때 겪었던 일을 말해주었다. 내가 하나님의 부르심을 확인하고 신학대학에 입학하기 전 일반대학에 잠시 다녔던 적이 있었다. 입학 후 과 신입생 환영회 때였는데, 과 선배들과 함께하는 자리여서 당연히 술이 빠질 리가 없었다. 신입생들에게 술을 마시라는 미션이 주어졌고 내 차례가 되었을 때 조심스럽게 말했다.

"저는 크리스천이라 술을 못합니다."

순간 분위기가 살벌했지만 흔들리지 않고 선배들이 권하는 술을 계속 마다했다. 사실 나는 술이 체질에도 맞지 않는다. 중학교 때 소풍을 가서 보리음료를 마셨는데 얼마 후에 얼굴이 붉어져서 술 마신 것으로 오해를 산 적이 있을 정도다. 이렇게 몸이 술을 거부해서이기도 하지만 다니엘처럼 거룩한 영향력을 끼치고 싶다는 마음에 스스로 술을 마시지 않기로 뜻을 정했다. 신입생 환영 모임이 다 끝나고 졸업을 앞둔 선배가 이야기 좀 하자고 했다. 단단히 겁을 주려고 그러는 줄 알았는데 그게 아니었다.

"사실은 나도 크리스천인데, 신입생 환영회 때 술을 마시지 말아야겠다고 생각했지만 선배가 권하는 술을 결국 거부하지 못했어! 그 이후로는 크리스천이라고 차마 이야기를 할 수가 없더라고…. 대학생활 내내 그때 왜 용기 있게 고백하지 못했을까 하는 후회가 끊이지 않았어! 너는 절대 흔들리지 마."

선배의 말 속에 진한 아쉬움이 배어 있었다. 정말 후배가 자신과 같은 실수를 되풀이하지 않기를 바라는 진심 어린 마음이 담겨 있었다.

어떻게 살 것인지 분명하게 뜻을 정하지 못하면 세상의 요구에 이리저리 휩쓸려 다니는 인생이 되기 쉽다. 세상에 밀려 요동하지 않고 거룩한 영향력을 끼치는 인생이 되기 위해서 청년의 때에 뜻을 정해야 한다.

하나님은 이 시대의 다니엘을 찾고 계신다. 뜻을 정하여 왕의 진미와 포도주를 거절했던 다니엘처럼 우리를 취하게 하고 방탕하게 만드는 술과 세상의 쾌락에 젖은 문화를 용기 있게 뿌리치고 기꺼이 주님을 섬기기 위해 뜻을 정하는 다니엘과 같은 젊은이들을 애타게 찾으신다. 이런 주님의 마음을 시원케 해드리는 새벽이슬 같은 주의 청년이 곳곳에서 일어나길 기대한다.

하나님의 말씀을 따르고 사랑하라

청년이 무엇으로 그의 행실을 깨끗하게 하리이까 주의 말씀만 지킬 따름이니이다 내가 전심으로 주를 찾았사오니 주의 계명에서 떠나지 말게 하소서 내가 주께 범죄하지 아니하려 하여 주의 말씀을 내 마음에 두었나이다 시 119:9-11

위대한 기독교 사상가이자 교부로 큰 영향을 끼쳤던 어거스틴은 미성년자일 때 수시로 술집에 드나들고 결혼도 하기 전에 아이를 낳기까지 할 정도로 무척 방탕한 삶을 살았다. 그런 그가 회심하고 훌륭한 기독교 사상가의 반열에 들어서게 된 데에는 그의 어머니의 간절한 기도가 밑거름이 되었다. 또한 결정적인 계기가 된 것은 다름 아닌 하나님의 말씀이었다.

또한 너희가 이 시기를 알거니와 자다가 깰 때가 벌써 되었으니 이는 이제 우리의 구원이 처음 믿을 때보다 가까웠음이라 밤이 깊고 낮이 가까웠으니 그러므로 우리가 어둠의 일을 벗고 빛의 갑옷을 입자 낮에와 같이 단정히 행하고 방탕하거나 술 취하지 말며 음란하거나 호색하지 말며 다투거나 시기하지 말고 오직 주 예수 그리스도로 옷 입고 정욕을 위하여 육신의 일을 도모하지 말라 롬 13:11-14

이 말씀이 그의 인생을 송두리째 바꿔놓았다. 이 말씀 앞에 자신의 지난 삶을 돌아보게 된 어거스틴은 회개의 눈물과 함께 참회를 한다. 그의 진심 어린 참회의 고백은 그의 저서 《참회록》에 고스란히 담겼고 이 책은 기독교 서적의 고전 중 하나로 많은 이들의 영혼에 깊은 감명을 주고 있다.

말씀은 능력이 있다. 우리의 혼과 영, 관절과 골수를 찔러 쪼개어 영혼과 행실을 변화시켜 놓는다. 주의 청년들이 온갖 세속의 흙탕물에 자신을 더럽히지 않도록, 아니 어쩌면 이미 더럽혀진 영혼을 다시 깨끗하게 할 수 있도록 하나님의 말씀 앞에 서야 한다.

말씀은 마치 거울과도 같다. 우리의 얼굴에 뭔가 묻은 것이 있으면 그것을 비춰주어 깨끗하게 닦아낼 수 있도록 한다. 뿐만 아니라 성경은 우리가 갈 길을 모를 때 길을 안내해주는 내비게이션과도 같다. 시편 1편에서는 하나님의 말씀을 주야로 묵상하는 자가 복이 있다고 말한다. 말씀은 세상의 가치관에 오염되지 않도록 우리의 마음과 생각을 지켜줄 뿐 아니라 우리 인생을 향한 하나님의 뜻을 알려주기에 말씀을 따라 살 때 형통한 삶을 살 수 있다.

복 있는 사람은 악인들의 꾀를 따르지 아니하며 죄인들의 길에 서지 아니하며 오만한 자들의 자리에 앉지 아니하고 오직 여호와의 율법을 즐거워하여 그의 율법을 주야로 묵상하는도다 그는 시냇가에 심은 나무가 철을 따라 열매를 맺으며 그 잎사귀가 마르지 아니함 같으니 그가 하는 모든 일이 다 형통하리로다
시 1:1-3

말씀에 붙잡혀 사는 것보다 지혜로운 것이 없다. 우리 인생에서 꼭 해야 하는 것 중 하나는 바로 말씀에 투자하는 것이다. 우리의 생애를 성경과 하나님의 말씀에 투자할 때 성경, 곧 하나님의 말씀이 우리 인생을 형통하게 이끌어준다.

나는 20대 청년 시절에 말씀 사랑에 푹 빠졌었다. 신학대학을 다닐 때라 필수과목에 구약성경과 신약성경을 배우는 시간이 있어 과제 수행을 위해 반드시 성경을 읽고 암송해야만 했다. 그렇지만 단지 의무감으로 말씀을 대한 것은 아니었다. 하나님을 더 알고 싶다는 마음과 하나님께 쓰임 받고 싶은 열망이 컸고 그러한 열정이 나를 말씀 앞으로 이끌었다. 그래서 시간이 주어지는 대로 말씀을 붙들고자 노력했다.

언제나 성경을 들고 다니며 자투리 시간을 활용하여 버스나 지하철에서도 손에서 성경을 놓지 않았다. 그런데 버스나 지하철은 많은

사람들이 운집해 있어 성경을 펴는 게 쉽지 않았다. 기도하고 고민하다가 암송구절이 적힌 카드를 활용하기로 했다. 손바닥 안에 다 담길 만큼 작은 크기라 어떤 장소에서든 쉽게 볼 수 있었다.

암송에 열심을 내려고 했던 이유는 또 있었다. 북한의 성도들은 성경을 마음 놓고 볼 수도 없고 성경책도 구하기가 어려워 예전에 들었던 말씀을 기억하며 계속 되새긴다는 이야기가 도전이 되었다. 우리나라에서 그런 일이 생기지는 않겠지만 성경책을 마음껏 볼 수 없는 때가 오더라도 말씀을 암송하고 있으면 믿음을 지켜갈 수 있을 것 같아 말씀암송에 심혈을 기울였다.

버스나 지하철은 물론이고 학교 식당에서 식사하기 위해 길게 늘어선 줄이 줄어들기를 기다릴 때 손에는 항상 암송구절이 적힌 카드를 들고 있었다. 부지런히 말씀을 암송하다 보면 어느새 내 순서가 되어 밥을 맛있게 먹었는데, 그때 성경말씀이 밥보다 더 달고 맛있게 느껴졌다.

주의 말씀의 맛이 내게 어찌 그리 단지요 내 입에 꿀보다 더 다니이다 시 119:103

꿀보다 맛있는 말씀을 혼자만 맛볼 수는 없지 않은가! 그래서 청소년과 청년들을 대상으로 제자훈련, 비전과 리더십훈련, 중보기도훈련 등 양육 훈련을 시킬 때면 언제나 말씀을 읽고 암송할 것을 권면한다.

한번은 청년부에서 리더십훈련을 하는데 함께 섬기던 전도사님이 훈련생들에게 성경 읽기와 암송 과제를 철저하게 시키면서 과제를 두 번 이상 해오지 않으면 탈락시키겠다고 했다. 암송도 매주 점검하면서 글자 하나 틀리는 것도 허용하지 않는 것을 옆에서 지켜보면서 조금 걱정이 되었다. 혹시나 탈락자가 대거 나오지 않을까 걱정했는데 그것은 기우였다. 오히려 더 열심히 성경을 읽고 암송을 했다.

그 덕분에 다음 학기에 잘 훈련된 리더들을 청년공동체에 세울 수 있었다. 힘들게 훈련받은 리더들은 웬만해서는 흔들리지 않았고 맡겨진 영혼들을 잘 섬겼다. 말씀은 영혼을 배부르게 하는 양식일 뿐 아니라 때로 마음이 힘들고 어려울 때 위로와 힘을 주고, 시험이 찾아올 때 이겨낼 능력이 된다.

아담과 하와는 "선악을 알게 하는 나무의 열매는 먹지 말라 네가 먹는 날에는 반드시 죽으리라"(창 2:17)라는 하나님의 말씀에 굳게 서지 못했다. 그 결과 "너희가 결코 죽지 아니하리라 너희가 그것을 먹는 날에는 너희 눈이 밝아져 하나님과 같이 되어 선악을 알 줄 하나님이 아심이니라"(창 3:4,5)라는 사탄의 달콤한 유혹에 흔들려서 넘어가고 말았다. 이처럼 사탄은 성경말씀을 의심하게 하거나 잘못 적용하게 만들어 우리를 넘어뜨리려 한다. 그래서 말씀을 교묘하게 왜곡하여 우리를 넘어뜨리려는 사탄과 이단의 유혹을 분별하고 이겨내기 위해서는 진리의 말씀으로 무장해야 한다. 예수님이 말씀으로 사탄의 유혹을 물리치셨음을 기억하라. 성령의 검인 말씀은 사탄을 대적하고 승리할 수 있는 강력한 무기다.

너는 진리의 말씀을 옳게 분별하며 부끄러울 것이 없는 일꾼으로 인정된 자로 자신을 하나님 앞에 드리기를 힘쓰라 딤후 2:15

교회에서 다음세대 교육을 담당하는 목사로서 성경 읽기와 말씀

암송을 강조하였고 특히 자녀들에게는 학교 공부나 과제보다 말씀 암송을 더 강조하였다. 시험기간에도 성경을 먼저 읽게 하고, 말씀읽기와 암송을 하지 않으면 보고 싶은 TV도 못 보게 했다. 그래서인지 아이들은 당연히 말씀 읽는 것과 암송하는 것이 최우선순위임을 알고 먼저 하려고 한다.

젊은이들에게도 성적 관리와 세상의 스펙을 쌓는 일보다 어린아이처럼 말씀을 사모하는 일에 열심을 내어보라고 진심으로 권한다. 신학교 시절부터는 24년, 전임사역으로는 17년간 청년들을 섬기면서 소중한 젊음의 때를 함께 보낸 지체들이 많다. 그들 중 지금은 결혼하여 부모가 된 이들도 적지 않다. 최근에 그중 한 사람과 만나 이야기를 나누었다.

"예전에 청년부에서 함께 활동했던 한 지체와 제일 행복한 때가 언제였는지 이야기를 나눈 적이 있어요."

"그래요? 그때가 언제인가요?"

"청년부에서 기도와 말씀에 열심을 품었던 때가 제일 행복했었다는 이야기를 했어요. 당시에는 몰랐는데 그때 함께 묵상하고 암송했던 말씀이 지금 힘든 사회생활을 견디게 하는 힘이 되고 있습니다."

당장은 성적 관리와 세상의 스펙을 쌓는 일이 급해 보일지 모르지만 급할수록 기본으로 돌아가야 한다. 신앙인에게 기본 중의 기본은 바로 말씀이다. 우리에게 구원에 이르는 지혜가 있게 하고 우리를 온전한 하나님의 사람으로 자라가게 하는 양분이 되는 성경말씀을 사모하자.

갓난아기들같이 순전하고 신령한 젖을 사모하라 이는 그로 말미암아 너희로 구원에 이르도록 자라게 하려 함이라 _{벧전 2:2}

새벽이슬은 신선하다

주의 백성이 스스로 원하여, 주의 권능의 날에 참여할 것입니다. 거룩하고 위엄 있게 단장한 새벽에 맺히는 이슬처럼 신선한 청년들이 주님께 나올 것입니다. 시 110:3, 쉬운성경

'신선하다'(fresh)는 것은 '새롭고 산뜻하다'는 의미가 있다. 신입생들을 'freshman'이라고 하는 이유도 여기에 있다. 단지 외모가 새롭고 산뜻한 것만이 아니라 생각과 사고가 아직은 새로운 것을 받아들일 수 있는 유연함과 수용성이 있는 때이다.

신학대학교 1학년 과목 중에 철학 수업을 들을 때였다. 교수님이 제일 강조하셨던 것이 바로 생각의 유연함이었다. 건축으로 비유하면 리모델링 수준이 아니라 기존 건물을 헐고 새로운 건물을 짓는 재건축처럼 그동안 매여 있던 생각의 틀을 과감히 깨뜨려야 새로운 사고가 가능하다는 말에 도전을 받아 그 이후로 나름 유연한 사고를 하려고 노력했다.

가끔 청년들의 생각이 획일화되고 고착화된 모습을 보게 되면 안타까운 마음이 든다. 일전에 어느 청년공동체에서 임원들 간에 일어난 논쟁에 관한 이야기를 들었다. 수련회 때 외부 강사를 모시는데

성경을 잘 해석하고 풀어주는 목사님을 모셔야 한다는 임원과 성령의 기름부으심과 은사가 넘치는 목사님을 모셔야 한다는 임원 간에 의견이 나뉘었는데 나머지 임원들도 서로의 입장을 굽히지 않아서 쉽게 결론을 내지 못했다는 것이다. 소위 성경파냐 성령파냐 하는 논쟁은 서로 다른 신앙의 노선이나 색깔을 가진 사람들이나 공동체에서 오랫동안 해묵은 논쟁거리이기도 했다.

어떤 것이 맞을까? 둘 다 맞다. 어느 한쪽이 맞고 틀린 것이 아니라 둘 다 필요하다. 성경을 잘 아는 것도 중요하고 성령의 역사나 은사도 외면하지 않고 사모할 수 있어야 한다. 성경과 성령은 서로 대치되는 것이 아니라 마치 동전의 양면처럼 함께 가야 하는 것이다. 그리고 이 둘은 어느 한쪽으로 치우치지 않는 적절한 균형이 있어야 하고 상호 보완적이어야 한다.

그래서 건강하게 신앙생활을 하려는 이들, 특히 한쪽으로 치우치기 쉬운 젊은이들에게는 어느 하나의 색깔보다는 무지개 칼라 신앙이 요구된다. 각기 다른 색깔이 조화를 이루어서 아름다운 무지개 빛깔을 드러내듯이 신앙에는 다양한 색깔이 있음을 인정할 뿐 아니라 아름답게 조화를 이룰 수 있어야 하는 것이다.

기도를 할 때도 조용히 기도해야 한다면서 큰 소리 내어 기도하는 사람들을 제지시키는 이들이 있는 반면에 조용히 기도하는 것은 제대로 된 기도가 아니라면서 부르짖어 기도하는 것만이 참된 기도라고 하는 이들도 있다. 이 역시 둘 다 틀린 것이 아니다. 어떤 때는 소리 내어 간절히 부르짖어야 하고 어떤 때는 조용히 아뢰거나 침묵하며 주님의 음성에 귀 기울일 수 있어야 한다. 신앙에 있어서 어느 한쪽만을 옳다고 강요하는 것은 바람직하지 않다. 그것은 자칫 균형을 잃게 만들 수 있다. 크리스천들, 특히 청년들은 내 생각이나 선입견에 의해 좌로나 우로 치우쳐 있지는 않은지 주의해야 한다.

영국의 정치가이자 문필가인 필립 체스터필드는 전 세계 천만 명 이상의 독자를 사로잡은 《내 아들아 너는 인생을 이렇게 살아라Letters To His Son》라는 책에서 젊은이들이 자기의 틀이 굳어지기 전에 꼭 해야 할 일을 소개한다. 역사에 관심을 가질 것과 책을 읽는 습관을 들일 것, 사회생활에서 배우고 많은 나라에 가서 견문을 넓히라고 권면한다. 역사에 대해 관심을 갖고 책을 읽음으로써, 그리고 세계 여러 나라에서의 간접경험을 하며 견문을 넓혀야 틀에 굳어지지 않는다. 그렇지 않으면 젊은이들이 자칫 자기만의 틀 안에 갇혀 더 넓은 세상을 이해하는 유연한 사고를 갖지 못한다. 우물 안 개구리라는 말이 괜히 나온 것이 아니다.

주의 청년들은 넓은 세상을 살아가고 있다. 나만 옳고 너는 틀렸다는 식으로 나와 다른 사람들을 품지 못하고 무조건 배척하려는 태도는 자칫 사회에서의 고립을 부를 수 있다. 그래서 청년들은 자기만의 틀을 지나치게 고집하지 않는 유연함이 요구된다. 우리는 진리에 대해서만 타협하지 않으면 된다. 하나님의 사람으로 온전하게 서기 위해 성경말씀으로 무장하고 다양한 책을 읽으며 일반 교육을 받는 것은 우리를 더욱 유연하고 풍성하게 하며 세상에서 영향력을 끼치는 데 꼭 필요한 밑거름이 된다.

새벽이슬은 생동감이 있다

이슬은 소리 없이 조용하지만 그렇다고 정적인 이미지만은 아니다. 오히려 이슬은 만물을 깨우는 생동감을 안고 있다. 새벽이슬 같은 주의 청년들은 활력이 있어야 한다. 무기력하지 않아야 한다. 열정이 없고 무기력한 것은 청년의 이미지가 아니다. 민태원은 《청춘 예찬》이라는 책에서 청춘을 힘차고 활력이 강하며 인생 전체로는 이상과 희망과 기쁨이 넘치는 가장 아름다운 때로 표현하며 예찬하고 있다. 사무엘 울만은 '청춘'이라는 시에서 이렇게 도전한다.

"청춘이란 두려움을 물리치는 용기, 안이함을 선호하는 마음을 뿌리치는 모험심을 의미한다. 때로는 20세의 청년보다 70세의 노인에게 청춘이 있다. 나이를 더해가는 것만으로 사람은 늙지 않는다. 이상을 잃어버릴 때 비로소 늙는 것이다."

열정과 이상이 없다면 20대의 몸이라고 해서 청춘이라 할 수 없다. 청년에게는 열정과 도전 정신을 빼놓고 이야기할 수 없다.

카이스트(KAIST, 한국과학기술원) 바로 옆에 위치해 있던 교회(대덕한빛교회)에서 청년대학부를 총괄하여 섬겼을 때 청년들에게 요셉같이 하나님이 품게 하신 꿈을 품고, 여호수아와 갈렙처럼 약속의 땅을 향하여 도전하자고 선포하였다. 그래서 부임했을 당시 청년대학부에 1,2청년부로 두 개였던 공동체를 세 개의 공동체로 개편하면서 이름을 요셉, 여호수아, 갈렙 공동체라고 지었다. 그만큼 하나님의 꿈을 품고 도전하자는 열망을 담으려 했었다. 그래서 그런지 꿈과 비전, 도전을 격려하는 메시지에 믿음으로 반응하는 청년들이 적지 않았다.

한 청년이 고민이 있다며 찾아왔다. 그는 청년대학부에서 임원으로 섬기다 공동체에서 좋은 자매를 만나 결혼하여 가정을 이룬 형제였다. 카이스트 석사과정을 마치고 박사과정을 위해 지원한 미국의 한 학교에서 유학 허가가 나기를 기다리고 있었다.

"목사님! 저 고민이 좀 있습니다."

"그래요? 무슨 고민인가요?"

"저와 아내가 박사과정 때문에 미국으로 가려고 계획했었던 거 아시죠?"

"그럼요! 알고 있죠. 그 문제 때문에 기도 부탁까지 했었잖아요. 그런데 무슨 일이 있나요?"

"저희도 당연히 미국으로 간다고 생각하고 있었는데 얼마 전부터 마음속에서 다른 나라에 대한 마음이 계속 일어나서요. 기도할 때마다 그 나라가 계속 생각이 납니다."

"다른 나라요? 그 나라가 어디인가요?"

"몽골입니다. 저희 부부가 몇 년 전 몽골 단기선교에 함께 참여한 인연으로 결혼까지 하게 되었잖아요? 그때 저희가 몽골에서 만났던 한 소녀의 얼굴이 계속 떠오릅니다. 그 소녀에게 다시 오겠다고 약속했었거든요. 기도할 때마다 그 소녀의 얼굴이 떠오르는데, 마치 우리에게 다시 오겠다고 했는데 언제 오는 거냐고 묻는 것 같아요."

"그런 일이 있었군요. 기도할 때마다 계속 그런 마음이 든다면 성령님께서 그쪽으로 인도하시는 것일 수 있다는 생각이 들어요!"

"그런데요, 목사님! 정말 고민이 되는 것은, 아내가 임신 6개월째인 것 아시죠? 주변 사람들은 하나같이 일부러 미국까지 가서 아이를 낳으려는 사람들도 많은데 왜 그런 좋은 기회를 마다하느냐, 그것도 몽골에 가는 것 때문에 포기한다는 것이 말이 되느냐고 합니다."

"사람들의 말도 무시해서는 안 되겠지만 하나님의 음성을 듣는 것이 우선되어야 하지 않을까요? 하나님의 뜻이 어디에 있는지, 성령님이 어떻게 인도하시는지 민감하게 알고 반응해야 할 것 같아요. 만약 성령님이 인도하신다면 순종과 결단이 필요합니다. 너무나 중요한 일이니 계속 기도하면서 하나님의 뜻을 구해봅시다!"

그렇게 이야기를 나눈 후에 도움이 될까 해서 형제에게 하나님께 쓰임 받는 사람이 되는 원리를 소개하고 있는 책을 선물로 주었다. 얼마 후 형제가 다시 찾아왔다. 확신과 결의에 찬 표정이었다.

"목사님! 저희 결정했습니다. 몽골로 가는 것으로요."

그렇게 몽골로 떠나게 된 젊은 부부를 위해 마음을 다해 축복해 주었다. 몇 개월 뒤 형제로부터 온 메일에서 하나님께서 몽골로 오게 하신 이유를 분명히 알게 되었다는 기쁜 소식을 듣게 되었다. 《내려 놓음》이라는 책으로 널리 알려진 이용규 선교사님이 부총장으로 섬기고 계셨던 몽골 국제대학에서 IT학과 조교수로 가게 된 것이다. 그는 그곳에서 영어예배를 담당하며 몽골의 청년들을 말씀과 복음으로 섬기게 되었다며 크게 기뻐하였다. 그 청년은 이후 몽골로 인도하신 하나님의 은혜와 섭리, 실수와 부족함에도 한결같이 사랑하시는 하나님의 사랑을 담은 《괜찮아, 그래도 널 사랑해》라는 책을 출간했다. 그는 몽골국제대학에서뿐 아니라 지금은 인도네시아 자카르타 국제대학에서 청년들을 말씀과 복음으로 섬기는 일에 이용규 선교사님과 함께 10여 년 가까이 동역하고 있는 이송용 선교사이다.

최근에, 방학을 맞아 한국에 잠시 들어온다는 소식을 듣고 섬기는 교회 청년부 수련회에 특강을 부탁하여 오랜만에 만나 이야기를 나누는 중에 몽골에 가는 결정을 내릴 때의 비하인드 스토리를 듣게 되었다. 기도할 때마다 몽골에 대한 거룩한 부담이 오는데 주변 사람들은 대부분 아닐 것이라고 해서 고민이 되어 당시 청년담당 목사였던 나를 통해 응답을 달라고 기도를 했었다고 한다.

그래서 만나 고민을 나눌 때 성령님의 인도하심일 수도 있겠다는 이야기와 순종과 결단이 필요하다는 권면을 듣게 되었고 최종 결정을 내리기에 앞서 잠을 못 이루고 있을 때 머리맡에 책이 한 권 놓여 있었는데 내가 선물해 준 책이었다고 했다. 결정을 망설였었던 주된 이유 중 하나는 첫째 아이를 출산해야 하는데 의료 기술이 낙후된 몽골에 가서 잘못되면 어떻게 하나 하는 점이었다. 걱정이 되어 밤새 잠 못 이루다가 머리맡에 있던 그 책을 읽었는데, '사람의 출생 국가는 사람이 정하는 것이 아니라 하나님께 달려 있다'는 글을 읽게 되면서 너무도 분명한 하나님의 인도하심이라는 확신이 들었다는 것이다.

그때 결단을 내렸다고 하면서 고맙다고 했다. 그 말을 듣고 오히려 내가 더 고마웠다. 마침 수련회 주제가 "새벽이슬 같은 주의 청년들이여! 하늘의 비전과 음성에 반응하라!"였기 때문이다. 환경과 상황이나 사람들의 말이 아닌 하나님이 보여주신 비전과 성령님의 인도하심의 음성에 기꺼이 순종함으로 결단을 내렸고 그로 인해 하나님께 귀하게 쓰임 받는 삶의 여정이 청년들에게 좋은 모범과 도전이 된 것이 너무나 고마웠다. 임신 6개월의 아내를 데리고 미국이 아닌 몽골로 가는 것은 분명 쉽지 않은 일이었을 텐데 기꺼이 순종하고 간 것은 주님을 향한, 그리고 몽골의 젊은 영혼들을 향한 열정과 도전정신이 있었기에 가능한 일이었다.

내 교훈은 비처럼 내리고 내 말은 이슬처럼 맺히나니 연한 풀 위의 가는 비 같고 채소 위의 단비 같도다 신 32:2

야곱의 남은 자는 많은 백성 가운데 있으리니 그들은 여호와께로부터 내리는 이슬 같고 풀 위에 내리는 단비 같아서 사람을 기다리지 아니하며 인생을 기다리지 아니할 것이며 야곱의 남은 자는 여러 나라 가운데와 많은 백성 가운데에 있으리니 그들은 수풀의 짐승들 중의 사자 같고 양 떼 중의 젊은 사자 같아서 만일 그가 지나간즉 밟고 찢으리니 능히 구원할 자 없을 것이라 네 손이 네 대적들 위에 들려서 네 모든 원수를 진멸하기를 바라노라 미 5:7-9

미가서 5장은 장차 오실 메시아의 통치와 심판을 예언하고 있는데 하나님의 자녀들을 야곱의 남은 자라고 하면서 여호와께로부터 내리는 이슬 같고 풀 위에 내리는 단비 같다고 소개한다. 이것이 어떤 의미인가? 사막 지대에서 하늘에서 내리는 이슬과 단비에 적셔진 잎은 신선하고 생동감이 넘칠 수밖에 없다. 그래서 8절에서 보듯 젊은 사자와 같다고 표현하는 것이다. 젊은 사자가 용맹함으로 먹이를 사냥하듯이 하나님을 대적하는 원수를 진멸할 것을 기대하고 있는 것이다. 이를 통해서 보더라도 이슬은 절대로 유약한 이미지가 아니다. 이 말씀을《메시지》성경에서 이렇게 표현하고 있다.

정선되고 정화된 야곱 무리는 민족들 가운데 우뚝 솟은 존재가 되리라. 하나님께서 내려주시는 이슬 같은 존재가 되리라. 여름철 내리는 소낙비와 같아서, 사람이 예측하지 못하며, 어림잡거나 어찌할 수 없는 존재가 되리라. 그렇다. 정선되고 정화된 야곱 무리는 민족들 가운데 우뚝 솟은 존재가 되리라. 짐승의 제왕, 양 떼 속을 활보하는 젊은 사자 같을 것이다. 닥치는 대로 잡아먹는 너를 막아설 자 아무도 없겠고, 승리를 거두고 의기양양해진 네 앞에는 더 이상 맞설 적이 없으리라! 미 5:7-9

새벽이슬 같은 주의 청년들은 절대로 나약한 존재로만 머물러서는 안 된다. 원수 마귀의 공격에 늘 당하기만 하고 쓰러져 울기만 하는 청년의 모습은 주님의 마음을 아프시게 한다. 이제는 강한 용사같이 일어서야 한다. 메시아 되신 주님은 원수 마귀를 멸하신 분이시다. 주님은 세상을 통치하시고 다스리신다. 우리는 그분의 자녀일 뿐 아니라 강한 용사라는 사실을 기억해야 한다. 강한 용사여, 주님을 위해 일어서라!

청년들아 내가 너희에게 쓴 것은 너희가 강하고 하나님의 말씀이 너희 안에 거하시며 너희가 흉악한 자를 이기었음이라 요일 2:14

그가 또 언약을 배반하고 악행하는 자를 속임수로 타락시킬 것이나 오직 자기의 하나님을 아는 백성은 강하여 용맹을 떨치리라 단 11:32

약속의 땅을 향해 도전하라

벌써 11년 전의 일이다. 카이스트 서쪽 편에 작은 문이 하나 있었는데 당시 섬기던 교회는 그 문 바로 앞에 위치해 있었다. 비록 작은 문이었지만 그곳에 식당가가 있어서 점심과 저녁 때가 되면 많은 젊은이들이 왕래하는 곳이었다. 모임을 할 공간이 부족한 교회 청년들과 식사 때만 되면 왕래하는 많은 청년들에게 좋은 쉼과 나눔의 공간, 그들과 자연스레 접촉할 수 있는 공간이 필요해 기도하던 중이었다. 마침 교회 근처에 있던 만화방이 이사를 가게 되었다는 소식을 듣고 청년부 부장님 한 분과 임원들과 함께 갔는데 그곳을 임대해서 카페로 꾸미면 좋겠다는 생각이 들었다.

교회에 건의를 했는데 돌아온 반응은 '카페가 왜 필요하느냐, 카페를 운영하려면 재정과 인력이 많이 들고 운영도 쉽지 않을 것'이었다. 지금은 카페를 운영하는 교회가 많지만 그때는 교회에서 카페를 운영하는 것이 흔치 않을 때였다. 어느 정도 예상은 했지만 모든 사람이 반대하는 것을 알고는 아쉽긴 했지만 카페를 만들려는 계획을 내려놓으려고 했다. 그런데 기도하는 중에 계속 마음에서 울리는 음성이 있었다.

'그곳은 내가 너희에게 줄 약속의 땅이다.'

나는 카페가 필요한 이유를 꼼꼼하게 정리한 자료를 가지고 다시 한 번 제안하기로 하고, 기도했다.

'만약 그곳이 하나님께서 주시는 곳이 맞다면 교회에 한 번 더 제안할 때 이번에는 찬성을 안 해도 좋으니 아무도 반대하지 않게 해 주세요. 그러면 하나님의 뜻임을 알고 적극 추진하겠습니다.'

찬성한 사람은 한 사람도 없었다. 그런데 반대하는 사람 역시 한 사람도 없었다. 그곳이 하나님께서 주시려는 약속의 땅임을 확신하고 적극 추진하게 되었고 카페 이름을 위해서도 기도하니 '약속'이라는 뜻의 영어 '프라미스'(promise)로 감동을 주셨다. 이름까지 주셨으니 금방이라도 진행될 것만 같았다.

그런데 또 다른 벽에 부딪쳤다. 구체적으로 추진하는 과정에서 당회에서, 특히 재정을 담당하는 장로님의 반대가 심했다. 카페의 필요성을 느끼지 못했기에 적지 않은 재정이 들어가는 카페를 꾸미는 일에 계속해서 강하게 반대 의견을 내신 것이다.

기도하면서도 걱정스런 마음으로 다음 당회 때 다시 한 번 건의안을 올렸는데 재정담당 장로님이 개인적인 사정으로 불참하신 것이다. 이후 카페에 필요한 커피머신과 음향 장비 등을 비롯한 집기가 예상보다 비용이 많이 들어가게 되어 추가 견적을 올리는 과정에서도 큰 반대 없이, 오히려 카페로 꾸미려면 적지 않은 재정이 들어간다는 것을 인정받는 분위기 속에서 어렵지 않게 승인이 되었다.

이 일을 하나님께서 주관해가신다는 분명한 확신이 들었다. 일을 진행해가면서 반대하셨던 장로님이 오히려 도움이 되었다는 것을 알게 되었다. 그 분의 반대로 시간이 지연되면서 더 세심하게 준비할 수 있었고 인테리어를 전공한 한 청년 자매의 헌신으로 비용이 적게 들면서도 젊은이들이 좋아할 만한 카페 분위기가 나는 공간이 만들어졌다. 이런 힘든 과정을 거친 후에 아름다운 카페 공간이 하나님께서 말씀하신 약속의 땅으로 주어졌다.

'프라미스' 카페는 청년들의 쉼의 공간이 되었을 뿐만 아니라 크리스마스 주간에는 사랑 나눔 자선모금을 하는 등 나눔의 공간으로, 다양한 문화 공연과 행사들을 통해 자연스레 청년들과 이웃 주민들을 섬기고 전도의 밑거름이 되는 공간으로 활용되었다.

그 당시 교회 청년들은 가나안 땅이 약속의 땅으로 주어졌어도 믿음으로 전진하여 성취한 것처럼 프라미스라는 카페를 우리에게 약속의 땅으로 주셨고 진행과정에서 어려움이 있었지만 기도하고 믿음으로 계속 도전했을 때 결국 약속이 실현되는 것을 몸소 체험하게 되었다.

이후 교회 청년부에서 예수제자학교와 비전리더십스쿨이라는 영성훈련을 진행하면서 해마다 2,3개 나라에서 많을 때는 7개 나라에 단기선교 팀을 파송하였다. 그리고 지역의 교회 청년대학부들과 교제하면서 연합기도회 및 연합수련회를 추진하였고, 캠퍼스 복음화를 위해 학원복음화협의회(학복협)에 속한 캠퍼스선교단체들과 힘을 합쳐서 캠퍼스 복음축제를 기도하며 도전할 수 있었다.

그때의 경험은 그 이후로도 청년사역과 다음세대 사역을 계속하는 데 있어서 귀한 경험이 되었다. 사역의 현장에서 어렵고 힘든 일이나 상황을 맞닥뜨릴 때 더욱 기도로 하나님의 뜻을 구했다. 그리고 하나님의 인도하심이 있음을 확인하고 확신하면 담대하게 믿음으로 계속 도전하는 삶을 살게 되었다.

이제 보소서 여호와께서 이 말씀을 모세에게 이르신 때로부터 이스라엘이 광야에서 방황한 이 사십오 년 동안을 여호와께서 말씀하신 대로 나를 생존하게 하셨나이다 오늘 내가 팔십오 세로되 모세가 나를 보내던 날과 같이 오늘도 내가 여전히 강건하니 내 힘이 그때나 지금이나 같아서 싸움에나 출입에 감당할 수 있으니 그날에 여호와께서 말씀하신 이 산지를 지금 내게 주소서 당신도 그날에 들으셨거니와 그곳에는 아낙 사람이 있고 그 성읍들은 크고 견고할지라도 여호와께서 나와 함께하시면 내가 여호와께서 말씀하신 대로 그들을 쫓아내리이다 하니 수 14:10-12

하나님께서 이스라엘 백성으로 주신다고 하셨던 약속의 땅 가나안은 어떤 곳인가? 젖과 꿀이 흐르는 땅으로 묘사되는 그 땅은 가꾸면 비옥한 땅이 되지만 가꾸지 않으면 황무한 땅이 되는 곳이다. 그리고 노력 없이 쉽게 얻을 수 있는 땅이 아니라 전쟁을 통해 쟁취해야 하는 땅이었다. 아낙 사람이라는 거인 족속이 살고 있었고 그들은 군사적으로 잘 훈련되어 있었다. 한 마디로 쉬운 곳이 아니다. 그래서 열두 명의 정탐꾼 중 열 명이나 부정적으로 보고했던 것이다.

그 결과가 무엇인가? 열 명의 불신앙의 고백이 전 이스라엘 백성에게 전염되어 원망, 불평으로 이어졌고 그로 인해 결국 불신앙을 고백했던 사람들은 모두 약속의 땅 가나안에 들어가지 못하고 말았다. 바로 입성할 수도 있었던 땅이 40여 년의 광야 여정을 거친 뒤에야, 그것도 불신앙의 기성 세대는 다 죽고 그 다음세대들이 믿음의 사람 여호수아와 갈렙에 의해 양육받은 후에야 들어갈 수 있었다.

가나안 땅 입성 후에도 그 땅에는 여전히 거인 족속이 살고 있었다. 처음 정탐할 때와 달라진 것은 없었다. 이스라엘 백성은 싸워서 그 땅을 성취해야만 했고 정복 전쟁은 힘든 여정이었다. 땅을 분배받을 때 지파들은 평지를 분배받기를 원했고 정복하기 힘든 산지는 분배받기를 원치 않았는데 특히 요단 강 서편 지역에서 가장 높은 곳인 헤브론 산지는 젊은 사람들도 마다하는 험한 산지였다.

그런데 "이 산지를 내게 주소서!" 라고 여호수아에게 당당히 요구했던 사람이 있었다. 그의 이름은 갈렙이다. 그가 이런 요구를 했을 때의 나이가 85세였다. 그에게는 청년 같은 도전 정신이 있었다. 갈렙이 85세의 나이에도 기력이 쇠하지 않고 젊은이들보다 더 강건할 수 있었던 비결은 늘 꿈과 비전을 먹고 살았기 때문이다. 정탐할 때로부터 45년이라는 시간이 흘렀지만 그의 가슴속에는 하나님의 약속이 언제나 선명하게 빛나고 있었다. 그 약속이 이루어지는 원대한 비전을 가슴에 품고 있었기에 적어도 그의 정신만은 늙지 않았던 것이다.

이처럼 하나님의 약속에 근거한 꿈과 비전이 가슴에 빛나고 있는 한 나이는 더 이상 문제가 되지 않는다. 언제나 청년 같았던 갈렙처럼 새벽이슬 같은 주의 청년들은 가슴속에 분명한 비전과 약속을 품고 있어야 한다. 그럴 때 열정이 있고 생동감이 있을 뿐 아니라 하나님이 주신 약속을 향해 주저하지 않고 도전하는 인생을 살아갈 수가 있다.

하나님이 내게 주신 비전과 약속은 다음세대들이 믿음과 비전의 세대로, 예수 그리스도의 군사들로 자신들의 삶의 자리와 캠퍼스, 나라와 민족, 세계를 구원하고 섬기는 일꾼으로 헌신하여 일어나는 것이다. 쉽지 않은 일이지만 비전과 약속을 주신 분이 하나님이시기에 기도하고 기대함으로 포기하지 않고 계속 도전하며 나아갈 것이다.

아직 꿈과 비전이 분명하지 않더라도 실망하기에는 이르다. 하나님이 나를 이 세상에 존재하게 하셨을 때는 그만한 이유가 있다. 틀림없이 이루어야 할 사명이 있고 주실 약속이 있다. 내가 생각한 것보다 훨씬 크고 놀라운 계획을 갖고 계신다. 위대하신 하나님으로부터 주어지는 사명과 비전, 약속을 확인하고 확신한다면 주저하지 말고 한 걸음씩 그 꿈을 향해 도전해보라. 하나님께서 함께하신다. 이 시대의 여호수아와 갈렙이 되어 하나님이 주신 약속의 땅을 향하여 믿음의 발걸음을 내딛으며 힘차게 도전하라.

02

이슬은 하늘 위에서 내린다

흠뻑 내려주시는 은혜

이슬은 하늘 위에서부터 내려온다. 낮에 대기 중의 뜨거웠던 공기가 밤이 될수록 점점 기온이 내려가게 되면 공기가 냉각되고 대기 중의 수증기는 노출된 물체 표면에 응결되는데 이때 공기 중의 수증기가 하강하여 응결되어 생기는 것이 이슬이다. 이러한 이유로 이슬이 하늘 위에서부터 내려온다고 표현하는 것이다. 성경 여러 구절에서 이슬이 하늘 위에서부터 내려온다고 말씀하고 있다.

여호와께서는 지혜로 땅에 터를 놓으셨으며 명철로 하늘을 견고히 세우셨고 그의 지식으로 깊은 바다를 갈라지게 하셨으며 공중에서 이슬이 내리게 하셨느니라 잠 3:19,20

"공중에서 이슬이 내리게 하셨느니라"에서 '공중'에 해당하는 히브리어 '샤하크'는 '하늘', '궁창' 등으로 번역되며, '내리게 하셨느니라'에 해당하는 히브리어 동사 원형 '라아프'는 이슬, 비 등이 위에서 똑똑 떨어지는 것을 나타내는 동사이다. 즉, 하늘 위에서부터 이슬이 땅으로 떨어져 내려오는 것이다.

이스라엘이 안전히 거하며 야곱의 샘은 곡식과 새 포도주의 땅에 홀로 있나니 곧 그의 하늘이 이슬을 내리는 곳에로다 신 33:28

'하늘이 이슬을 내린다'라는 표현은 하늘 위에서, 즉 하나님께서 은혜를 베푸신다는 것을 함축하는 표현이다. 자기 힘과 능력, 지혜로 살지 않고 하나님께서 내려주시는 은혜를 힘입어 살아간다는 것이다. 이슬이 하늘 위에서부터 내려오듯이 새벽이슬 같은 주의 청소년과 청년들은 하나님께서 위에서부터 부어주시는 생명과 은혜, 지혜와 능력 등을 덧입고 살아가는 존재이다.

우리가 이 땅이 아닌 하늘 위를 바라보고 위로부터 내려주시는 힘과 지혜, 능력을 사모해야 하는 이유가 바로 여기에 있다. '그의 하늘이 이슬을 내린다'는 이 표현을 유진 피터슨은 《메시지》에서 "그의 하늘은 이슬을 흠뻑 내린다"라고 번역하고 있다. 하늘이 이슬을 흠뻑 내리듯이 하나님은 우리에게 아낌없는 은혜를 하늘 위에서부터 내려주신다.

그러면 구체적으로 하나님께서 위에서부터 부어주시는, 하늘 위에서부터 흠뻑 내려주시는 은혜들은 무엇인가?

하늘의 생명력

내가 생명을 유지하며 살아 존재하는 것, 그 자체가 하나님이 내려주신 은혜다. 인간은 태생부터 스스로 존재할 수가 없다. 모태, 즉 어머니 배 속에서부터 하나님께서 생명과 호흡을 주장하신다.

주께서 내 내장을 지으시며 나의 모태에서 나를 만드셨나이다 내가 주께 감사하옴은 나를 지으심이 심히 기묘하심이라 주께서 하시는 일이 기이함을 내 영혼이 잘 아나이다 시 139:13,14

하나님께서 내 내장, 위, 간, 창자 등 신체 내면의 모든 기관을 지으셨다는 것이다. 대표적으로 심장을 예로 들면 우리가 당연하게 여기는 심장 박동도 우연이나 당연한 것이 아니다. 하나님께서 심장 박동을 주관하신다.

전 한동대 교수와 창조과학연구소장을 지낸 김종배 박사는 《신비한 인체 창조섭리》라는 책에서 심장 박동이 결코 우연이 아님을 강조하고 있다. 성인의 주먹 크기만 한 심장의 펌프 작용은 성인의 경우 하루에 약 4.7리터의 혈액을 천 회 이상 순환시킬 정도로 힘차게 움직이고 있는데 이것을 힘으로 환산하면 이 힘은 하루에 사람 성인 신체를 약 1,600미터나 들어올리는 것에 해당하는 힘이다. 이 심장의 수축과 확장의 반복을 박동이라 하는데 평균적으로 1분당 60-70회 정도로 하루 평균 약 10만 번 뛴다. 평균 80세를 산다고 할 때 약 30억 번 정도 심장 박동이 뛰고 있는 것이다. 80년 동안의 힘을 계산하면 30톤짜리 바윗덩어리를 에베레스트산 정상까지 들어올릴 수 있는 힘과 같다고 하니 정말 엄청난 힘이 아닐 수가 없다.

　사람이 살아 있다는 말은 생리학적으로는 심장이 힘 있게 계속 작동하고 있다는 말이다. 이 심장 박동, 심장의 펌프작용을 믿음이 없는 사람들은 그저 우연히 또는 당연히 이루어지는 것으로 여기고 있으니 그야말로 대단한 믿음이 아닐 수가 없다. 하루에 약 10만 번이나 박동하면서 16만킬로미터나 되는 혈관을 통해 사람 신체 내부 각 기관에 약 4.7리터 되는 혈액을 순환시키는데 그것도 한 번도 아니고 천 번 이상 순환시키는 이 심장 펌프 작용을 자신의 힘으로 작동하게 하거나 유지할 수 있는 사람은 아무도 없다.

　처음 전임으로 사역하던 교회에서 경험했던 일이다. 신체가 건강하고 달란트도 많은 성도가 있었는데 작은 교회를 찾아다니며 공연으로 귀하게 섬겼다. 그런데 어느 날 그 분이 갑자기 쓰러졌다는 소식을 듣게 되었다. 심장이 불규칙하게 뛰는 부정맥 증상으로 쇼크가 일어나서 갑자기 쓰러져 앰뷸런스에 실려가셨다. 다행히 생명에는 지장이 없었지만 인공 심장 박동기를 시술받고 주기적으로 배터리를 교환하는 불편함을 감수해야 한다고 했다. 걱정하는 마음으로 병문안을 갔는데 오히려 감동을 받고 왔다.

　"목사님, 그동안 너무도 당연하게 여겼던 심장 박동도 결코 당연한 것이 아니라 하나님의 은혜임을 깊이 깨닫게 되었습니다. 비록 인공 심장 박동기의 도움을 받지만 심장이 뛰는 동안에 하나님께 영광을 돌리는 삶을 살 것입니다."

　심장 박동은 결코 우연이나 당연한 것이 아니다. 내 힘으로 뛰게 하는 것은 더더욱 아니다. 내 심장을 오늘도 뛰게 해주시는 분이 계신다. 그분이 바로 하나님이시다. 이 사실을 믿음으로 고백할 수 있다면 하나님께 감사하는 것은 너무도 당연한 이치이다. 이처럼 우리 인간이 누리는 기본적인 육체의 생명도 내 능력이 아니다. 하나님의 은혜이다. 더군다나 인간은 하나님의 형상대로 지음 받은 존재이다. 하나님을 닮은 존재이고 하나님과의 깊은 교제가 가능하도록 영적인 존재로 지음 받은 인격적 존재이다.

> 여호와 하나님이 땅의 흙으로 사람을 지으시고 생기를 그 코에 불어넣으시니 사람이 생령이 되니라 창 2:7

하나님이 사람을 지으시고 그 코에 생기를 불어넣으셨다. 그래서 생령이 되었다. 즉, 살아 있는 영적인 존재가 되었다. 그렇지 않으면 인간이 다른 동물들과 다를 바가 없다. 인간이 다른 동물들과 달리 영적인 존재가 되어 영이신 하나님과 교제가 가능하게 된 것 또한 얼마나 큰 은혜인가! 이 은혜는 절대 인간 스스로의 능력으로 누리는 것이 아니다. 하나님이 불어넣어주신 생기로 말미암아 가능케 된 것이다. 즉 하나님께서 내려주신 은혜로, 오직 은혜로 가능하게 되었다.

인간이 기본적인 육체의 생명, 그리고 영적 생명으로서의 기능을 유지하면서 전인적인 인간으로서 하나님을 닮은 존재로 영이신 하나님과 교제하는 영광스러운 특권을 누리는 것은 하나님의 은혜의 선물이 아닐 수가 없다. 이 모든 것이 절대 내 힘이나 인간의 능력으로 이루어지는 것이 아님을 잊지 말고 나에게 생명과 호흡을 주시고 주님과 교제하는 기쁨을 주신 하나님께 감사의 찬양을 드리자.

> 호흡이 있는 자마다 여호와를 찬양할지어다 할렐루야 시 150:6

> 이 백성은 내가 나를 위하여 지었나니 나를 찬송하게 하려 함이니라 사 43:21

죄 사함과 거듭남

하나님께서 위에서부터 부어주시는, 하늘 위에서부터 내려주시는 은혜 중 빼놓을 수 없는 것이 바로 죄 사함과 거듭남의 은혜이다. 인간은 하나님의 형상대로 지음 받아 하나님과 교제하게 된 영광스러운 존재이다. 그러나 안타깝게도 첫 사람 아담과 하와의 불순종으로 인해, 정확히 말하면 하나님처럼 될 거라는 사탄의 달콤한 유혹에 넘어가 선악과를 먹고는 하나님과의 관계가 단절되고 마는 인류 최대의 비극을 맞이하게 되었다.

선악과를 먹으면 '정녕 죽으리라'는 하나님의 말씀을 '죽을까 하노라'는 의심에서 '결코 죽지 않으리라'는 사탄의 유혹에 흔들린 하와와 아담이 결국 먹어버린 선악과는 하나님 말씀처럼 인간에게 죽음이라는 쓴 고통과 절망을 경험케 했다.

먼저는 영적 죽음으로 하나님과의 관계 단절을 가져오게 되었고 하나님과의 충만한 교제의 기쁨을 상실하게 되었다. 뿐만 아니라 육체적 죽음의 쓰디쓴 고통도 결국 피해갈 수 없게 되었다. 그 이후로 죽음은 모든 인류에게 가장 큰 절망을 안겨주는 사망의 권세로 득세하게 된다. 인류는 이 죽음의 절망과 사망의 권세 아래에서 벗어날 수 없게 되었고 그것은 인간 스스로의 지혜나 능력으로는 도저히 풀어낼 수 없는 가장 어려운 난제가 되고 말았다. 이것은 모두 아담과 하와의 불순종의 죄에서 비롯되었다. 바울은 "죄의 삯은 사망"(롬 6:23)이라고 분명히 선언하고 있다.

신학자 폴 틸리히는 인간에게 세 가지 공포가 있다고 했다. 그것은 의미 없음에 대한 공포, 죄에 대한 공포 그리고 죽음의 공포인데, 이 세 가지 공포는 인간이 절대로 해결하지 못한다고 했다.

죄와 사망의 짙은 그늘 아래서 신음하는 인류는 어디에서 답을 찾고 구원의 희망을 발견할 수 있는가? 인간 스스로, 인간의 노력이나 능력으로 그 답과 희망을 결코 찾아낼 수가 없다. 인간 내부에서 찾아낼 수 없다. 여기에 인류의 절망이 있다. 그러나 동시에 참된 희망을 발견할 수 있는 길이 있다. 그 답은 있다. 이 죄의 문제, 죽음의 문제를 풀어낼 수 있다면 그것은 인류에게 가장 기쁜 소식, 말 그대로 복음이 될 것은 너무도 분명하다. 그런데 누가 이 문제를 해결할 수 있는가?

죄의 삯은 사망이요 하나님의 은사는 그리스도 예수 우리 주 안에 있는 영생이니라 롬 6:23

모든 사람이 죄를 범하였으매 하나님의 영광에 이르지 못하더니 그리스도 예수 안에 있는 속량으로 말미암아 하나님의 은혜로 값없이 의롭다 하심을 얻은 자 되었느니라 롬 3:23,24

우리 죄를 대신해서 십자가에 달려 죽으셨으나 죽음의 권세를 이기시고 부활하신 예수님의 공로로, 그 예수님을 믿음으로 말미암아 우리에게 죄 사함과 영생을 선물로 주시는 것이다. 이것을 다르게 표현하면 거듭남의 은혜를 하나님의 은혜로 값없이 베풀어주신 것이다.

구원에 대한 갈급함으로 한밤중에 예수님을 찾아온 니고데모에게 주님은 말씀하셨다.

예수께서 대답하여 이르시되 진실로 진실로 네게 이르노니 사람이 거듭나지 아니하면 하나님의 나라를 볼 수 없느니라 요 3:3

여기서 '거듭난다'는 표현은 헬라어 원어로 '겟나오'와 '아노덴'이라는 단어의 합성어인데 그 뜻은 '위로부터 다시 태어나다'라는 뜻이다. 인간이 죄 사함 받고 거듭난 영적 새 생명이 되는 것은 인간 스스로의 능력이나 선행으로 되는 것이 아니다. 그것은 절대 불가능한 것이다. 그러나 위로부터 성령의 능력으로 다시 태어나게 하시는 은혜를 입으면 가능하다. 오직 예수 그리스도의 십자가 공로와 사랑으로, 그것을 깨닫게 하시고 믿고 고백하게 하셔서 거듭나게 하시는 성령의 은혜와 능력만이 우리를 새 사람으로 다시 태어나게 하시는 것이다.

전적인 하나님의 은혜에 의해 인간은 거듭나게 되고 영적 새 생명을 얻고 다시 영이신 하나님과의 깊은 교제가 가능한 존재로 살아갈 수 있게 된 것이다. 거듭남에 있어 구원을 얻고 새 생명을 얻는 데 인간의 노력이나 능력이 배제된다. 그러므로 죄 사함과 거듭남의 은혜는 하나님의 선물이 아닐 수가 없고 이 은혜를 찬양하지 않을 수가 없다.

너희는 그 은혜에 의하여 믿음으로 말미암아 구원을 받았으니 이것은 너희에게서 난 것이 아니요 하나님의 선물이라 엡 2:8

비전은 하늘의 선물

철학가이자 수필가로 한국 사상계에 그리고 젊은이들에게 큰 영향을 끼치셨던 고 안병욱 교수님은 사람에게는 육적인 탄생, 영적인 탄생, 그리고 사명의 탄생이 있다고 말했다. 육적인 탄생을 통해 기본적인 생명을 누리지만 여기에서 머문다면 다른 동물들과 크게 다를 바가 없다. 우리 죄를 위해 죽으시고 부활하신 예수님을 믿을 때 거듭남, 즉 영적인 탄생이 이루어지며 영적 새 생명의 삶이 시작된다. 영적 새 생명의 풍성함을 누리는 것이 큰 은혜이지만 여기에 머물러서도 안 된다. 한 단계 더 나아가야 한다. 마지막 세 번째 탄생은 사명의 탄생이다.

인간은 그저 우연히 이 세상에 내던져진 존재가 아니다. 존재의 목적이 있고 사명이 있다. 다른 말로 하면, 인간은 꿈을 꾸는 존재이다. 이것이 인간이 개와 고양이와 다른 결정적인 차이다. 인간은 창조 시에 부여된 사명을 따라 꿈을 꾸고 그 꿈을 이루어갈 때 비로소 행복할 수 있다. 왜냐하면 그렇게 지어졌기 때문이다.

하나님이 이르시되 우리의 형상을 따라 우리의 모양대로 우리가 사람을 만들고 그들로 바다의 물고기와 하늘의 새와 가축과 온 땅과 땅에 기는 모든 것을 다스리게 하자 하시고 하나님이 자기 형상 곧 하나님의 형상대로 사람을 창조하시되 남자와 여자를 창조하시고 하나님이 그들에게 복을 주시며 하나님이 그들에게 이르시되 생육하고 번성하여 땅에 충만하라, 땅을 정복하라, 바다의 물고기와 하늘의 새와 땅에 움직이는 모든 생물을 다스리라 하시니라 창 1:26-28

하나님께서 사람을 지으실 때 하나님의 형상대로 지으시고 생육하고 번성하여 충만하고 모든 생물을 다스리라는 명령, 즉 사명을 맡기셨다. 인류의 번성과 번영 그리고 모든 만물을 다스리는 것은 굉장히 광범위한 일이다. 첫 사람 아담을 비롯한 인류에게는 이처럼 위대한 과업과 사명이 주어졌다. 이것은 지금도 여전히 유효하다.

하나님의 명령을 받은 청지기로서의 사명을 가지고 인류와 문명 그리고 자연 만물을 관리하고 다스리는, 어찌 보면 과분하기까지 한 사명을 위임받았다. 이 위대한 사명은 특정한 사람들에게만 주어진 것이 아니라 모든 인류를 향한 창조주 하나님의 부르심이다. 이 부르심, 즉 사명에 응답하는 것이 인간에게 주어진 과제이며 인간으로서 부여된 목적을 알고 그것을 성취할 수 있는 길이다.

인간은 사명을 발견하고, 그 사명을 이루기 위한 꿈을 꾸게 될 때 비로소 행복할 수 있다. 그래서 스위스의 사상가 칼 힐티는 이렇게 말했다.

"인간 생애 최고의 날은 자기의 사명을 자각하는 날이다."

사람에게 가장 행복한 날은 창조주 하나님으로부터 부여된 자기 인생의 사명을 깨닫게 된 날 그리고 그 사명을 이루기 위해 꿈을 꾸는 날인 것이다.

그러면 꿈과 비전, 사명은 어디서 어떻게 발견할 수 있는가? 이 역시 인간 스스로의 노력으로 얻을 수 있는 것이 아니다. 하나님께서 위에서부터 내려주시는 것이다.

하나님이 말씀하시기를 말세에 내가 내 영을 모든 육체에 부어주리니 너희의

자녀들은 예언할 것이요 너희의 젊은이들은 환상을 보고 너희의 늙은이들은 꿈을 꾸리라 행 2:17

구약성경에서 요셉을 꿈꾸는 자로 표현하고 있다(창 37:19). 그는 영향력 있는 인생이 될 것을 꿈꾸고 오랜 세월 동안 고난을 이겨낸 후 결국 꿈이 이루어진 삶을 살게 된다. 그런데 요셉의 꿈은 자기 자신이 생각하거나 그려낸 꿈이 아니었다. 꿈은 자신이 만들어낼 수 있는 것이 아니다. 스스로 생각해낸 꿈은 그리 오래 가지 못한다. 참된 행복을 가져다주는 것도 아니다. 참된 꿈은 오직 하나님께서 내려주시는 것이다.

하나님을 내 인생의 창조주로 고백한다는 것은 창조주 하나님께서 내 인생을 향한 계획을 갖고 계심을 의미한다. 그래서 내 인생을 향한 하나님의 크신 계획을 알기 위해서는 하나님을 찾아야 한다. 그것도 간절하게 찾아야 한다.

너는 내게 부르짖으라 내가 네게 응답하겠고 네가 알지 못하는 크고 은밀한 일을 네게 보이리라 렘 33:3

꿈과 비전 그리고 미래라는 영역은 사실은 우리가 알지 못하는 영역이다. 그러나 기도하면 가르쳐주시고 보여주시며 말씀해주신다. 내 안에 심어놓으신 가능성의 씨앗을 보게 하시고 자라게 하시며 이루어가시는 분도 하나님이시다. 요셉의 인생을 통해 이 같은 사실을 잘 알 수 있다.

섬기던 한 교회에서 청년대학생들과 함께 수련회를 진행할 때였다. 집회 후에 한 사람 한 사람 안수하며 기도해주었는데 한 청년을 위해 기도하는데 마음속에 계속해서 건물 모습이 떠오르고 조금 후에는 아름다운 교회가 세워진 모습이 보였다. 그래서 건축을 통해 하나님께 영광을 돌리기 원하시는 것 같다고 기도해주었다. 그 청년이 깜짝 놀라더니 기도회가 끝난 후 나를 찾아왔다.

"어떻게 아셨어요?"

"뭘?"

"사실은 제가 건축을 전공해서 좋은 건물을 짓고 싶고 특히 아름다운 교회를 지어 하나님께 영광을 돌리고 싶은 열망이 있었어요."

"그랬구나!"

"부모님께서 건축과를 반대하셔서 하는 수 없이 부모님이 추천하신 다른 과를 진학하게 되었는데 전혀 흥미가 생기지 않아 다시 건축과로 지원해야 할지 고민하고 있었거든요. 그런데 목사님이 기도하실 때 건축 이야기를 하셔서 깜짝 놀랐어요. 아무한테도 얘기를 한 적이 없거든요."

"네가 그런 생각을 갖고 있었는지 전혀 몰랐어! 단지 너를 위해 기도할 때 건물 모습이 떠오르고 또 교회가 세워지는 모습이 그림처럼 보이기에 그렇게 기도한 거야."

"그렇군요! 이제야 저를 향한 하나님의 계획이 무엇인지 분명히 알게 된 것 같아요!"

힘든 고민을 끝내고 앞으로 무엇을 해야 할지 꿈과 비전을 분명하게 알게 된 것 같다며 기뻐하는 청년의 모습을 보니 나 역시 무척이나 기뻤다.

한비야 씨가 수많은 사람들에게 도전을 준《지도 밖으로 행군하라》에서 자신이 왜 구호 일을 하게 되었는지를 소개한다. 월드비전 국제구호팀장 일을 하기로 한 후 어떤 대학생이 질문했다.

"재미있는 세계여행이나 계속하시지 왜 힘든 긴급구호를 하세요?"

"이 일이 내 가슴을 뛰게 하고, 내 피를 끓게 하기 때문이죠."

이렇게 대답한 그녀도 사실은 한 케냐인 안과의사와의 만남에서 큰 영향을 받았다. 케냐에서 그를 만나려면 대통령도 며칠을 기다려야 할 정도로 유명한 의사인데, 케냐의 외진 곳에서 전염성 풍토병 환자들을 돌봤다. 그에게 한비야 씨가 질문했다.

"당신은 유명한 의사이면서 왜 아무도 알아주지 않는 이런 험한 곳에서 일하고 있어요?"

"내가 가지고 있는 기술과 재능을 돈 버는 데만 쓰는 건 너무 아깝잖아요. 그러나 무엇보다도 이 일이 내 가슴을 몹시 뛰게 하기 때문이에요. 구호 일은 어떤 교육을 받고 어떤 기술을 습득하느냐 보다 어떤 삶을 살기로 결정했느냐가 훨씬 중요합니다."

한비야 씨는 그의 말에 큰 충격과 도전을 받았다. 그러면서 꿈꾸기를 주저하고 꿈을 위해 모험하기를 두려워하는 젊은 청춘들에게 권면하게 되었다.

"제발 단 한 번만이라도 자신의 가슴을 뛰게 하는 일이 무엇인지, 진지하게 생각해보세요."

이처럼 내 가슴을 뛰게 하는 일을 발견하고 그 일에 자신의 청춘과 인생을 바칠 수 있을 때 행복할 수 있다. 그저 성적 따라, 주변의 권유에 의해 전공과목을 택하고 직업을 택하는 것이 아니라 내 가슴을 뛰게 하고 젊음의 열정을 다 쏟아부어도 아깝지 않은 것을 택해야 한다. 그래야 후회하지 않을 수 있고 행복할 수 있다.

그런데 여기서 한 가지 놓치지 말아야 할 부분은 내 가슴을 뛰게 하는 일을 발견해야 한다고 했는데 내 가슴을, 우리의 심장을 뛰게 하는 것은 누가 하는 것인가? 내 스스로 뛰게 하는 것인가? 아니다. 앞에서도 언급했지만 내 심장을 뛰게 하는 분이 계신다. 기본적인 생존을 위해 육체의 심장을 뛰게도 하시지만 어떤 분야에 대해 그 분야만 생각하면 포기할 수 없는 열정이 생기고 가슴이 벅차오르게 하시는 분도 하나님이시다.

너희 안에서 행하시는 이는 하나님이시니 자기의 기쁘신 뜻을 위하여 너희에게 소원을 두고 행하게 하시나니 빌 2:13

하나님이 자기의 기쁘신 뜻을 위하여 우리 안에 소원을 주시기에 우리 마음 안에 강렬한 소원과 열망이 일어나는 것이다. 내 가슴과 심장이 두근거리게 하며 뛰게 하는 분은 하나님이시다. 그러므로 우리의 가슴을 뛰게 하는 꿈과 비전은 하나님께서 하늘 위에서 내려주시는 것이 분명하다.

내가 예수님을 본격적으로 믿게 된 것은 고등학교 3학년 때였다. 매우 독실했던 친구의 끈질긴 기도와 전도가 밑거름이 되었다. 내 바로 뒷자리에 앉았던 친구가 쉬는 시간과 자율학습 시간마다 교회에 가자고 권했다. 사실 나는 너무나 귀찮았다. 고3이라 공부하기 바쁜데 교회에 간다는 것이 귀에 들어올 리가 없었다. 그래서 친구의 권유를 계속 외면했지만 그 친구도 포기할 줄 몰랐다. 한번은 쪽지 하나를 건네주었는데 거기에 이렇게 적혀 있었다.

"이번 주에 교회 가자. 갈 거면 YES에 표를 하고 안 갈 거면 NO에 표를 해. 만약 NO에 표를 하면 왜 그런지 이유도 적어줘!"

'도대체 교회가 뭔데 저렇게까지 열심일까' 싶은 마음이 들었지만 쉽게 답을 하지는 않았다. 그렇지만 조금씩 마음이 열리고 있었다. 결국 친구의 끈질긴 전도에 못 이겨 친구가 다니던 마산문창교회에서 신앙생활을 하게 되었다.

그렇게 간 그곳에서 좋은 멘토 두 분을 만났다. 당시 고등부와 찬양팀을 지도하시던 목사님께서 청소년들에게 믿음을 심어주고 비전을 공유하는 모습에 도전을 받았다. 예배 때마다 열정을 다해 말씀을 전하셨고 지나는 길에 마주치게 되면 항상 반가워하시고 격려를 아끼지 않으셨다.

여 선생님 한 분은 자신이 맡은 반이 아니었는데도 책에 격려의 글을 써서 선물을 주시고 힘든 일이 있으면 언제든지 이야기하라고 하시는 등 고민이 많았던 청소년 시절을 보내던 내게 많은 관심과 사랑을 보여주셨다. 그 사랑의 섬김에 감동이 되었던 나는 예배 후 선생님을 찾아가 그 앞에서 펑펑 운 적이 있다. 아무에게도 꺼내놓지 못했던 청소년 시절의 아픔과 상처를 다 쏟아놓았고, 선생님은 내게 영적 어머니처럼 따뜻하게 위로하며 격려해주셨다.

나중에 목사님의 열정과 헌신 그리고 선생님의 사랑의 섬김이 예수님의 사랑에서부터 비롯되었다는 것을 알게 되었다. 그때부터 두 분은 내 인생의 롤모델이자 좋은 멘토가 되어, 20년이 지난 지금까지도 주님 안에서 교제를 나누는 사이가 되었다.

두 분의 헌신적인 섬김과 사랑을 통해 하나님의 사랑을 깊이 경험하면서 그 분들처럼 하나님의 사랑을 전하는 삶을 살아야겠다는 마음을 먹게 되었지만 무엇을 하면서 하나님을 섬겨야 할지에 대한 구체적인 비전이나 계획은 없었다. 그래서 학교에 가기 전에 매일 새벽마다 교회에 들러서 기도를 했다. 나를 향해 계획하신 비전과 사명을 알게 해달라는 것이 당시의 간절한 기도제목이었다.

평소에 노래하기를 좋아했던 나는 대입시험을 치른 후 교회의 찬양선교단에 지원하여 기쁨으로 섬기게 되었다. 그러다가 우리 교회와 다른 세 교회 찬양선교단이 함께 주최한 경배와 찬양학교에 3박 4일 동안 참여하게 되었다. 그때 내 기도제목은 하나님께서 나를 향해 갖고 계신 비전을 알게 해달라는 것이었다. 마지막 날 저녁 집회 때는 금식하면서 정말 간절히 기도했고, 주님이 그 기도에 응답해주셨다. 나를 청소년기에서 청년기에 접어드는 고3 때 불러주신 것이 의미가 있음을 깨닫게 하셨고 청소년과 청년들을 믿음의 사람으로, 하나님의 비전을 품은 세대로 세우라는 비전을 주셨다.

비전이나 사명을 주실 때 마음속에 일어나는 소원을 통해 주시는 경우가 많은데 내게도 그랬다. 청소년과 청년들을 섬겨야 한다는 강렬한 소원과 함께 거룩한 부담이 마음에 가득 차는 것을 통해 그들을 섬기도록 부르신다는 것을 확신할 수 있었다. 하나님으로부터 사명을 확인하고는 너무나 기뻤고 그 부르심과 섬김의 대상인 청소년들과 청년들을 볼 때마다 가슴이 뛰고 그들을 믿음의 세대요, 비전의 사람들로 세워가는 행복한 꿈을 꾸고 지속적으로 그들을 섬겨왔다. 응답을 받았을 때는 이미 지원한 일반대학에 합격했지만 한 달 만에 휴학하고 부르심의 사명에 응답하기 위해서 신학의 길로 접어들어 청소년과 청년들을 섬기기 시작한 지가 벌써 24년이 되었다. 20여 년의 세월이 흘렀지만 지금도 자라나는 다음세대만 보면 가슴이 뛴다.

여러 교회를 섬기면서 주로 교육사역과 청소년, 청년사역에만 줄곧 헌신해왔던 이유가 여기에 있다. 그것이 나를 향한 하나님의 부르심의 사명이고 내 가슴을 벅차게 하기 때문이다.

사명과 비전은 이 땅의 산물이 아니라 하늘이 내려주는 선물이다. 이 하늘의 선물, 하나님이 내려주시는 은총의 선물인 꿈과 비전, 사명을 위해 기도하고 싶지 않은가? 마음에 강렬한 소원으로, 성령의 감동과 음성으로, 기도할 때 환상과 그림으로, 타고난 기질과 성장과정 중 다양한 교육을 통해, 은사와 재능의 발견으로, 나도 미처 몰랐던 위대한 가능성에 눈을 뜨게 되면서, 인생의 여정에서 좋은 멘토와 스승과의 만남으로 인한 도전과 그들의 주옥 같은 조언으로 나를 향한 꿈과 비전을 발견하게 될 수도 있다. 그런데 이 모든 것들은 결국 내 스스로 만들어낼 수 있는 것이 아니다. 하나님이 하늘 위에서부터 내려주시는 은혜이고 선물이다.

당신도 이 은혜의 선물을 받길 원하는가? 간절함을 안고 하늘에 간구하라. 내가 생각하는 것보다 훨씬 크고 놀라운 꿈과 비전을 하늘의 하나님께서 선물로 내려주실 것이다.

우리 가운데서 역사하시는 능력대로 우리가 구하거나 생각하는 모든 것에 더 넘치도록 능히 하실 이에게 교회 안에서와 그리스도 예수 안에서 영광이 대대로 영원무궁하기를 원하노라 아멘 엡 3:20,21

불가능한 일을 가능케 하신다

예수님의 제자들은 예수님께 택함을 받고 3년 반 동안이나 말씀으로 양육받았음에도 여전히 무지했고 무기력했으며 무능력했다. 그런데도 예수님은 그런 제자들을 두고 승천하시기 직전에 별 걱정을 하지 않으셨다. 그 이유는 다름 아닌 승천 이후에 임하실 성령님 때문이었다.

오직 성령이 너희에게 임하시면 너희가 권능을 받고 예루살렘과 온 유대와 사마리아와 땅 끝까지 이르러 내 증인이 되리라 하시니라 행 1:8

예수님의 이 말씀은 실제로 이루어졌다. 마가 다락방에서 마음을 같이하여 오로지 기도에 힘썼던 제자들에게 성령님의 불같은 권능이 하늘 위에서부터 임하셨고 그때부터 제자들은 마치 다른 사람이 된 듯 달라졌다. 자신을 그토록 사랑하고 아껴주셨던 예수님을 결정적인 순간에 모른다고 부인하고 저주하기까지 한 겁쟁이에 비겁하기까지 했던 베드로가 담대하게 복음을 전했다. 그가 선포한 말씀을 듣고 한 번에 3천여 명이 회개하고 세례를 받는 놀라운 일이 벌어졌다. 이런 놀라운 변화의 역사는 우리에게도 얼마든지 일어날 수 있다.

나는 고등학교 때까지만 해도 사람들 앞에서 말을 잘하지 못했다. 많은 사람들 앞에 나가서 말을 하려니 눈물부터 먼저 나오고 목소리는 떨려서 말을 제대로 하지 못했다. 그러던 나를 목회자로 부르신다니 놀랐지만 너무나 연약하고 부족한 나를 빚어서라도 사용해달라고 기도했다.

신학대학 2학년 때 한 학우가 나와 닮은 다른 학우와 나를 착각해 내 이름을 추천하는 일이 있었다. 그 추천을 계기로 우여곡절 끝에 과대표가 되었고 교회에서는 찬양인도자로 섬겼기에 말하는 훈련을 해야 했다. 사람들 앞에서 말을 해야 하고 찬양인도도 해야 하니 기도로 하나님께 나아갈 수밖에 없었고 그럴 때마다 성령의 권능을 하늘 위에서부터 내려주시고 담대함을 주셨다. 하나님은 우리에게 주신 꿈과 비전 그리고 사명을 이루는 데 필요한 것은 무엇이든 아낌없이 부어주시는 분이다.

여호와의 눈은 온 땅을 두루 감찰하사 전심으로 자기에게 향하는 자들을 위하여 능력을 베푸시나니 대하 16:9

하나님은 전심으로 당신을 찾고 의지하는 자들에게 능력을 베푸신다. 필립스 브룩스는 "능력에 맞는 일을 구하지 말고 사명에 맞는 능력을 구하라"고 했다. 사실 우리의 능력에 맞는 일만 하려고 한다면 자그마한 일 정도밖에는 하지 못할 것이다.

예수님의 제자들에게 예루살렘과 온 유대와 사마리아와 땅 끝까지 주님의 증인이 되리라는 말씀은 그들의 능력만으로는 도저히 불가능해 보이는 사명이었지만 그들은 불가능해 보이는 미션, 사명을 결국 수행해낸다. 그러나 그것은 그들의 능력으로 이룬 것이 아니다. 예수님의 약속처럼 성령님이 그들 위에 놀라운 권능으로 임하셨기 때문에 가능했다.

하나님은 우리에게도 불가능해 보이는 미션, 사명을 주실 때가 있다. 예루살렘과 온 유대와 사마리아를 넘어 땅 끝까지 주님의 증인이 되는 것은 우리 모두에게 주어진 미션이기도 하다. 그런데 이런 주님의 간곡한 명령이자 사명인 복음 전파와는 무관하게 자신의 만족과 유익을 위해 세상을 좇아 살아가려는 청소년과 청년들을 모집하여 훈련시키고 그들로 하나님나라의 비전을 품게 하며 복음의 증인이자 선교의 일꾼으로 세우는 일은 결코 쉽지 않다.

열심히 공부하고 최대한의 스펙을 쌓아 남들이 알아주는 대학과 전망 좋은 과를 나오고 잘 대우해주는 직장에 취업하는 것을 최고의 가치로 삼고 그것을 이루기에 바쁜 이 시대의 젊은이들이 하나님나라 확장의 비전과 열정을 품고 주님을 위해 자원하여 헌신하는 이 미션을 하나님은 너무도 부족한 자인 나에게도 부여해주셨다.

하나님이 우리에게 주시는 꿈과 비전은 우리의 힘과 능력으로는 불가능해 보일 때가 있다. 아니, 불가능해 보이는 꿈과 비전을 주신다. 그것을 통해 우리의 믿음을 한 단계 성장시키려는 깊은 뜻이 있기 때문이다. 불가능해 보이는 미션과 사명 그리고 꿈과 비전을 주시는 이유는 어차피 우리의 능력이 아니라 성령님의 권능을 부어주셔서 이루시기 때문이다.

그러므로 꿈꾸기를 주저할 아무런 이유가 없다. 그것이 아무리 불가능해 보이는 꿈일지라도 말이다. 왜냐하면 이슬이 하늘 위에서부터 내려오듯 하늘 위에서부터 꿈을 이룰 능력을 부어주시는 분도 하나님이시기 때문이다. 위대하신 하나님이 내려주시는 위대한 비전을 기대하고 기도하며 기다리는 새벽이슬 같은 주의 청소년과 청년들이 되라.

지혜의 원천

　강원도 강릉에는 참소리축음기 에디슨과학박물관이 있다. 축음기, 백열 전구뿐 아니라 라디오, 다리미, 토스트기, 영사기, 축전지 등 에디슨의 발명품들을 전시해놓은 곳이다. 언젠가 아이들과 함께 그곳을 방문한 적이 있는데 그의 발명품들을 돌아보면서 지금 우리가 편리하게 사용하는 물품들을 100여 년 전에 이미 발명해낸 그의 천재성에 놀라지 않을 수 없었다. 무려 1,093개의 발명 특허를 남겨 세계에서 가장 많은 발명을 한 사람으로 널리 알려진 그가 남긴 유명한 명언이 있다.

　'천재란 1퍼센트의 영감과 99퍼센트의 노력으로 이루어진다.'

　이 말이 간혹 천재라도 99퍼센트의 노력이 뒷받침되어야 한다는 의미로 전해지기도 하는데 그렇게 이해하는 것은 그 말을 한 그의 의도와는 정반대되는 것이다. 하마다 가즈유키는 《1%의 영감을 깨우는 에디슨의 메모》라는 책에서 이 부분을 강조한다.

"인류 역사상 수많은 천재들이 남긴 말 가운데서 아마 이것만큼 유명한 말은 없을 것이다. '1퍼센트의 재능밖에 없더라도 열심히 노력하면 성공할 수 있다!' 이것이 일반적으로 사용되는 해석법이다. 그러나 에디슨이 과연 그런 뜻으로 말했을까. 1929년 2월 11일. 에디슨, 82세의 생일. 그날 그가 남긴 기록에 사실은 이런 글이 적혀 있었다. '최초의 영감이 좋지 않으면 아무리 노력해도 신통한 결과를 얻지 못한다. 무조건 노력만 하는 사람은 쓸데없이 에너지만 낭비하는 꼴인데도, 이 사실을 아는 사람이 그다지 많지 않다.'"

99퍼센트의 노력도 1퍼센트의 영감이 없으면 무용지물이라는 것이다. 예술가나 창작을 하는 사람들은 잘 알 것이다. 아무리 재능이 뛰어나고 아무리 피나는 노력을 하더라도 마지막 1퍼센트의 영감이 주어지지 않을 때 99퍼센트의 노력과 재능도 아무런 소용이 없게 된다는 것을!

그런데 이 영감은 누가 어디서 주는 것인가? 예술과 창작 작업 중에 섬광처럼 떠오르는 영감과 아이디어가 내 이성의 사고로 인해 떠오르는 것인가? 인간의 이성적 사고의 작용으로 지혜와 영감, 놀라운 아이디어가 나온다고 생각하는 것은 참으로 교만한 생각이다.

비에게 아비가 있느냐 이슬방울은 누가 낳았느냐 얼음은 누구의 태에서 났느냐 공중의 서리는 누가 낳았느냐 욥 38:28,29

네가 묘성을 매어 묶을 수 있으며 삼성의 띠를 풀 수 있겠느냐 너는 별자리들을 각각 제때에 이끌어낼 수 있으며 북두성을 다른 별들에게로 이끌어갈 수 있겠느냐 네가 하늘의 궤도를 아느냐 하늘로 하여금 그 법칙을 땅에 베풀게 하겠

느냐 욥 38:31-33

가슴속의 지혜는 누가 준 것이냐 수탉에게 슬기를 준 자가 누구냐 누가 지혜로 구름의 수를 세겠느냐 누가 하늘의 물주머니를 기울이겠느냐 욥 38:36,37

비와 이슬방울의 생성도 하나님의 지혜에서 비롯된 것일 텐데 천체의 궤도는 더 말할 것이 없다. 가슴속의 지혜는 누가 준 것이냐는 말씀에서 보듯 인간이 똑똑해서 지혜와 영감을 얻게 되는 것이 아니다. 하나님께서 지혜를 주시고 영감을 주시는 것이다.

여호와를 경외하는 것이 지혜의 근본이요 거룩하신 자를 아는 것이 명철이니라 잠 9:10

모든 만물의 창조주이시며 그 만물의 생성 원리와 생존 법칙의 근원이신 여호와 하나님을 경외하는 것이야말로 진정한 지혜의 근본일 수밖에 없다. 이러한 사실을 깨닫게 될 때 인간은 교만한 마음을 내려놓고 겸허히 주님 앞에 나아가 하나님이 주시는 참 지혜를 간구하게 되는 것이다.

'나눔의 디자이너'로 화제가 되고 있는 분이 있다. 배상민 카이스트 산업디자인학과 교수이다. 배상민 교수는 세계 3대 패션스쿨 중 하나인 미국 파슨스디자인스쿨을 졸업한 후 1998년 동양인 최초로, 그것도 27세에 최연소로 모교 교수로 강단에 서게 된다. 그가 디자인하는 상품마다 기업의 매출성장으로 이어졌고 미국의 대표기업들은 앞다퉈 기업의 로고 디자인을 부탁했다. 그러나 그는 2005년, 13년간의 화려한 뉴욕생활을 청산하고 돌연 귀국해 카이스트에 '사회공헌디자인연구소'를 만들고 국제 구호 단체 월드비전과 함께 나눔 상품을 디자인해 수익금 전액을 저소득층 어린이들에게 기부하는 '나눔 프로젝트'를 시작해 지금까지 많은 학생들에게 장학금을 전달했다고 한다.

그의 디자인에는 어려운 사람들을 배려하는 마음이 담겨져 있다. 물이 부족하고 수질이 더러운 제3세계 사람들을 생각해 물병 두 개로 간편히 정수할 수 있는 '바텀업'을 디자인했다. 그리고 '사운드 스프레이'라는 작품이 있다. 이것은 저주파 소리로 모기를 퇴치하는 것인데 자가 충전방식이어서 전기나 약이 따로 필요가 없고 흔들어서 충전하면 반영구적으로 사용할 수 있다. 간단한 의료용품조차 없어서 죽어가는 아프리카나 제3세계 사람들을 생각해서 디자인하게 되었다고 한다.

이와 같은 나눔 상품을 통해 그는 디자이너들이 한 번 받기도 힘든 세계 4대 디자인대회 상을 무려 50여 개나 받았다. 디자인의 우수성과 함께 제품에 담겨진 나눔의 의미도 인정받은 것이다.

그가 이처럼 디자인이라는 자신의 분야에서 탁월함을 드러낼 수 있었던 비결이 무엇일까? 그는 일상생활 속에서 하나님이 주신 영감으로 디자인한다고 고백하며 인터뷰에서 밝혔다(〈국민일보〉 2012년 12월 27일자).

"제가 존경하는 디자이너는 성경 출애굽기에 등장하는 브살렐입니다. 출애굽기 31장 2-5절을 보면 하나님이 지명하여 부르시고 그 부르심에 순종하면 지혜를 주신다는 것을 알 수 있어요."

그의 탁월한 지혜의 비결은 다름 아닌 하나님이었다. 하나님은 이처럼 부르신 사명을 통해 하나님을 기쁘시게 해드리는 일을 하고자 할 때 필요한 지혜를 주시되 부족함이 없이 후히 주시는 분이시다. 이 하나님과 하나님의 지혜를 경험하고 하나님의 사명을 탁월하게 감당하는 지혜로운 주의 청소년과 청년들이 되어야 하지 않겠는가?

너희 중에 누구든지 지혜가 부족하거든 모든 사람에게 후히 주시고 꾸짖지 아니하시는 하나님께 구하라 그리하면 주시리라 약 1:5

나의 후견인

하나님의 사역에 꼭 필요한 자원 중 물질을 빼놓을 수 없을 것이다. 재정 없이 하나님 일을 못하는 것은 아니지만 그렇다고 재정을 무시하고 하나님의 일을 무리하게 진행할 수도 없다. 그런데 하나님 사역에 꼭 필요한 것이면 하나님께서 채워주신다.

자라나는 다음세대를 믿음의 세대요, 비전의 세대로 세우라는 하나님의 부르심을 확인하고 신학대학 시험을 치르고 합격했지만 처음 등록금부터 낼 돈이 없었다. 집안 형편이 너무 어려워 부모님도 등록금을 지원해주실 수가 없었다. 신학대학교에 합격한 후 합격증을 받으러 갔을 때 작성해서 제출하라고 한 학생기록부 뒷면에 '보호자'(후견인)란이 있었는데 그곳에 '하나님'이라고 적고 싶었다. 그러나 학교에서 요구하는 것은 실질적인 보호자임을 알기에 부모님 성함을 적었지만 마음 깊은 곳에서 기도할 때마다 고백했다.

'저의 보호자요, 후견인은 하나님 당신이십니다!'

그것은 나의 진심이었고 하나님은 그러한 진심 어린 마음을 기쁘게 여기셨는지 참으로 놀랍게 응답해주셨다. 첫 등록금부터 학부 4년 과정과 신학대학원 3년 과정을 연속해서 다녔는데 7년간 2학기씩 총 14번을 등록하는 동안 부족한 재정을 신실하게 다 채워주셨다. 물론 기도만 하고 아무것도 안 한 것은 아니다. 일부는 장학금으로 또 일부는 학교 도서관에서 아르바이트를 하면서 등록금을 조금이라도 마련하느라 쉬는 시간도 없을 정도였다.

신학교 선배들이나 동기들 중에는 섬기는 교회에서 사례비와 장학금을 받아 등록금을 충당하는 이들도 적지 않았지만 내가 섬기던 교회는 크지 않은 개척교회였고 재정에 여유가 없는 상황에서도 교회 재정의 50퍼센트를 선교하기 위해 헌신하는 교회여서 사례비도 받지 않고 섬기고 있었다. 나는 하나님께서 부르신 곳에서 섬긴다는 마음으로 신학대학과 신학대학원을 졸업할 때까지 그곳에서 묵묵히 7년간을 섬겼다.

한번은 등록금을 내야 하는 1차 기한이 지나도록 등록을 하지 못한 때가 있었다. 2차 등록기간이 다가오는데도 재정은 채워질 아무런 기미가 보이지 않았다. 신학생들을 대상으로 하는 사경회가 얼마 남지 않았을 때였고 찬양인도까지 맡아서 준비하고 있던 상황이라 휴학도 할 수가 없었다. 잠시 걱정이 되기도 했지만 기도하는데 왠지 모를 배짱이 생겼다.

'부족한 등록금을 안 주셔서 학교를 못 다니면 하나님이 손해다.'

하나님이 기뻐하시는 일을 하려고 하는데 이 일을 못하게 되면 하나님이 손해라는 생각과 함께 하나님께서 부족한 부분을 반드시 채워주실 것이라는 확신이 들었다.

등록 마감을 며칠 앞둔 주일이었다. 평소처럼 예배 찬양팀으로 섬겼는데 예배를 다 마친 후 담임목사님이 나를 부르시더니 봉투 하나를 주셨다. 그날 타 교회 성도 분이 내가 섬기던 교회 주변에 볼 일이 있어 왔다가 예배 시간이 되어 우리 교회에서 예배를 드리는 중에 하나님께서 감동을 주셨다고 하면서 그날 가지고 있던 돈을 몽땅 털어 나에게 지명헌금을 했다고 말씀해주셨다. 그렇게 하나님이 보내신 까마귀와 같은 후원자를 통해서 전해진 봉투를 열어보고는 정말 머리가 쭈뼛 설 정도로 놀라서 까무러칠 뻔했다. 정확히 부족한 액수만큼의 재정이 들어 있었기 때문이다.

신실하게 응답해주신 하나님께 감사드리지 않을 수가 없었다. 그런데 얼마 지나지 않아서 간사한 마음이 들었다.

'이왕 주실 거면 조금 더 넉넉하게 주시지! 새 학기라 책도 사야 하는데….'

그때 하나님은 내게 마치 이렇게 말씀하시는 것 같았다.

'내가 너의 필요를 정확히 알고 있고, 정확한 때에 채운다는 것을 알게 해주고 싶었다.'

하나님은 그렇게 신학대학 입학 직전에 주셨던 "너는 내 것이라"(사 43:1)라는 약속의 말씀을 다시 한 번 확인시켜주셨다. 그 이후로 어떤 일을 할 때, 특히 하나님의 일을 감당할 때 재정이 부족하다는 이유로 미리 포기하는 경우는 없었다. 반드시 하나님께서 채우실 것이라는 확신을 가지고 기도하면 언제나 신실하게 채우시고 응답하시는 하나님을 경험할 수 있었다.

어느 날은 신학교 기숙사 룸메이트였던 친구가 나를 부르더니 돈을 빌려달라고 했다.

"세진아! 돈 있으면 조금만 빌려줄래?"

"야! 너는 집안 형편도 넉넉하고 부모님이 용돈도 넉넉하게 주시잖아. 그런데 왜 나에게 돈을 빌려달라고 하는 거야?"

나의 말에 친구가 이렇게 대답했다.

"그동안 내가 지켜보니까 너는 기도하기만 하면 하나님께서 다 채워주시더라고!"

신학대학과 신학대학원 시절 7년간의 이 경험을 통해 하나님의 일을 할 때 필요한 재정은 하나님께서 반드시 채워주신다는 확신을 갖게 되었다. 교회에서 사역을 할 때 특히 해마다 청년들을 훈련시키고 단기선교를 보낼 때 적지 않은 재정이 들어갔다. 성령님의 인도하심에 순종하여 7개 나라에 선교를 보내야 했을 때 많은 물질이 들어가는데 준비된 재정은 너무도 부족한 상황이었다.

단기선교에 대해 이해가 부족한 사람들은 왜 그렇게 무리하느냐는 말을 하기도 했다. 그렇다고 포기할 수는 없었다. 선교를 통한 영혼구원을 하나님께서 기뻐하신다는 확신이 있었기 때문이다. 상황은 여전히 쉽지 않았다. 교회에서 청년 선교에 책정된 재정이 있었는데 그해 교회에서 리모델링을 진행하느라 처음 책정되었던 것보다 적게 지원되는 상황이 되었다.

선교를 떠나야 할 날은 점점 다가오는데 부족한 재정 때문에 걱정이 밀려왔다. 모든 스태프, 청년들과 함께 간절히 기도하며 하나님의 도우심을 구했다. 그러자 성령님께서 지혜를 주셨다. 우선은 청년들에게 후원 바자회를 하자고 제안했다. 집에서 잘 안 쓰는 물건이나 팔 만한 것들이 있다면 모두 가져오게 하고 저녁 예배 직전에 음식을 만들어서 팔았다. 그렇게 해서 부족한 재정의 일부가 채워졌다.

'하나님! 청년들을 단기선교 보내는 것을 기뻐하시죠? 맞으면 재정이 다 채워지도록 역사해주세요.'

그렇게 금식기도를 하며 기다리는데 저녁예배 설교시간에 "다음세대를 위해서 헌신하라"는 메시지를 선포하라는 마음을 주셨다. 마침 그 주간은 목장(구역) 헌신예배라 평소보다 더 많은 성도들이 모이는 날이었다. 나는 사사기에서 여호수아와 갈렙 이후에 일어난 세대가 하나님을 알지 못하여 우상숭배의 죄를 범하는 안타까운 내용을 전하면서 다음세대가 하나님을 경험하여 아는 세대가 되도록 아낌없이 기도하고 격려하자고 선포하였다.

예배가 끝난 후 놀라운 일이 일어났다. 예배 전까지 잘 팔리지 않았던 티셔츠가 하나도 남김없이 다 팔렸다. 또한 재정을 후원해주시는 분들이 있어서, 결산해보니 부족한 재정이 다 채워지고도 넘쳤다. 모든 스태프와 청년들이 하나님이 신실하게 재정을 채우시는 손길을 보았다.

이처럼 해마다 청년들을 훈련시키고 단기선교여행에 참여하게 하면서 채우시는 하나님을 경험하는 청년들이 적지 않았다. 한 청년은 훈련과정이 진행될 때 내게 찾아와서 말했다.

"목사님! 저 단기선교에 꼭 참여하고 싶은데 재정이 하나도 없어요. 그런데 이번 단기선교에 정말 참여하고 싶습니다."

"선교는 하나님이 기뻐하시는 일이기에 기도하면 반드시 채워주실 거야!"

청년을 말씀으로 권면하고 함께 기도하는 시간을 가졌다. 며칠 뒤 그 청년을 만나 물어보았다.

"재정 문제는 어떻게 되어가고 있니?"

"네, 마침 지역 도서관에서 아르바이트 학생을 모집하는데 이 아르바이트를 하게 되면 단기선교에 참여할 수 있을 것 같아요. 그래서 지원을 했어요."

"그래? 그거 잘 되면 좋겠구나!"

"그런데….'"

"그런데, 뭐?"

"경쟁률이 무려 200대 1이 넘어요. 안 될 수도 있을 것 같아요."

"하나님은 불가능해 보이는 일도 가능하게 하시는 분이셔! 이 일을 통해서 하나님의 역사를 경험하게 될 수도 있잖아. 기도하며 기다려보자."

얼마 후 소식이 들려왔다.

"목사님! 저 됐어요. 200대 1이 넘는 경쟁률을 뚫고 도서관 아르바이트에 선정이 되었어요."

"그것 봐! 하나님께서 응답하시잖아!"

그 소식을 함께 나누면서 선교를 준비하던 모든 팀원들이 우리의 기도를 들으시고 필요한 재정을 채우시는 하나님께 영광을 돌렸다.

이뿐만이 아니다. 한번은 팀 사역 경비가 부족해서 기도했을 때 생각지도 못한 놀라운 방법으로 채워주시기도 했다. 선교를 떠날 날이 점점 가까이 오는데도 팀 재정이 다 채워지지 않아서 기도하면서 응답을 기다렸을 때 한 성도가 선교후원이라고 하시면서 봉투를 건네주셔서 당연히 돈이 들어있겠지 생각했는데 '선교비 전액지원쿠폰'이 들어 있었다.

"이건 뭔가요?"

"작년에 새생명축제 때 전도를 많이 한 사람들에게 시상한 상품이에요. 이걸로 재정부에 신청하면 1인 사역비에 해당하는 선교비를 지원해줄 거예요."

"아, 그런 게 있었어요? 정말 감사하네요!"

그 교회에 부임하던 첫 해라서 몰랐었는데 전도축제 시상으로 선교비 지원쿠폰이 지급되었다는 것이 놀라웠고, 이후로도 그 쿠폰이 몇 장 더 선교후원으로 들어왔다는 것에 놀랐다. 그리고 마지막으로 한 번 더 놀란 것은 그 쿠폰이 그해를 끝으로 더 이상 지급되지 않았다는 점이다. 하나님의 일을 위해 하나님이 채우시는 방법은 참으로 놀랍고 신기하기까지 하다. 그리고 정말 신난다.

이러한 일들은 하나님께서 채우신 일들 중 지극히 작은 일부에 불과하다. 하나님이 기뻐하시는 일을 하려고 하면 하나님은 얼마든지 필요를 채우시고 응답해주시는 분이심을 경험하게 하셨다.

나는 너를 애굽 땅에서 인도하여낸 여호와 네 하나님이니 네 입을 크게 열라 내가 채우리라 시 81:10

그런즉 너희는 먼저 그의 나라와 그의 의를 구하라 그리하면 이 모든 것을 너희에게 더하시리라 마 6:33

하나님의 채우심은 꼭 사역에 필요한 재정만을 의미하는 것이 아니라 하나님의 자녀의 생존에 필요한 양식과 삶에 필요한 모든 것을 포함한다.

저녁에는 메추라기가 와서 진에 덮이고 아침에는 이슬이 진 주위에 있더니 그 이슬이 마른 후에 광야 지면에 작고 둥글며 서리같이 가는 것이 있는지라 이스라엘 자손이 보고 그것이 무엇인지 알지 못하여 서로 이르되 이것이 무엇이냐 하니 모세가 그들에게 이르되 이는 여호와께서 너희에게 주어 먹게 하신 양식이라 출 16:13-15

이스라엘 백성이 광야 여정을 지날 때 먹을 양식이 없자 하나님은 메추라기와 이슬을 통해 만들어주신 만나를 양식으로 내려주셨다. 만나를 거둘 때 각 사람이 먹을 만큼만 거두게 하셨고 아침까지 남겨두지 말라고 하셨다. 그렇게 한 이유는 하나님께서 그들에게 필요한 양식을 날마다 내려주시는 분임을 알도록 하기 위함이다. 즉, 자신의 능력으로 필요한 양식이나 재물을 얻는 것이 아님을 분명하게 알려주셨다. 그것을 통해 오직 하나님만을 의지하도록 하신 것이다.

네 조상들도 알지 못하던 만나를 광야에서 네게 먹이셨나니 이는 다 너를 낮추시며 너를 시험하사 마침내 네게 복을 주려 하심이었느니라 그러나 네가 마음에 이르기를 내 능력과 내 손의 힘으로 내가 이 재물을 얻었다 말할 것이라 네 하나님 여호와를 기억하라 그가 네게 재물 얻을 능력을 주셨음이라 이같이 하심은 네 조상들에게 맹세하신 언약을 오늘과 같이 이루려 하심이니라 신 8:16-18

광야에서 이스라엘 백성을 먹이시고 돌보셨듯이 광야 같은 인생 여정에서 당신의 자녀 된 우리들을 먹이시고 돌보시는 분은 하나님이시다. 내 능력이나 지혜로 학위를 따고 직장에 취업해서 돈을 번다고 생각하는 것은 착각이다. 하나님은 우리의 심장 박동을 뛰게 하시고 건강을 주시는 분이시다. 만약 우리의 생명 유지에 가장 기본이 되는 심장 박동이 더 이상 뛰지 못하도록 하신다면 공부를 할 수도 없고 직장에 다닐 수도 없지 않은가! 그러므로 오직 하나님이 내 인생의 주인이시고 필요한 것을 공급해주시는 분임을 인정하는 것이 바로 믿음이고 믿음으로 사는 삶이다.

이슬이 하늘에서부터 내려온다는 것은 우리의 필요를 포함해서 우리가 누리는 모든 것들이 다 하늘, 즉 하나님께로부터 내려온다는 것을 의미한다. 기본적인 생명과 건강, 구원과 죄사함의 은혜, 비전과 사명, 사명을 이룰 능력과 지혜, 사명을 이루는 것뿐 아니라 생활에 필요한 물질도 다 하나님께서 하늘 위에서부터 내려주신다.

내 사랑하는 형제들아 속지 말라 온갖 좋은 은사와 온전한 선물이 다 위로부터 빛들의 아버지께로부터 내려오나니 그는 변함도 없으시고 회전하는 그림자도 없으시니라 그가 그 피조물 중에 우리로 한 첫 열매가 되게 하시려고 자기의 뜻을 따라 진리의 말씀으로 우리를 낳으셨느니라 약 1:16-18

이 말씀의 권면처럼 우리는 속지 말아야 한다. 내가 누리는 온갖 좋은 것들이 그저 우연히 주어졌거나 당연한 것이 아니다. 내 힘으로 이룬 것은 더더욱 아니다. 하나님이 위에서부터 내려주시는 은혜이다. 은혜를 내려주시되 변함없이 신실하게 내려주신다. 그것도 선물처럼 공짜로 주신다. 이 사실을 아는 자는 자신이 누리고 있는 것을 자신의 능력으로 이룬 것처럼 말하지 않는다. 모든 것이 하나님께로부터 왔음을 고백하고 하나님께 마땅히 드려야 할 감사와 찬양을 올려드린다. 다윗이 그 좋은 예이다.

여호와여 위대하심과 권능과 영광과 승리와 위엄이 다 주께 속하였사오니 천지에 있는 것이 다 주의 것이로소이다 여호와여 주권도 주께 속하였사오니 주는 높으사 만물의 머리이심이니이다 부와 귀가 주께로 말미암고 또 주는 만물의 주재가 되사 손에 권세와 능력이 있사오니 모든 사람을 크게 하심과 강하게 하심이 주의 손에 있나이다 우리 하나님이여 이제 우리가 주께 감사하오며 주의 영화로운 이름을 찬양하나이다 대상 29:11-13

오래전부터 약속(예언)하신 대로 자신이 왕이 되게 하신 것과 큰 왕국을 이루게 하신 것에 감사하면서 비록 자신의 당대는 아니지만 아들 솔로몬의 때에 하나님을 예배하는 성전을 건축하기 위한 과정에 자신과 백성들이 아낌없이 자원하여 헌물하는 것을 보고 이 모든 것을 주신 분이 하나님이심을 고백하며 감사와 찬양을 올려드린다.

자신이 대단한 위치에 있지도 않고 하나님께서 직접 채워주시는 것을 경험해본 적도 없는 것 같다고 여기는 사람이 있다면, 기억하라! 꼭 대단한 것을 경험해야 알 수 있는 것이 아니라 우리의 소소한 일상이 하나님이 주시는 은혜다.

신학교 시절 학교 식당에서 식판에 밥과 반찬을 받아서 식사를 하는데 갑자기 눈물이 나는 것이 아닌가! 식판에 밥을 받아서 떠먹을 수 있는 손이 있고 그것을 먹을 수 있는 입이 있으며 치아가 있고 먹은 음식을 소화시킬 수 있다는 것이 너무나 감사하다는 생각이 들었다. 눈물이 흐르고 또 흘렀다. 정말 감사하지 않은가? 볼 수 있는 눈이 있으니 책도 읽을 수 있는 것이 아닌가! 깊이 생각해보면 정말 모든 것이 은혜이다. 은혜가 아닌 것이 하나도 없다. 내가 누리는 모든 것이 하나님이 내려주시는 은혜임을 깨닫는다면 그 자체로 감사하라.

　　'나의 나 된 것, 내게 주신 것은 하나님의 은혜라, 내가 한 것이 아니요 오직 나와 함께하신 하나님의 은혜라'(고전 15:19)고 고백한 바울처럼 당신도 믿음의 고백을 올려드리라. 그럴 때 하나님이 영광을 받으실 것이다.

　　이는 만물이 주에게서 나오고 주로 말미암고 주에게로 돌아감이라 그에게 영광이 세세에 있을지어다 아멘 롬 11:36

03

이슬은 부르심을 알게 한다

이슬로 사명을 확인한 기드온

이스라엘 백성이 하나님 앞에 악을 행하여 하나님께서 7년 동안 미디안의 손에 이스라엘을 넘겨주셔서 미디안 사람들이 이스라엘 백성들을 괴롭게 했다(삿 6:1). 토지 소산을 멸하여 먹을 것을 남겨두지 않는 등 궁핍함이 심하게 되자 이스라엘 자손이 여호와께 부르짖었고 이때 하나님은 미디안의 손에서 이스라엘을 구원하는 도구로 기드온을 부르셨다.

여호와의 사자가 기드온에게 나타나 이르되 큰 용사여 여호와께서 너와 함께 계시도다 하매 삿 6:12

그런데 어찌 보면 그는 소심하고 겁이 많은 사람이었다. 미디안 사람들에게 들키지 않으려고 밀을 포도주 틀에서 타작하고 있었다.

이처럼 소심했지만 또 한편으로는 성실했다. 그런 기드온을 하나님께서 부르셨다.

기드온이 하나님께 여쭈되 주께서 이미 말씀하심 같이 내 손으로 이스라엘을 구원하시려거든 보소서 내가 양털 한 뭉치를 타작 마당에 두리니 만일 이슬이 양털에만 있고 주변 땅은 마르면 주께서 이미 말씀하심 같이 내 손으로 이스라엘을 구원하실 줄을 내가 알겠나이다 하였더니 그대로 된지라 이튿날 기드온이 일찍이 일어나서 양털을 가져다가 그 양털에서 이슬을 짜니 물이 그릇에 가득하더라 삿 6:36-38

하나님은 기드온을 큰 용사로 부르신 것처럼 당신도 큰 용사로 부르고 계신다.

"에이, 저를요? 이렇게 작고 연약하고 부족한데요? 저를 둘러싼 환경도 이렇게 열악한데요?"

이렇게 말하는 사람이 있을지도 모르겠다. 그렇지만 하나님은 기드온처럼 작고 연약하고 부족한 우리를 부르신다. 하나님은 우리 인생을 향해 우리도 깜짝 놀랄 정도로 크고 놀라운 계획을 갖고 계신다.

그런데 하나님이 자신을 큰 용사로 부르신다고 하면 대부분 믿지 않으려 한다. 내가 정말 작고 연약하다고 여기기 때문에 주저하는 것이다. 그런데 하나님께서는 나의 작음이나 연약함이 아무런 문제가 되지 않는다. 작은 자를 택하여 위대한 하나님의 그릇으로 빚어서 사용하시는 데 탁월하신 전문가이시다. 나의 연약함은 오히려 하나님의 영광을 드러내는 좋은 기회가 된다.

형제들아 너희를 부르심을 보라 육체를 따라 지혜로운 자가 많지 아니하며 능한 자가 많지 아니하며 문벌 좋은 자가 많지 아니하도다 그러나 하나님께서 세상의 미련한 것들을 택하사 지혜 있는 자들을 부끄럽게 하려 하시고 세상의 약한 것들을 택하사 강한 것들을 부끄럽게 하려 하시며 하나님께서 세상의 천한 것들과 멸시받는 것들과 없는 것들을 택하사 있는 것들을 폐하려 하시나니 이는 아무 육체도 하나님 앞에서 자랑하지 못하게 하심이라 고전 1:26-29

하나님은 당신의 영광을 드러내시기 위해서 일부러라도 연약한 자를 택하여 부르신다. 베드로를 향해서도 "네가 요한의 아들 시몬이니 장차 게바(베드로)라 하리라 하시니라"(요 1:42)라고 하셨다. 갈대처럼 연약한 시몬을 반석 같은 존재로 여기시는 것이다. 실제로 사람의 안목으로 볼 때 베드로는 그저 보잘것없는 어부 출신에 불과했다. 학력이 미천했고 성경 교육을 체계적으로 받아본 적도 없었다. 그가 할 줄 아는 것이라고는 그물을 던져 물고기를 잡는 것뿐이었다. 이처럼 연약하고 부족한 베드로를 택하여 부르셨다. 그것도 주님의 수제자로 말이다.

베드로가 얼마나 부족한지 모르신 것이 아니라 다 아시면서도 그를 부르신 것이다. 물고기 잡는 어부에서 사람 낚는 어부로 변화시켜 크게 사용하시려고 그를 택하여 부르셨다. 그리고 초대 교회에 반석 같은 리더로 세워 부흥의 밑거름과 기둥이 되게 하셨다.

토기장이의 손에 맡겨진 진흙

최근 오디션 프로그램이 많은 관심을 끌고 있다. 가수 지망생들을 뽑는 프로그램뿐 아니라 어느 프로그램에서는 여성으로서 자신감 없이 살아가는 사람들을 택하여 아름다운 여성으로 변모시켜 자신감을 가지고 살아가게끔 하는 프로그램도 있다. 이 프로그램들마다 멘토들이 자신들이 지도하거나 변화시킬 멘티나 출연자들을 뽑는데 지금 당장 능력이나 외모가 출중한 이를 뽑는 것이 대부분이다.

반면에 어떤 멘토는 후보들 중에서 아직 완성되지는 않았고, 실수도 있지만 발전 가능성이 많은 사람을 선정한다. 왜 그럴까? 그래야 더 드러날 수 있기 때문이다. 아직은 부족한 사람을 다듬고 빚어내어 위대한 가수로, 아름다운 미인으로 변화시킬 때 그를 뽑은 안목이 인정받고 그를 키워낸 진정한 실력자임이 드러나게 된다. 이와 같은 원리로 하나님은 탁월한 전문가이시기에 가장 약하고 부족한 우리를 택하셔서 위대한 하나님의 사람으로 빚어 사용하시려는 것이다.

처음 신앙생활을 시작하게 된 마산문창교회 고등부에서 학생들에게 비전을 심어주고 진로 지도를 위해 각 분야에서 헌신적으로 섬기시는 크리스천 리더들을 초청해서 도전을 받는 시간이 있었다. 대학에서 전자공학 교수로 재직하시면서 창조과학회 일을 하시는 교수님의 이야기를 듣고 당시 이과계열 공부를 하고 있던 나는 전자공학과 진학을 꿈꾸게 되었다.

'저 일을 하면 하나님께서 기뻐하시겠구나!'

믿음을 갖게 된 지 얼마 되지 않았던 때라 기도하는 법을 몰라 내 나름대로 기도하면서 대학입시 시험을 쳤다.

'하나님! 전자공학과에 진학해서 창조과학회 일을 통해 하나님께

영광을 돌리고 싶습니다. 도와주세요.'

그런데 그즈음에 '그 길이 정말 나에게 계획된 길이고 하나님이 원하시는 길일까?' 하는 생각이 들었다. 내 뜻과 계획이 아니라 하나님의 뜻과 계획이 무엇인지 묻는 기도를 해야 함을 알게 되면서 기도가 바뀌었다. 때마침 아프리카 선교의 개척자가 된 리빙스턴이 어린 시절 자신의 전부를 주님께 드렸다는 이야기를 듣게 되었다.

리빙스턴이 소년기에 교회에서 예배를 드리는데 헌금 시간에 드려진 헌금을 위해 기도하려는 순간 소년 리빙스턴이 앞으로 나와 강단에 무릎을 꿇었다. 목사님이 그 이유를 물어보았더니 "저는 하나님께 저의 전부를 드리고 싶습니다"라고 이야기했다는 이야기가 큰 감동으로 다가왔다. 나도 리빙스턴처럼 주님께 내 모든 것을 드리겠다고 결단하며 기도했다.

'하나님! 저도 주님께 무언가를 드리고 싶은데 드릴 만한 것이 없네요! 외모가 출중한 것도 아니고 능력이나 지혜가 뛰어난 것도 아니며 가지고 있는 돈도 없고 돈을 잘 벌 재주도 없습니다. 아무리 생각해도 드릴 만한 것이 없지만 저의 전부를 주님께 드리고 싶습니다. 제 젊음과 인생을 모두 주님께 드립니다. 토기장이이신 주님! 저를 주님이 원하시는 그릇으로 빚어주시고 주님이 원하시는 곳에 마음껏 써주세요!'

이 기도 이후에 내 인생을 세밀하게 인도해가시고 빚어가시는 하나님의 손길을 느낄 수 있었다. 창조과학회에서 섬기겠다고 지원했던 한 대학의 전자공학과에 합격이 되었지만 왠지 그 길이 아닐 것 같다는 생각이 들었다. 하나님이 내게 계획하고 계신 길로 인도해달라고 기도하며 인도하심을 기다리는 중에 섬기고 있던 찬양팀이 주최한 경배와 찬양학교 및 수련회에서 청소년과 청년 등 다음세대를 섬기는 목회자의 길로 부르심을 받게 되었다. 그 부르심의 길을 가기 위해서 다니던 대학을 한 달 만에 휴학하고 다시 공부하여 신학대학에 진학하게 되었다.

그런데 막상 신학대학에 진학하기는 했지만 부족한 내가 하나님께 드려져서 제대로 쓰임 받을 수 있을지에 대해서는 자신이 없었다. 그 이유 중 하나는 내가 사람들 앞에만 서면 떨려서 말을 잘 못했기 때문이다.

'하나님! 저를 사용하기 원하신다면 이처럼 부족한 부분을 빚어서라도 사용해주세요.'

자주 이런 기도를 하곤 했다. 그런데 신학대학에서의 1학기가 끝나갈 무렵 에피소드가 생겼다. 앞에서 잠깐 언급했듯이 2학기 과대표를 선출하는데 먼저 후보 추천을 하는 시간이었다. 한 학우가 "저는 김세진 학우를 과대표로 추천합니다"라고 하는 것이 아닌가! 나를 추천했다는 사실에 놀라웠지만 이왕 추천받은 거 좋은 기회로 삼고 도전해봐야겠다는 생각이 들었다. 몇 명이 추천이 된 후 한 사람씩 나와서 의견을 발표하는 시간에 다른 후보들은 대부분 사양을 하거나 확신 없이 이야기했다.

내가 발표할 시간이 되어 앞으로 나가는데 순간 나를 추천했던 학우가 꽤나 놀라는 표정이었다. 나중에 안 사실이지만 그 학우는 나와 비슷하게 생긴 다른 학우를 추천한다는 것이 나와 헷갈려서 내 이름을 추천한 것이었다. 여하튼 나는 추천된 후보로 나가서 부족하지만 과대표로 뽑아주시면 열심히 섬겨보겠다고 했고, 결국 과대표로 당선되었다.

과대표로 섬기면서 정말 열심히 섬겼다. 사람들 앞에 나서는 것을 쑥스러워하던 내가 자꾸 사람들 앞에 서게 되면서 점점 자신감도 생겨나게 되었다. 또한 교회에서는 찬양인도자로, 때로는 강의와 설교로 많은 사람들 앞에 서게 되는 기회가 주어질 때마다 기도로 하나님을 의지했고 그럴 때마다 하나님이 담대함을 주셔서 당당하게 선포하게 하셨다.

어떤 분은 그런 나의 모습을 보고 왜 평상시 모습과 다르게 강단에만 서면 목소리 톤이 달라지느냐며 가식적인 것 아니냐고 오해하기도 했다. 그도 그럴 만한 것이 나 자신도 놀랐기 때문이다. 기도하고 단에 서면 담대함이 생겼다. 성령님께서 주시는 담대함이었다. 성령충만하게 되면 술 취하는 것과 비슷해진다고 하지 않는가! 술에 취하면 말이 많아지고 담대해지는 것처럼 성령충만하면 담대해진다. '내가 할 수 있을까' 하는 소심한 마음도 하나님이 함께하시니 능히 할 수 있다는 담대한 마음으로 변화된다.

이처럼 나는 남들 앞에서 말도 잘 못하는 작은 아이에서 담대히 하나님의 말씀을 선포하는 큰 용사로 빚어 사용하시는 토기장이이신 하나님의 섬세한 손길을 지금까지도 경험하고 있다.

하나님은 작고 연약하고 부족한 기드온을 부르셨듯이 오늘 우리를 택하여 부르신다. 그것도 큰 용사로 말이다. 나는 비록 작고 연약하더라도 나를 큰 용사로 부르시는 분이 하나님이시라면 이야기는 달라진다. 그분의 손길을 기대하고 기다리면 되는 것이다. 토기장이가 진흙으로 그릇을 아름답게 빚어내듯이 진흙과 같은 나, 여전히 모가 나고 부족함 투성이인 나를 멋지게 빚어내실 위대한 예술가이신 하나님의 섬세한 손길을 기대하자.

항상 진실케 내 맘 바꾸사 하나님 닮게 하여 주소서
주는 토기장이 나는 진흙 날 빚으소서 기도하오니
항상 진실케 내 맘 바꾸사 하나님 닮게 하여 주소서
Eddie Espinosa 사, 곡 〈항상 진실케〉

부르심을 확인하라

'그런데 정말 나를 부르신 것이 맞으실까?'
'더군다나 나를 큰 용사로?'
'나를 보내 미디안의 군대를 치게 하신다고?'
'에이 설마!'
'하나님이 정말 나를 부르신 게 맞나요?'
확신이 없었던 기드온은 하나님께 간구한다.
하나님이 정말 자신을 부르신 것이 맞다면 양털 한 뭉치를 타작

마당에 둘 텐데 만일 이슬이 양털에만 있고 주변 땅은 마르면 자신의 손으로 이스라엘을 구원하실 줄을 알겠다고 간구했을 때 그가 간구한 그대로 되었다. 아침에 일어나 양털에서 이슬을 짜니 물이 그릇에 가득했다. 자신이 간구한 대로 되었지만 기드온은 하나님께 한 번 더 요청한다.

기드온이 또 하나님께 여쭈되 주여 내게 노하지 마옵소서 내가 이번만 말하리이다 구하옵나니 내게 이번만 양털로 시험하게 하소서 원하건대 양털만 마르고 그 주변 땅에는 다 이슬이 있게 하옵소서 하였더니 그 밤에 하나님이 그대로 행하시니 곧 양털만 마르고 그 주변 땅에는 다 이슬이 있었더라 삿 6:39,40

이번에는 양털만 마르고 주변 땅에는 다 이슬이 있게 해달라고 한 번 더 하나님께 요청드렸고 하나님은 기드온이 요청한 대로 이루어 주셨다. 기드온이 하나님의 부르심의 사명을 확신하지 못하고 계속 의심한 것일까? 그것보다는 돌다리도 두들겨본다는 심정으로 확인을 한 것이다.

미디안의 군대를 치는 것, 그래서 이스라엘을 구원하는 것이 어디 쉬운 일인가! 인간적인 계산으로 볼 때 불가능해 보이는 일이었다. 그 일을 위해서 부르신다 하니 두려운 것이다. 정말인가 확인하고 싶은 것이다. 그래서 간구하고 또 간구하여 확답을 받기 원했던 것이다.

하나님은 이것을 나쁘게 보지 않으셨다. 기드온이 반신반의하며 하나님의 부르심을 감당하기보다 확신 속에 사명을 감당하기를 원하셨기 때문이다. 하나님의 부르심, 그것도 내 계획과 생각보다 위대한 사명으로의 부르심이라면 두 번, 세 번 확인하려는 것은 어쩌면 당연한 것이다. 그것은 절대로 불신앙의 행위가 아니다. 정말 하나님의 부르심인지 확인하고 싶어 하는 열정 어린 마음이며 하나님의 부르심이 맞기를 바라는 마음인 것이다.

하나님께서도 기드온의 두 차례 요구에 화 한번 내지 않으시고 응답해주신 것으로 볼 때 절대 무리한 요구로 보시지 않으신 것이다. 오히려 하나님께서 부르셨다는 확신이 있어야 미디안의 대군과 용맹스럽게 맞서서 싸울 수 있을 것이라는 넓은 마음으로 이해해주신 것이다.

나는 다음세대, 그중에서도 특히 청소년과 청년들을 향한 부르심이 있다는 것을 알게 되면서 이왕이면 더 많은 청소년과 청년들을 섬길 수 있으면 좋겠다는 열망이 있어 기도할 때마다 그들을 섬길 수 있는 기회를 달라고 기도했다. 기도하면서도 이런 생각이 내 생각인지 하나님께서 주신 마음인지 궁금했고 하나님이 주신 마음이고 부르심이 맞다면 그 길로 인도해달라고 했다. 아무리 큰 꿈과 열망이 있더라도 그것이 하나님의 뜻이 아니라면 문이 열리지 않을 것이고 하나님의 부르심이 분명하다면 기회가 주어질 것이라고 믿고 준비할 때 하나님께서 기회의 문을 열어주심을 경험하게 되었다.

신학생 시절에 찬양팀을 결성하여 여러 사역들을 할 때 한 기독교 단체서 진행하는 전국 청소년연합수련회, 청년대학생 연합수련회 등에서 찬양 인도 및 특강 등으로 섬길 기회를 허락해주셨다. 이러한 시간들을 통해서 수많은 청소년들, 청년대학생들에게 하나님을 향한 믿음을 권면하고 꿈과 비전을 제시하여 하나님나라의 헌신된 일꾼들, 하나님께 자신의 삶을 즐겁게 헌신하는 새벽이슬 같은 주의 청소년, 청년들로 세우는 일이 얼마나 귀한 일인지를 더욱 깊이 깨닫게 되었다.

이 같은 경험과 깨달음을 통해서 하나님께서 부족한 나를 사용하신다는 사실을 확인하게 되어 감사했다. 이후 카이스트 학생들을 비롯한 지역의 대학청년들이 주축이 된 한 교회 청년대학부를 섬기면서, 동시에 학원복음화협의회 대전충청지역 교회실행위원장으로 섬길 수 있는 기회가 있었다. 이때 지역 교회 청년대학부 및 캠퍼스 선교단체들과의 연합사역을 통해 캠퍼스복음축제와 'Again 1907 청년연합기도운동' 등을 진행하면서 단지 한 교회 청년부의 부흥을 넘어 교회가 속한 지역과 도시, 민족과 세계의 부흥을 위해, 특히 젊은이들이 부흥의 주역이자 일꾼으로 세워지는 과정을 위해 기도하고, 기도한 대로 이루어가시는 하나님을 경험함을 통해 하나님께서 부족한 자도 얼마든지 빚어 사용하신다는 확신이 더욱 굳건해지게 되었다.

지금은 학원복음화협의회(본부) 청년사역실행위원으로 세워주셔서 청년사역자훈련학교에서 스태프로 섬기고 전국청년연합수련회 등에서 강의(트랙강의)와 기도회 인도 등으로 섬기면서 한국교회의 청년사역자들과 새벽이슬 같은 주의 청년들을 세워가는 데 미약하나마 힘을 보태고 있다.

부족하고 연약하다며 '내가 뭘 할 수 있을까' 하는 마음으로 자포자기하고 하나님의 뜻과 부르심의 사명이 무엇인지 간구하고 확인해 보지 않았다면 어쩌면 여전히 자신감 없이 소심하게 살면서 사역하고 있었을지도 모른다.

하나님이 두려워하던 기드온을 큰 용사라고 불러주시며 미디안의 압제로부터 이스라엘 백성을 구원하는 도구로 사용하시겠다고 말씀하셨음에도 확신이 없어 이슬을 통해 두 번씩이나 하나님의 부르심을 확인하고자 했던 기드온을 하나님은 책망하지 않으시고 요청한 대로 이슬을 통해 확인을 시켜주셨다. 이처럼 기드온은 부르심의 사명을 확인한 후 하나님께서 함께하신다는 확신을 가졌기에 3만 2천 명의 용사 중 3백 명만 남기신 상황에서 13만 5천 명의 대군과 맞서 싸우라는 하나님의 명령에 기꺼이 순종할 수 있었던 것이다. 사실 두 번의 확인과정을 거치고서도 기드온은 여전히 두려워하는 모습을 보였다.

그 밤에 여호와께서 기드온에게 이르시되 일어나 진영으로 내려가라 내가 그것을 네 손에 넘겨주었느니라 만일 네가 내려가기를 두려워하거든 네 부하 부라와 함께 그 진영으로 내려가서 삿 7:9,10

이러한 말씀을 통해서, 그리고 미디안의 대군을 물리치는 것도 기드온의 용맹함이라기보다 미디안의 진영에 퍼진 불길한 꿈을 통해 두려움이 적군의 심장부에 가득 퍼지게 하셨기 때문이다. 이 모든 것을 종합해볼 때 기드온을 큰 용사가 되게 하신 것도 적군에 비해 적은 수로 큰 승리를 거두게 하신 것도 모두 다 하나님의 은혜였다.

나는 사도 중에 가장 작은 자라 나는 하나님의 교회를 박해하였으므로 사도라 칭함 받기를 감당하지 못할 자니라 그러나 내가 나 된 것은 하나님의 은혜로 된 것이니 내게 주신 그의 은혜가 헛되지 아니하여 내가 모든 사도보다 더 많이 수고하였으나 내가 한 것이 아니요 오직 나와 함께하신 하나님의 은혜로라 고전 15:9,10

기드온의 경우에서 보듯 하나님은 작고 부족하고 때로 소심한 사람도 얼마든지 큰 용사로 부르시고 하나님의 크신 뜻을 이루는 도구로 빚어 사용하실 수 있는 분이시다.

너는 내 것이다

하나님의 부르심이 분명하다면 하나님이 책임지고 인도해주실 것이다. 다음세대, 특히 청소년들과 청년들을 믿음의 세대요, 비전의 사람들로 세우라는 부르심의 사명을 확인하고 신학대학 진학을 준비하였고 시험을 쳐서 합격이 되었지만 집안 형편이 어려워 등록금을 지원받을 상황이 되지 못했다. 등록금을 낼 날이 가까워오자 이 문제를 놓고 간절히 기도했다.

등록금 문제만이 아니라 '너무나도 부족한 내가 과연 하나님의 부르심의 길을 갈 수 있을까' 하는 두려운 마음이 들었기에 정말 절박한 마음으로 기도할 수밖에 없었다. 앞으로 가야 할 사명의 길에 대한 부담과 등록금 문제로 간절히 부르짖어 기도할 때 신비하기도 하고 놀라운 경험을 하였다. 4박 5일간 집회 형식으로 진행하는 두란노 경배와 찬양학교에 내가 속해 있던 찬양팀과 함께 참여한 때였는데 약 3천여 명이 참여하고 있었고 그들이 함께 부르짖어 기도하고 있었다.

저녁 집회로는 마지막 날인 4일째 밤이었는데 당시 집회를 인도하시던 하 스데반 선교사님이 주변 사람들을 의식하지 말고 하나님 앞에 홀로 있다고 생각하고 간절하게 부르짖으며 기도하라고 권하셨다. 그 권면을 따라 정말 간절히 부르짖어 기도하는데 갑자기 주변이 조용해지는 것이 아닌가! 주변 사람들 모두 큰 소리로 부르짖고 있었지만 그 소리는 하나도 들리지 않았다. 그러면서 엘리야가 들었던 것처럼 작고 세미한 주님의 음성이 마음 깊은 곳에서부터 들려왔다.

야곱(세진)아 너를 창조하신 여호와께서 지금 말씀하시느니라 이스라엘(세진)아 너를 지으신 이가 말씀하시느니라 너는 두려워하지 말라 내가 너를 구속하였고 내가 너를 지명하여 불렀나니 너는 내 것이라 사 43:1

이뿐만이 아니었다. 계속해서 주의 음성이 들려왔다.

'나는 너를 위해 나의 모든 것, 하나밖에 없는 아들까지 내어주었는데 너는 나를 위해 무엇을 줄 수 있겠느냐? 너의 명예를 내려놓을 수 있겠느냐?'

'예! 주님 명예를 내려놓겠습니다.'

'너의 가족을 포기할 수 있겠느냐?'

'예! 베드로가 배와 부친을 버려두고 주님을 따랐듯이 저도 그렇게 하나님을 따르겠습니다.'

'그럼 너의 목숨도 나를 위해 내어줄 수 있겠느냐?'

'예! 하나님! 저를 위해 예수님도 목숨을 아끼지 않으셨는데 저도 하나님을 위해 기꺼이 제 목숨을 드리겠습니다.'

'그럼 됐다. 내가 너에게 앞으로 많은 어려움을 줄 것이다. 그러나

두려워하지 마라. 내가 너와 함께하고 너를 빚어갈 것이다.'

이사야 43장 1절 말씀과 함께 내게 들려주시는 하나님의 음성이 분명했다. 근심, 걱정이 사라지고 평안함이 밀려왔다. 하나님은 이 말씀을 통해 하나님이 책임져주실 것을 약속해주셨다. 걱정하던 등록금 문제에 대해서는 한 말씀도 하지 않으셨지만 '너는 내 것이라' 는 말씀 속에 하나님의 소유이기에 책임지시겠다는 약속이 담겨 있어 아무런 걱정이 되지 않았다. 감사와 기쁨이 넘쳐났고 하나님께서 행하실 일들이 기대가 되었다.

등록금도 하나님께서 채워주셨다. 물론 엘리야의 까마귀처럼 하나님의 축복의 통로가 된 사람의 손길을 통해서 말이다. 첫 학기 등록부터 신학대학 4년과 신학대학원 3년, 총 7년을 연속으로 다녔는데 일 년에 두 학기니까 14번 등록할 때마다 채워주심의 손길을 체험하게 하셨다. 물론 내가 할 수 있는 최선을 다하고 나머지 부족한 부분을 채워주신 하나님을 체험하게 되었다. 하나님은 등록금을 비롯한 사역에 필요한 재정을 채워주셨을 뿐 아니라 나의 사역 여정에도 언제나 함께해주셨다. 물론 많은 어려움이 있었지만 함께하시고 빚어가시겠다는 신실한 약속이 있었기에 든든했다.

'나를 부르신 것이 맞고, 부족하지만 빚어 사용하시려는 것이 맞구나.'

확신이 드니 이 길을 가는 것을 한 번도 후회해본 적이 없다. 물론 청년들을 포함해 다음세대를 섬기는 것은 결코 쉽지 않은 여정이지만 찬양의 고백처럼 '내가 걸어갈 때 길이 되고 살아갈 때 삶이 되는 그곳'에서 주님을 예배하고 주님께서 맡겨주신 부르심의 사명을 감당하는 마음으로 섬기고 있다.

많은 청년들이 하나님의 사명이 무엇인지 간구하지 않거나 사명을 알게 되었더라도 주저하는 이유는 앞날에 대한 걱정 때문일 것이다. 하나님은 당신의 사명에 응답하고 전적으로 의탁한 자를 책임져주신다. 그러므로 주저할 아무런 이유가 없다. 하나님께 맡겨보라. 하나님은 내가 구한 것과 생각한 것보다 더 놀랍게 역사해주시는 분이시다.

전능하신 하나님의 능력으로

부르심과 사명이라 해서 결코 쉬운 것이 아니다. 어려움이 있다. 기드온도 열악한 환경에서 위대한 비전, 이스라엘을 미디안의 손에서 구원하는 부르심의 사명을 받게 되었다. 그것이 가능한 일일까? 가능하다. 왜 그런가? 하나님이 부르셨으니까!

하나님이 어떤 분이신가? 여호와는 '스스로 계신 자'라는 뜻이다. 온 우주의 통치자, 온 열방을 다스리시는 분이시다. 그분에게 미디안은 물통의 한 방울 물에 지나지 않는다.

보라 그에게는 열방이 통의 한 방울 물과 같고 저울의 작은 티끌 같으며 섬들은 떠오르는 먼지 같으리니 사 40:15

그것을 보여주시려 가장 작은 민족인 이스라엘을 택하신 것이다.

여호와께서 너희를 기뻐하시고 너희를 택하심은 너희가 다른 민족보다 수효

가 많기 때문이 아니라 너희는 오히려 모든 민족 중에 가장 적으니라 _{신 7:7}

그래서 기드온과 이스라엘 백성에게 고난도 허락하신 것이다. 하나님께는 아무런 문제가 되지 않는다. 위대한 비전을 주신 분이 위대한 하나님이시다. 기드온에게 주신 사명은 엄청난데 그것이 가능한 것일까? 가능하다. 하나님이 하시고 하나님이 친히 이루시니까 얼마든지 가능한 것이다.

여호와의 눈은 온 땅을 두루 감찰하사 전심으로 자기에게 향하는 자들을 위하여 능력을 베푸시나니 _{대하 16:9}

예수님은 열두제자를 부르시고 그들에게 세계 복음화의 사명을 주셨다. 그러면서 말씀하셨다.

오직 성령이 너희에게 임하시면 너희가 권능을 받고 예루살렘과 온 유대와 사마리아와 땅 끝까지 이르러 내 증인이 되리라 하시니라 _{행 1:8}

무지하고 무기력하고 무능력했던 제자들인데 과연 이루어질 수 있는 일일까? 하나님이 전능하시니까 성령님의 권능이 그들 위에 임하니까 제자들이 변화된다. 오십보백보라는 말이 있듯 사람은 거기서 거기이다. 별 차이가 없다. 차를 타는데 '경차냐, 중형차냐'를 따지지만 사실 거기서 거기이다. 중형차는 시속 500키로 속도로 달릴 수 있는 게 아니다. 조금의 차이는 있지만 거기서 거기이다.

그런데 차와 비행기는 어떤가? 차원이 다르다. 우리의 능력이 차라면 하나님의 능력은 비행기와 같다. 성령의 권능이 임하면 다른 차원의 삶과 사역이 가능한 것이다. 걸어서 가거나 차로 이동하는 데는 한계가 있다. 차가 아무리 성능이 좋아도 바다를 건널 수는 없다. 그런데 비행기는 그 한계를 넘어선다. 바다 너머로 건너가는 것도 어렵지 않다.

하나님의 능력, 성령의 권능이 이와 같다. 하나님이 예수님의 제자들에게 부여하신 비전인 땅 끝까지 예수님의 증인이자 부활의 증인이 되는 것은 인간적으로 보면 불가능한 미션이다. 그러나 하나님께는 얼마든지 가능하다. 실제로 초대 교회에서 놀라운 부흥이 일어났다. 하나님이 하시면 되는 것이다. 이제 하나님은 우리를 부르신다. 온 인류 구원을 위해 땅 끝까지 복음을 전파하는 사명을 위해서 부르신다. 이것이 가능한가? 가능하다. 왜? 하나님이시니까! 우리를 부르시는 분, 위대한 비전을 주시는 분, 그리고 그것을 성취해 나가시는 분이 전능하신 하나님이시니까 얼마든지 가능한 것이다.

우리는 그저 그 부르심에 응답하기만 하면 된다. 내 능력이 부족하다고 망설일 필요가 없다. 권능은 하나님께 속한 것이다. 믿음으로 응답하고 하나님께서 부족한 자를 통해 얼마나 놀라운 일을 이루어가시는지 지켜보자. 틀림없이 하나님의 하나님 되심을 경험하게 될 것이다.

이르시기를 너희는 가만히 있어 내가 하나님 됨을 알지어다 내가 뭇 나라 중에서 높임을 받으리라 내가 세계 중에서 높임을 받으리라 하시도다 시 46:10

당신의 삶의 자리와 믿음의 자리에서, 온 나라와 세계 중에서 높임을 받으시는 하나님의 영광을 보게 되는 새벽이슬 같은 주의 청년의 모습으로 우뚝 서라!

청춘아
겁먹지마

인생의 전투 무기,
믿음 스토리를 만들라

part 2

04

이슬은 축복의 선물이다

이슬은 하늘 위에서부터 내려와서 메마른 땅을 적시고 생명력을 공급한다. 그렇기 때문에 비가 자주 내리지 않는 사막지대에서 이슬은 반드시 필요하다. 이처럼 광야 메마른 땅을 적셔서 생명력을 공급하는 이슬은 하늘 위에서 내리는 축복의 선물과도 같다.

새벽이슬 같은 주의 청년들도 만나는 사람들에게 축복의 선물 같은 존재가 되어야 한다. 그러기 위해서는 먼저 이슬처럼 하나님께서 하늘 위에서부터 내려주시는 은혜와 사랑으로 가득 적셔진 사람이어야 한다. 그래서 메마른 영혼들의 목마름을 적시고 그들이 살아나도록 생명력을 공급하는 삶을 살 수 있어야 한다. 그런 주의 청년들이 되려면 어떻게 해야 하는가?

야곱과 에서 이야기

야곱과 에서의 이야기는 우리에게 많은 것을 생각하게 한다. 장자권을 소중히 여기느냐 소홀히 여기느냐에 따라 운명이 달라졌다. 즉, 하나님이 내려주시는 은혜와 축복을 소중히 여기느냐 소홀히 여기느냐에 따라 축복을 누리고 축복의 통로가 되느냐 아니면 메마르고 황폐한 삶을 사느냐로 나뉘어졌다. 에서와 야곱의 인생은 실로 한 순간의 선택이 얼마나 중요한지 잘 보여준다. 그들의 인생은 그들의 아버지 이삭이 그들에게 기도한 대로 되었다. 먼저 야곱을 향한 기도를 보자.

내 아들의 향취는 여호와께서 복 주신 밭의 향취로다 하나님은 하늘의 이슬과 땅의 기름짐이며 풍성한 곡식과 포도주를 네게 주시기를 원하노라 만민이 너를 섬기고 열국이 네게 굴복하리니 네가 형제들의 주가 되고 네 어머니의 아들들이 네게 굴복하며 너를 저주하는 자는 저주를 받고 너를 축복하는 자는 복을 받기를 원하노라 창 27:27-29

반면 에서에게는 이렇게 기도해준다.

네 주소는 땅의 기름짐에서 멀고 내리는 하늘 이슬에서 멀 것이며 너는 칼을 믿고 생활하겠고 네 아우를 섬길 것이며 네가 매임을 벗을 때에는 그 멍에를 네 목에서 떨쳐버리리라 창 27:39,40

야곱과 에서에게 기도해준 것에 공통적으로 들어가는 단어가 이슬이다. 이슬은 하늘에서부터 내려오는데, 이것은 하나님께서 생명, 건강, 은혜와 복, 지혜와 능력 등을 내려주시는 것을 의미한다.

내 사랑하는 형제들아 속지 말라 온갖 좋은 은사와 온전한 선물이 다 위로부터 빛들의 아버지께로부터 내려오나니 그는 변함도 없으시고 회전하는 그림자도 없으시니라 약 1:16,17

그러므로 하나님을 사모하고 그분이 내려주실 복과 은혜를 기대했던 야곱과, 그 모든 것을 누릴 수 있는 우선권이 자신에게 있었음에도 그것을 경홀히 여기고 팥죽 한 그릇에 팔아버린 에서의 인생이 달라질 수밖에 없는 것은 너무도 당연하다. 야곱은 장자권의 중요성을 알고 있었고 그것을 얻기 위한 간절한 열망이 있었다.

반면에 에서는 장자의 명분을 가볍게 여겼다(창 25:34). 들에서 사냥하다가 식사를 제대로 못해 몹시 배고팠을 때 장자의 명분을 자신에게 팔라는 야곱의 요청에 배고파 죽게 된 마당에 이 장자의 명분이 무엇이 유익하겠느냐면서 순간의 배고픔을 면하기 위해 그토록 중요한 장자권을 팥죽 한 그릇에 팔아버리고 말았다(창 25:32,33).

에서는 이처럼 감정적이고 즉흥적이었다. 하나님 보시기에 옳고 그른 것을 따라 사는 것이 아니라 단지 육체적인 필요를 채울 수 있느냐에 따라 행동하는 유형이라 할 수 있다. 오늘날의 젊은 세대들의 모습도 이와 비슷한 경향을 보인다. 옳고 그름의 기준이 아니라 재미있느냐 없느냐, 하고 싶으냐 하기 싫으냐에 따라 행동하려 한다. 육체의 본능적 욕구와 쾌락을 그 어떤 것보다 앞세우는 모습을 볼 수 있다.

많은 사람들이 성공하기 위해 열심히 공부하고 일하며 삶의 필요들을 우선적인 가치에 두고 물질적 부유함만을 좇는 삶을 추구하고 있다. 그러나 공부하느라, 일하느라, 연애하느라, 인생을 즐기느라 바빠서 생명과 복의 근원 되신 하나님을 만나고 예배하는 것, 주님의 몸된 교회와 하나님의 나라를 위해 섬기는 일을 등한히 한다면 장자권을 팥죽 한 그릇에 팔아버린 에서의 경우와 다를 바가 무엇이겠는가?

너희는 하나님의 은혜에 이르지 못하는 자가 없도록 하고 또 쓴 뿌리가 나서 괴롭게 하여 많은 사람이 이로 말미암아 더럽게 되지 않게 하며 음행하는 자와 혹 한 그릇 음식을 위하여 장자의 명분을 판 에서와 같이 망령된 자가 없도록 살피라 히 12:15,16

에서 증후군을 조심하십시오. 잠깐 동안의 욕구 충족을 위해, 평생 지속되는 하나님의 선물을 팔아넘기는 일은 없어야 합니다. 여러분도 아는 것처럼, 에서는 나중에 자신의 충동적인 행동을 뼈저리게 후회하고 하나님의 복을 간절히 원했습니다. 하지만 때는 이미 너무 늦어서, 아무리 울고불고해도 소용이 없었습니다. 히 12:15,16, 《메시지》

이 말씀의 충고처럼 우리는 에서의 길을 걷지 않도록 우리 자신을 부단히 살펴야 한다.

신앙의 회색지대는 없다

열정적인 찬양인도자이자 목회자인 밥 소르기는 《하나님이 당신의 이야기를 쓰고 계신다》라는 책에서 야곱과 에서, 두 형제의 선택의 차이에 대해 관심 있게 다루면서 도전한다. 야곱은 하나님 안에 있는 유산을 열렬히 갈망하였고 그것을 얻는 데 필요한 것은 무엇이든지 기꺼이 하고자 했다. 이것은 그의 속임수까지 정당화하는 것이 아니다. 하나님께서 야곱의 부족함에도 자비를 베푸셨고 무엇보다 야곱이 하나님을 열렬히 사모하는 것을 흡족히 여기셨다. 반면에 에서가 영적인 유산을 무관심하게 여기는 것을 못마땅하게 여기셨다며 야곱처럼 살 것인지 에서처럼 살 것인지를 선택하라고 도전한다.

이제 선택권은 우리에게 주어졌다. 나의 선택은 무엇인가? 어떤 선택을 할 것인가? 야곱의 길인가, 에서의 길인가? 신앙에 회색지대는 없다. 차갑든지 뜨겁든지 둘 중에 분명한 선택을 해야 한다. 요한계시록에서 주님은 일곱 교회 중 라오디게아 교회를 향해서 차갑든지 뜨겁든지 둘 중에 하나를 선택하라고 말씀하셨다.

라오디게아 교회의 사자에게 편지하라 아멘이시요 충성되고 참된 증인이시요 하나님의 창조의 근본이신 이가 이르시되 내가 네 행위를 아노니 네가 차지도 아니하고 뜨겁지도 아니하도다 네가 차든지 뜨겁든지 하기를 원하노라 네가 이같이 미지근하여 뜨겁지도 아니하고 차지도 아니하니 내 입에서 너를 토하여 버리리라 네가 말하기를 나는 부자라 부요하여 부족한 것이 없다 하나 네 곤고한 것과 가련한 것과 가난한 것과 눈 먼 것과 벌거벗은 것을 알지 못하는도다 내가 너를 권하노니 내게서 불로 연단한 금을 사서 부요하게 하고 흰 옷을 사서 입어 벌거벗은 수치를 보이지 않게 하고 안약을 사서 눈에 발라 보게 하라 무릇 내가 사랑하는 자를 책망하여 징계하노니 그러므로 네가 열심을 내라 회개하라
계 3:14-19

하나님은 미지근한 태도를 싫어하신다.

마태복음 19장에 보면 예수님을 찾아온 청년이 있었다. 그는 자신이 무슨 선한 일을 하여야 영생을 얻을 수 있느냐고 예수님께 물었다. 청년에게 예수님은 십계명을 열거하시면서 계명들을 지켜야 한다고 말씀하셨다. 그 청년은 계명들을 다 지켜왔는데 아직도 무엇이 부족한지를 물었고, 예수님은 소유를 팔아 가난한 자들에게 주고 와서 자신을 따르라고 하셨다. 그러자 청년은 재물이 많으므로 이 말씀을 듣고 근심하며 갔다.

결국 그 청년은 다시 돌아오지 않았다. 구약의 계명들을 지킬 정도로 열심이 있었지만 재물 앞에서 머뭇머뭇하며 결단을 내리지 못했던 부자 청년의 모습을 보면서 오늘날의 젊은이들의 모습을 보는 것 같아 아쉬운 마음이 가득하다. 교회는 다니는 것 같으면서도 세상 그 무엇보다 하나님을 뜨겁게 사랑하며 헌신하라고 도전하면 머뭇거린다. 기억해야 한다. 신앙의 회색지대는 없다. 하나님을 뜨겁게 섬기든지 그렇지 않든지 선택해야만 한다.

만일 여호와를 섬기는 것이 너희에게 좋지 않게 보이거든 너희 조상들이 강 저쪽에서 섬기던 신들이든지 또는 너희가 거주하는 땅에 있는 아모리 족속의 신들이든지 너희가 섬길 자를 오늘 택하라 오직 나와 내 집은 여호와를 섬기겠노라 하니 수 24:15

여호수아는 가나안 땅에서 정착하는 동안 이제껏 자신들을 인도하셨던 여호와 하나님을 저버리고 우상숭배에 마음을 빼앗기고 흔들리던 이스라엘 백성들에게 여호와 하나님을 참 신으로 섬길 것인지 아니면 이방 신들을 섬길 것인지 선택하라고 도전했다. 그러면서 "오직 나와 내 집은 여호와를 섬기겠노라"라고 분명한 선택과 결단을 내렸다. 우리 역시 하나님을 섬기기로 한 여호수아처럼, 장자권을 선택한 야곱처럼 분명한 결단을 내려야 한다.

선택의 중요성을 간과하지 말라

선택이 중요한 이유는 처음에는 자그마한 차이밖에 나지 않지만 나중에는 엄청난 차이를 가져올 수 있기 때문이다. 1741년 덴마크의 탐험가 베링에 의해 발견된 미국의 49번째 주(州)인 알래스카는 비록 추운 북쪽 지방이지만 황금의 땅으로 불려질 만큼 엄청나게 많은 자원을 보유한 곳이다.

금과 석유, 천연가스 같은 지하자원은 물론이거니와 삼림과 수산 자원 역시 세계가 부러워할 정도로 많이 생산되는 곳이다. 더욱이 미국의 국방전략 면에서도 그 중요성은 말할 필요가 없을 정도이다. 그만큼 알래스카는 미국에게 너무나도 소중한 땅이다. 어장으로 군사도시와 항공도시로, 그리고 일 년 주 수입의 3분의 1이 기름과 가스 생산으로 충당될 만큼 저장량이 엄청나다고 한다. 이러한 알래스카를 미국이 단돈 720만 달러에 러시아로부터 샀다고 하면 놀라지 않을 사람이 없을 것이다.

처음 이 알래스카를 소유한 러시아는 모피나 생산하여 판매하는 보잘것없는 땅으로 여겼다. 그나마 모피 장사도 시들해지자 알래스카를 관리하는 것이 짐이 된다고 생각하고는, 조금이라도 값을 받을 수 있을 때 팔아버리려 했다. 그래서 서둘러 1867년 당시 미국의 시워드 재무장관에게 땅을 살 것을 제안했다. 미국이 러시아로부터 알래스카를 사라는 제안을 받았을 때 미 의회에서는 살 것인지 말 것인지에 대해 투표를 했다. 투표 결과 절대다수가 사는 것을 반대했다고 한다. 그런 쓸모없는 땅을 사서 뭐하느냐고 생각했던 것이다. 그러나 당시 재무장관이었던 윌리엄 시워드가 의회에서 의원들을 설득시켰다.

"여러분 나는 눈 덮인 알래스카를 보고 그 땅을 사자는 것이 아닙니다. 나는 그 안에 감추어진 무한한 보고를 바라보고 사자는 것입니다. 여러분, 우리 세대를 위해서 그 땅을 사자는 것이 아닙니다. 나는 다음세대를 위해서 그 땅을 사자는 것입니다."

윌리엄 시워드의 간곡한 설득으로 미 의회는 알래스카를 사기로 결정했다. 러시아로부터 엄청난 자원이 묻혀 있는 그 땅을 720만 달러에 샀다. 후에 미국은 그 땅에 묻혀 있는 엄청난 양의 자원들을 발견하고 그 땅을 축복의 땅이라고 했고 반면에 러시아는 땅을 치며 후회했다. 하지만 무슨 소용이 있겠는가! 귀한 것을 귀한 것인 줄 몰랐던 어리석음으로 인해 두고두고 후회할 수밖에 없는 것이다.

믿음의 선택과 지혜로운 선택으로 큰 은혜를 입은 사람을 이야기할 때마다 빠지지 않는 성경 인물이 룻이다. 이스라엘 땅의 흉년을 피해 이방 땅인 모압 지방에 오게 된 나오미의 며느리 룻은 비록 이방 여인이었지만 선택의 순간에 믿음의 선택을 한다. 남편에 이어 아들들도 다 죽어 홀로 된 나오미는 두 며느리 오르바와 룻에게 각기 어머니의 집으로 돌아가라고 권고한다. 이에 오르바는 떠나갔고 룻은 나오미와 함께하기로 선택한다. 그러면서 이런 믿음의 고백을 드린다.

룻이 이르되 내게 어머니를 떠나며 어머니를 따르지 말고 돌아가라 강권하지 마옵소서 어머니께서 가시는 곳에 나도 가고 어머니께서 머무시는 곳에서 나도 머물겠나이다 어머니의 백성이 나의 백성이 되고 어머니의 하나님이 나의 하나님이 되시리니 룻 1:16

룻은 이처럼 믿음의 선택을 했다. 그로 인해 결국 다윗 왕의 외조모가 되는 엄청난 은혜를 누리게 되었다. 뿐만 아니라 예수님의 족보에도 이름이 기록되는 영광을 얻게 되었다. 그러므로 우리 앞에 선택의 갈림길이 놓이게 될 때 어떤 선택을 해야 하겠는가?

믿음의 선택을 하라

청년의 때는 힘과 열정이 넘치는 시기이다. 그래서 유혹에도 쉽게 넘어가게 된다. 이 시대는 TV와 인터넷, 영상 매체, 심지어 스마트폰 시대라 손에 든 휴대폰을 통해서도 얼마나 많은 성적인 유혹의 물결이 넘쳐나는지 모른다. 조금만 한눈을 팔면 유혹에 넘어가기 쉽다. 드라마나 영화에서 남녀가 만나자마자 마음이 끌리면 사랑하는 것이라 생각하고 같이 밤을 보내는 것이 전혀 이상하지 않은 것처럼 묘사되곤 한다.

많은 청년들이 혼전 순결 문제에 대해서도 그것이 무슨 잘못이냐는 반응을 보인다. 성적, 윤리적 가치관이 완전히 붕괴되어 가는 것 같다. 청년의 때에는 절제가 필요하다. 청년의 때에 유혹을 멀리해야 하고 마음이 이끌리는 대로, 하고 싶은 대로 살면 안 되는 이유는 우리의 창조주가 계시기 때문이다. 창조주가 계시다는 것은 내가 그냥 우연히 태어나지 않았음을 의미한다.

우연인지 필연인지 당신이 선택하라. 우연히 태어나고 이 세상에 존재하게 되었다면 삶의 어떠한 목적도 기대할 수 없다. 자신의 태어남과 존재함이 우연이라고 생각하는 사람에겐 삶의 가치도 의미도, 비전도 사명도 제시되지 않는다. 아니, 제시될 수가 없다. 자신이 만들어야 하고 찾아야 한다. 그런데 안타깝게도 그 의미를 스스로의 힘으로는 도저히 찾을 수가 없다.

"왜 삽니까?"

"그냥요!"

"어떻게 삽니까?"

"돈 많이 벌고 잘 살아야죠!"

"어떻게 사는 것이 잘 사는 것이죠?"

"스펙 잘 관리해서 좋은 학교 졸업하고 좋은 직장에 취업하고 필요한 집과 차도 사고 좋은 배우자 만나 결혼하고 그러다 아이 낳고…. 다 그렇게 사는 거죠!"

그다음에는? 이렇게 살아가면 그 어디서도 제대로 된 인생의 가치와 목적을 발견할 수가 없다. 그러나 우리가 필연으로 태어났다면,

창조주 하나님의 놀랍고 아름답고 위대한 계획을 지닌 채 태어난 존재라면 나는 분명 가치 있는 존재이다. 내 삶의 의미와 목적, 비전과 사명이 있다. 내가 너무도 소중한 존재이고 내가 살아가야 할 의미와 목적이 있고 가슴에 품어야 할 꿈과 비전 그리고 살아가면서 이루어야 할 하늘의 사명이 있는 것이다.

당신은 어떤 선택을 하겠는가? 청소년기의 끝자락과 청년기의 시작지점인 고3 때 만난 한 끈질긴 친구의 전도는 나를 이 중요한 선택의 갈림길에 직면하게 했다. 처음에는 이 선택의 의미도, 중요성도 몰랐지만 그 누군가의, 정확히는 성령님의 이끌림을 받은 끝에 나는 창조주 하나님을 향한 믿음의 길을 선택했다. 뒤돌아볼 때마다 그때의 결정에 감사하지 않을 수가 없다. 만약 믿음의 길을 택하지 않았다면 아직도 나는 다람쥐 쳇바퀴 돌듯 그저 의미 없이 반복되는 허무한 인생을 살아가고 있을 것이다. 지금 하나님 안에서 나의 존재 가치와 의미 그리고 젊은 날과 평생을 통해 이루어가야 할 사명을 알고 그것을 위해 살아가는 나는 너무 행복하다. 그래서 그때의 결정과 선택을 한 번도 후회해본 적이 없고 앞으로도 절대 없을 것이다.

당신도 선택의 갈림길 앞에서 고민하게 될 때 믿음의 길을 선택하라. 그것이 가장 행복하고 의미 있고 보람 있는 선택이라고 자신 있게 소개할 날이 올 것이다.

인생의 창조주가 계시다고 믿는다면 이제 내 마음대로 살아서는 안 된다. 창조주 하나님께서 내 인생을 위해 계획하신 목적을 따라 살아야 한다. 그렇기 때문에 젊다고, 힘과 열정이 넘친다고 하고 싶은 대로 마음이 이끌리는 대로 살아서는 안 된다. 우리 마음이 원하는 대로 사는 것은 육체의 원초적인 본능을 따라 사는 것이다.

인간은 육체가 원하는 본능대로 산다고 행복할 수 있는 존재가 아니다. 인간은 성령을 따라 사명을 따라 살아야 하는 존재이다. 우리 인간의 마음과 내면 속에는 두 본성이 있다. 한쪽은 육신의 정욕과 욕심을 따라 살라고 유혹한다. 또 한쪽은 우리가 우리 마음을 지키고 하나님께서 기뻐하시는 삶을 살라고 격려한다.

한 노인이 자신의 손자에게 사람과 인생에 대해 가르치고 있었다.

"인간의 마음 안에서는 늘 싸움이 일어난단다. 그것은 너무 끔찍한 싸움이어서 마치 두 마리의 늑대가 싸우는 것과도 같단다. 하나는 악마와 같은 놈인데 이놈은 분노, 질투, 슬픔, 후회, 탐욕, 교만, 분개, 자기연민, 죄의식, 열등감, 거짓, 허영, 잘난 척하기 그리고 자신의 거짓 자아를 나타낸단다. 다른 놈은 선한 놈이란다. 이놈은 기쁨, 평화, 사랑, 희망, 친절, 겸손함, 동정심, 관대함, 진실, 신뢰를 나타낸단다. 이런 싸움은 너의 마음 안에서도 일어나고, 모든 사람들의 마음에서도 일어난단다."

손자는 할아버지의 말을 듣고 잠시 생각하다가 할아버지에게 물었다.

"그럼 어떤 늑대가 이기나요?"

할아버지가 대답했다.

"네가 먹이를 주는 놈이 이긴단다!"

이처럼 인간, 아니 바로 내 마음속에 끊임없이 선한 생각과 악한 생각의 싸움이 일어난다. 이때 우리가 먹이를 주는, 즉 자주 묵상하는 쪽이 이긴다.

육신을 따르는 자는 육신의 일을, 영을 따르는 자는 영의 일을 생각하나니 육신의 생각은 사망이요 영의 생각은 생명과 평안이니라 육신의 생각은 하나님과 원수가 되나니 이는 하나님의 법에 굴복하지 아니할 뿐 아니라 할 수도 없음이라 육신에 있는 자들은 하나님을 기쁘시게 할 수 없느니라 롬 8:5-8

생명과 번영을 선택하라

사망과 황폐의 길과 생명과 번영의 길이 있다. 선택을 해야 한다면 당연히 생명과 번영의 길을 선택해야 할 것이다. 그러기 위해서는 생명의 근원, 아니 생명 그 자체 되신 분께 나아가야 한다.

내 백성이 두 가지 악을 행하였나니 곧 그들이 생수의 근원 되는 나를 버린 것과 스스로 웅덩이를 판 것인데 그것은 그 물을 가두지 못할 터진 웅덩이들이니라 렘 2:13

하나님께서 이스라엘 백성을 책망하시면서 그들이 생수의 근원 되는 하나님을 버렸다고 말씀한다. 그리고 스스로 웅덩이를 팠는데 그 웅덩이는 물을 가두지 못할 터진 웅덩이들이라는 것이다. 생수의 근원을 버리고 웅덩이를 팠는데 터진 웅덩이이기에 물을 담아낼 수가 없다. 생수가 없으니 생존할 수가 없다. 그것이 생명의 근원 되신 하나님을 저버린 이스라엘 백성에게 주어진 비참한 결과였던 것이다.

여호와께서 이와 같이 말씀하시니라 무릇 사람을 믿으며 육신으로 그의 힘을 삼고 마음이 여호와에게서 떠난 그 사람은 저주를 받을 것이라 그는 사막의 떨기나무 같아서 좋은 일이 오는 것을 보지 못하고 광야 간조한 곳, 건건한 땅, 사람이 살지 않는 땅에 살리라 렘 17:5,6

하나님을 저버린 인생은 마치 사막의 떨기나무 같아서 기본적인 생존에 필요한 수분이 공급되지 않기에 메마를 수밖에 없는 나무처럼 황폐한 삶을 살게 될 것이라고 말씀한다.

그러나 무릇 여호와를 의지하며 여호와를 의뢰하는 그 사람은 복을 받을 것이라 그는 물가에 심어진 나무가 그 뿌리를 강변에 뻗치고 더위가 올지라도 두려워하지 아니하며 그 잎이 청청하며 가무는 해에도 걱정이 없고 결실이 그치지 아니함 같으리라 렘 17:7,8

반면 하나님을 의지하고 가까이하는 인생은 마치 시냇가에 심은 나무처럼 그 뿌리를 강변에 뻗치고 있기에 더위가 올지라도 두려워 않고 그 잎이 청청하여 결실이 그치지 않는 복된 인생이 될 것이라 말씀한다. 사막의 떨기나무처럼 되느냐 아니면 시냇가에 심은 나무처럼 되느냐의 차이는 단 하나이다. 생명의 근원, 생수의 근원 되시는 하나님께 가까이 나아가느냐 멀어지느냐의 차이이다.

《나니아 연대기》의 저자이자 기독교 사상가인 C. S. 루이스는《순전한 기독교》에서 따뜻해지려면 불 가까이 가고, 몸을 적시려면 물 속에 들어가야 하고 기쁨과 능력과 평화와 영원한 생명을 얻으려면 그것을 가진 존재에게 가까이 가야 하며, 더 나아가 그 속으로 들어가야 한다고 말한다. 그렇다. 풍성한 생명과 축복을 누릴 뿐 아니라 받은 생명과 축복을 나누어주려면 먼저 생명과 복의 근원 되신 분께 가까이 나아가야 한다.

하나님께 나아가는 자는 반드시 그가 계신 것과 또한 그가 자기를 찾는 자들에게 상 주시는 이심을 믿어야 할지니라 히 11:6

하나님께 가까이함이 내게 복이라 내가 주 여호와를 나의 피난처로 삼아 주의 모든 행적을 전파하리이다 시 73:28

하나님께 가까이 나아가야 한다. 하나님을 가까이하는 것이 복이다. 이스라엘 백성은 하나님을 멀리할 때 황폐함을 경험하였고 하나님을 가까이할 때 회복과 번성의 복을 누렸다.

그러므로 이제 만군의 여호와가 이같이 말하노니 너희는 너희의 행위를 살필지니라 너희가 많이 뿌릴지라도 수확이 적으며 먹을지라도 배부르지 못하며 마실지라도 흡족하지 못하며 입어도 따뜻하지 못하며 일꾼이 삯을 받아도 그것을 구멍 뚫어진 전대에 넣음이 되느니라 학 1:5,6

그러므로 너희로 말미암아 하늘은 이슬을 그쳤고 땅은 산물을 그쳤으며 내가 이 땅과 산과 곡물과 새 포도주와 기름과 땅의 모든 소산과 사람과 가축과 손으로 수고하는 모든 일에 한재를 들게 하였느니라 학 1:10,11

하나님의 성전을 짓는 것은 등한히 한 채 자기들의 집짓기에만 바빴던 이스라엘 백성들에게 황폐함이 찾아올 것을 예언한다. 하나님을 우선하지 아니한 그들로 말미암아 하늘은 이슬을 그쳤고 땅은 산물을 그치고 메마르게 되었다고 말씀한다. 언뜻 보면 이스라엘 백성의 황폐함과 메마른 삶을 말씀하시는 하나님이 심술을 부리는 듯 보일 수도 있으나 그 모든 것은 이스라엘 백성이 생수의 근원 되신 하나님을 외면했기 때문이다.

생수의 근원에서 멀어졌으니 메마르고 황폐해지는 것은 당연한 이치가 아니겠는가? 사실 징계를 내리시는 것은 하나님의 본심이 아니시다. 하나님의 본심은 회복이다. 풍성한 은혜를 누리게 하는 것이다.

만군의 여호와의 말씀이니라 이제는 내가 이 남은 백성을 대하기를 옛날과 같이 아니할 것인즉 곧 평강의 씨앗을 얻을 것이라 포도나무가 열매를 맺으며 땅이 산물을 내며 하늘은 이슬을 내리리니 내가 이 남은 백성으로 이 모든 것을 누리게 하리라 슥 8:11,12

자신들의 범죄로 말미암아 황폐한 삶을 살아야 마땅한 이스라엘 백성을 향해 하나님은 회복을 약속하신다. 하늘에서 이슬을 내려 메마른 땅을 적시고 다시 포도나무가 열매를 맺고 땅이 산물을 내게 하실 것이라고 말씀하신다.

여호와께서 이와 같이 말씀하시니라 바벨론에서 칠십 년이 차면 내가 너희를 돌보고 나의 선한 말을 너희에게 성취하여 너희를 이곳으로 돌아오게 하리라 여호와의 말씀이니라 너희를 향한 나의 생각을 내가 아나니 평안이요 재앙이 아니니라 너희에게 미래와 희망을 주는 것이니라 렘 29:10,11

우상숭배의 죄를 범하여 주변 나라의 침략을 받아 포로가 된 것은 자신들의 죄로 인한 것임에도 이스라엘 백성은 자신들의 잘못은 돌아보지 못하고 하나님을 탓하기 바빴다. 그럼에도 하나님은 그들을 긍휼히 여기신다. 바벨론에서의 칠십 년이 차면 그들을 다시 예루살렘으로 돌아오게 하실 것이라 약속하셨다. 그러면서 그들을 향한 하나님의 생각은 재앙이 아니라 평안이고 그들에게 미래와 희망을 주는 것이라 말씀하셨다. 이것이 하나님의 본심이다. 재앙이나 징계가 아니라 회복이다. 재앙과 징계처럼 보이나 그 모든 것에 그들을 사랑하시는 하나님의 마음이 담겨 있다. 그들에게 평안과 미래 그리고 희망을 주시려는 것, 그들을 회복시키시고 하나님의 은혜와 복을 누리게 하시는 것, 이것이 당신의 백성을 향한 하나님 아버지의 마음이다.

내가 기도한 대로, 바라고 원하는 대로 일이 잘 풀리지 않는다 하여 하나님을 멀리하려는 젊은이들을 보았다. 삶의 환경과 상황이 나빠지자 하나님이 어디 계시냐며, 하나님이 날 사랑하시는 것이 맞느냐며 항변하는 이들도 보았다. 그것은 하나님을 오해하고 하나님의 본심을 잘못 이해한 것이다. 그럴 때는 우리가 하나님을 멀리한 것은 아닌지 조용히 자신을 돌아보아야 한다. 그렇지 않은데도 환경과 상황이 여의치 않다면 하나님의 때가 되지 않았기 때문이다. 선하신 하나님을 신뢰하며 하나님의 때를 기다리라.

환경과 상황이 내가 바라는 대로 전개되지 않는다 하더라도 그로 인해 하나님을 저버리거나 하나님의 사랑을 의심해서는 안 된다. 자욱한 안개나 구름에 가려 태양이 빛나지 않는 것 같을 때에도 그 구름 너머에 태양은 언제나 환히 빛나고 있는 것처럼 우리 삶의 상황과 환경이 녹록지 않을 때에도 하나님은 언제나 우리를 사랑하고 계심을 믿으라. 이것이 주님께서 우리에게 바라시는 바이다. 우리에게 필요한 것은 내 삶의 상황이나 감정에 관계없이 주님을 향하는 것이고 주님께 꼭 붙어 있는 것이다.

아버지께서 나를 사랑하신 것같이 나도 너희를 사랑하였으니 나의 사랑 안에 거하라 요 15:9

내 안에 거하라 나도 너희 안에 거하리라 가지가 포도나무에 붙어 있지 아니하면 스스로 열매를 맺을 수 없음같이 너희도 내 안에 있지 아니하면 그러하리라 나는 포도나무요 너희는 가지라 그가 내 안에, 내가 그 안에 거하면 사람이 열매를 많이 맺나니 나를 떠나서는 너희가 아무것도 할 수 없음이라 요 15:4,5

주님은 생명이시기에 그 안에 거하고 주님께 꼭 붙어 있으면 주님으로부터 오는 충만한 생명력을 공급받을 뿐 아니라 번성과 번영을 누리게 된다. 더 나아가 메마른 생명을 살릴 수 있는 충만한 생명력이 나를 통해 온 땅에 흘러가게 된다. 이것을 기대하고 꿈꾸며 기도하는 청년들을 하나님이 찾고 계신다. 주저하지 말고 우리를 기다리시는, 생명과 복의 근원이신 주님께 달려나가자.

05

이슬은 사랑의 설렘을 머금고 있다

뜨겁게 사랑하라

이슬은 사랑의 설렘을 담고 있다.

내가 잘지라도 마음은 깨었는데 나의 사랑하는 자의 소리가 들리는구나 문을 두드려 이르기를 나의 누이, 나의 사랑, 나의 비둘기, 나의 완전한 자야 문을 열어다오 내 머리에는 이슬이, 내 머리털에는 밤이슬이 가득하였다 하는구나 _{아 5:2}

솔로몬 왕은 밤새 사랑하는 여인이 보고 싶어 달려간다. 사랑함으로 병이 난 그는 밤에 잠을 자지 못하고 뒤척이다 사랑하는 여인을 보기 위해 한걸음에 달려간다(아 5:8). 이처럼 사랑의 설렘이 담긴 모습을 머리에 이슬이, 머리털에 밤이슬이 가득하였다 고백하고 있다. 이슬에는 사랑의 설렘이 담겨 있다. 사랑하는 연인을 만나러 가는 사람은 그 눈빛을 보면 알 수 있다. 눈빛 속에서 설렘을 느낄 수가 있다. 내가 지금의 아내와 교제하게 되었을 때 한 시간 이상 버스를 타고 가서 만나야 했지만 전혀 피곤하지가 않았다. 사랑하는 사람을 만난다는 설렘이 먼 길을 오가는 발걸음을 가볍게 만들어 피곤함도 잊게 만든 것이다.

청년 시기는 사랑하고픈 시기이고 사랑해야만 하는 시기이다. 사랑 없이 생명도 존재할 수 없다. 이 세상에 일어난 위대한 일들은 모두 사랑이 밑거름이 되었다고 해도 과언이 아니다. 어떤 이는 말하기를 세상에서 가장 행복한 사람은 자신의 생명을 다 걸 만큼 사랑할 수 있는 대상을 발견한 사람이라고 했다. 당신은 그런 의미에서 가장 행복한 사람인가? 그대는 그 사람을 만났는가? 내 목숨을 다 내어줘도 아깝지 않은 사랑의 대상을!

당신의 목숨을 다 내어줘도 아깝지 않은 사랑의 대상을 만나길 축복하고 싶다. 그것은 우리를 향한 주님의 사랑 방식이기도 하다. 우리를 살리시기 위해 당신의 목숨도 아끼지 않으시고 다 내어주셨다. 이러한 주님의 사랑은 자신의 유익을 구하는 것을 우선하는 이기적인 사랑이 난무하는 시대에 참 사랑의 모습이 무엇인지를 잘 보여준다. 청년의 때에 사랑할 수 있어야 한다. 사랑하되 주님이 우리를 사랑하시듯, 목숨을 아끼지 않으시고 다 내어주시기까지 사랑한 것처럼 우리도 뜨겁게 사랑하자.

만물의 마지막이 가까이 왔으니 그러므로 너희는 정신을 차리고 근신하여 기도하라 무엇보다도 뜨겁게 서로 사랑할지니 사랑은 허다한 죄를 덮느니라 벧전 4:7,8

우리가 뜨겁게 사랑해야 할 이유는 만물의 마지막이 가까이 왔기 때문이다. 마지막, 즉 종말을 말할 때 먼저는 우주적 종말이 있다. 예수 그리스도께서 재림의 주님으로 임하시는 때를 말한다. 이 우주적 종말은 언제 다가올지 아무도 모른다. 또한 실존적 종말인 개인적 종말이 있다. 각 개인이 인생을 마감하는 때가 있다. 청년들은 자신이 누리는 젊음과 인생이 영원할 것처럼 생각하는 경향이 강하지만 실상은 그렇지 않다. 젊음은, 그리고 인생은 참으로 짧다. 금방 지나간다. 이 땅에서의 삶이 언제 끝날지는 아무도 모른다.

2001년 전 세계를 충격에 빠뜨린 미국에서 일어난 9·11테러 사건 당시 죽음을 눈앞에 둔 사람들이 다급하게 걸었던 전화와 보냈던 메시지의 내용들은 하나같이 '사랑해!' '미안해!' '고마워!'라는 내용이었다고 한다. 오늘이 내 인생의 마지막이라면 사랑하는 이, 소중한 가족과 이웃들에게 무슨 말을 할 것인가? '고마워!' '사랑해!' '미안해!' 그중에서도 가장 많이 하고 싶은 말은 아마도 '사랑해!'라는 말일 것이다.

청년아, 뜨겁게 사랑하라! 마치 오늘이 마지막인 것처럼! 이 말은 육체의 정욕을 불사르자는 말이 아니다. 위에서 언급했지만 내 생명을 다 주어도 아깝지 않은 사랑의 대상을 만나야 한다. 그렇게 하려면 어떻게 해야 하는 것일까?

만남의 축복을 구하라

"바다에 나갈 때는 한 번 기도하고 전쟁에 나갈 때는 두 번 기도하고 배우자를 위해서는 세 번 기도하라!"

이것은 톨스토이가 남긴 명언 중 하나이다. 그만큼 결혼과 배우자를 위해서 기도하는 것이 중요하다.

구하라 그리하면 너희에게 주실 것이요 찾으라 그리하면 찾아낼 것이요 문을 두드리라 그리하면 너희에게 열릴 것이니 마 7:7

하나님의 부르심의 사명을 알고부터 나는 배우자를 위해서도 기도했다. 7년을 넘게 기도했을 때 기도한 대로 만남의 축복으로 인도해주셔서 너무나 좋은 짝을 배우자로 만나게 되었다.

지금의 아내를 만나기 전에 다른 자매와의 만남과 교제도 있었지만 결정적인 순간에는 결혼까지 이어지지 않는 것을 경험하곤 했다. 그 순간에는 실망하기도 했었지만 그 이유를 나중에서야 알게 되었다. 배우자를 위해서 기도한 것과 일치하지 않는 부분들이 있었던 것이다. 지금의 배우자가 된 아내를 만나서 교제하고 결혼하게 되었을 때 배우자를 위해서 오랫동안 기도했던 내용과 일치하는 사람임을 알 수 있었다.

배우자를 위해서 기도하되 가능하면 구체적으로, 그리고 기도의 분량이 찰 때까지 기도해야 한다. 그래야 하나님이 인도하시는 만남인지를 알 수 있고 하나님의 때에 적절한 인도하심을 받을 수 있다. 구체적으로 기도하는 것을 구태의연하다고 생각할 수도 있겠지만 생각해보라. 구체적으로 기도하지 않고 '하나님! 알아서 해주세요!'라고 한다면 내가 만난 사람이 과연 하나님께서 인도하신 만남인지 어떻게 확인하고 확신할 수 있겠는가?

이삭의 배우자를 찾으라는 특명을 받고 먼 길을 떠난 아브라함의 종 엘리에셀이 구체적으로 기도하지 않았다면 어떻게 리브가가 이삭의 아내가 될 사람임을 확신할 수 있었겠는가?

한 청년 자매에게 결혼을 위해 기도하라고 권하니 잘 생각이 안 나고 기도할 때도 결혼을 위한 기도가 잘 안 떠올라서 결혼 기도를 안 하게 된다고 했다. 결혼과 배우자를 위한 기도는 잘 생각이 안 나더라도 일부러라도 떠올려서 기도해야 한다. 기도는 씨를 뿌리는 것과 같다. 씨를 뿌리지 않는데 어떻게 열매를 맺을 수 있겠는가!

스스로 속이지 말라 하나님은 업신여김을 받지 아니하시나니 사람이 무엇으로 심든지 그대로 거두리라 갈 6:7

부지런히 기도의 씨앗을 뿌리고 가꾸어야 열매를 맺을 수 있다. 행복한 만남과 결혼이라는 결실을 기대한다면 부지런히 기도의 씨앗을 뿌려라.

부지런히 찾고 두드려보라

기도만 하고 가만히 있으면 안 된다. 찾아야 한다. 아브라함이 아들 이삭의 배우자를 위해 신뢰하는 종 엘리에셀을 멀리 있는 동족에게 보내어 찾게 했다.

내가 너에게 하늘의 하나님, 땅의 하나님이신 여호와를 가리켜 맹세하게 하노니 너는 내가 거주하는 이 지방 가나안 족속의 딸 중에서 내 아들을 위하여 아

내를 택하지 말고 내 고향 내 족속에게로 가서 내 아들 이삭을 위하여 아내를 택하라 창 24:3,4

엘리에셀도 주인의 간절한 마음을 알고는 이삭의 배우자를 찾는 여정에서 순적한 만남으로 인도해달라고 하나님께 기도한다.

그가 이르되 우리 주인 아브라함의 하나님 여호와여 원하건대 오늘 나에게 순조롭게 만나게 하사 내 주인 아브라함에게 은혜를 베푸시옵소서 창 24:12

엘리에셀은 결국 기도한 대로 순조롭게 하나님의 인도함을 받게 되어 하나님이 예비하신 이삭의 배우자 리브가를 만나게 되었다. 나는 아무것도 안 하고 가만히 있는데 배우자가 알아서 오는 것이 아니다. 신학대학원 다닐 때 기숙사에서 생활했는데 같은 방 선배 한 분이 배우자를 위해 기도하면서 하나님이 언젠가 눈앞에 나타나게 해주실 것이라고 굳게 믿고는 찾는 일에는 소홀했다. 그러다가 솔로 시절이 계속되었고 나중에는 서른 중반이 되자 다급한 마음으로 만남을 주선해달라고 부탁했다.

부지런히 찾아야 한다. 가급적 청년들과의 교제권 안에 있어야 한다. 청년들이 많은 교회에 더 많은 청년들이 몰리는 현상이 있는데 그 이유 중에 하나는 만남과 결혼을 위해서이기도 하다. 그것을 꼭 나쁘게 볼 수만은 없다. 그만큼 좋은 만남과 결혼에 대한 갈망이 있는 것이다. 카이스트 바로 옆에 위치해 있는 교회에서 청년사역을 할 때 자매들이 심심찮게 찾아오는데 대부분 신앙과 비전을 위해서 찾아오지만 아주 가끔은 좋은 짝을 만나기 위해서 오는 경우도 있었다.

만남과 결혼을 위한 또 하나의 원리는 두드려봐야 한다는 것이다.

내 마음에 합당할 것인지, 교제나 결혼 제안에 응답하는지, 교제하면서 나와 일생을 같이할 수 있을 것인지. 신앙관과 가치관, 경제관 등이 조화를 이룰 수 있는지 확인해봐야 한다. 돌다리도 두드려보고 건너라는 말처럼 하나님께서 나를 위해 예비하신 배우자가 맞는지 두드려봐야 한다. 이것이 만남과 결혼에 대한 성경의 기본 원리 중 하나라 할 수 있다.

나의 경우 배우자를 위해 7년 넘게 기도하면서 하나님의 때가 되기를 기다렸다. 신학대학원 2학년일 때였는데 한 단체에서 주최한 전국 청소년연합수련회와 청년연합수련회에서 찬양사역으로 섬기고 있었을 때였다. 찬양 팀 멤버 중에 워십댄싱 팀원이 필요하던 중에 찬양 팀에 속해 있던 한 자매가 학교 후배 중에 워십댄싱 동아리에서 열심히 섬기는 후배가 있다면서 데려왔다.

처음 봤을 때 순수하고 참신한 모습이 인상적이었고 연합수련회를 함께 섬기면서 무엇보다 하나님을 사랑하는 모습과 성실하게 섬기는 모습에 끌림이 있었다. '혹시나 이 자매가 아닐까' 하는 마음이 들었다. 그렇게 호감을 가지려 할 때 그 자매가 이상하게도 나를 부담스러워하는 눈치였다. 알고 보니 그 자매를 데려온 선배에게서 내가 자매를 좋아하는 것 같다는 말을 듣고는 나를 부담스럽게 여기기 시작한 것이다.

나의 배우자가 아닌가 싶은 마음이 들어 그만 포기하려고 할 때 그 선배 자매가 나에게 와서 꿈 이야기를 들려주었다. 꿈에서 나와 그 자매가 함께 웃으면서 사진을 찍은 액자를 보았다는 것이다. 병주고 약주는 것 같았지만 믿음은 들음에서 난다고 그 말이 나에게 용기를 주었고 다시 기도해봐야겠다는 생각이 들었다.

그 이후로 거의 일 년여 동안 기도하면서 자매에게는 최대한 부담을 주지 않은 채 찬양단원으로서 친절하게 대해주었다. 물론 나는 특별한 마음이 있었지만 자매가 부담을 가지고 있다는 것을 알고는 지혜롭게 행동했다. 그때 이성교제에 관한 책들을 많이 읽게 되었고 적지 않은 도움을 얻게 되었다. 그 책들에서 주는 교훈은 한결같이 형제가 너무 서두르면 자매가 부담을 느끼고 뒤로 물러선다는 것이었다. 그 이후로는 자매에게 최대한 부담을 주지 않기 위해 노력했고 가랑비에 옷 젖는다는 마음으로 지속적으로 친절하게 대해주었다.

시간이 흘러 신학대학원 졸업을 앞둔 상황이라 더 이상 기다릴 수가 없었다. 최종적인 제안을 하기에 앞서 특별히 며칠간 금식기도 하며 하나님의 인도하심이 있는지를 기도해보았다. 하나님은 시편 127편과 128편 말씀을 약속으로 주셨다. 그렇지만 그 말씀들은 가정에 관한 말씀을 할 때 자주 인용되는 말씀이라 이미 잘 알고 있었기에 내 생각으로 떠올렸을 수도 있겠다 싶은 마음이 들었다. 그래서 익히 아는 말씀이 아닌 다른 구절을 주시면 응답으로 알겠다고 계속 기도했을 때 잠언 말씀을 읽어보라는 감동이 왔고 그렇게 해서 받았던 말씀이 있다.

네 샘으로 복되게 하라 네가 젊어서 취한 아내를 즐거워하라 그는 사랑스러운 암사슴 같고 아름다운 암노루 같으니 너는 그의 품을 항상 족하게 여기며 그의 사랑을 항상 연모하라 잠 5:18,19

이 말씀을 감동으로 받았으면서도 한 구절을 더 주시면 하나님의 뜻인지를 확실히 알 것 같다고 말씀드렸고 그래서 한 구절을 더 감동으로 받았다.

집과 재물은 조상에게서 상속하거니와 슬기로운 아내는 여호와께로서 말미암느니라 잠 19:14

이 말씀을 감동으로 받고는 더 이상 의심하지 않게 되었다. 아내를 얻는 것이 내 힘이나 능력으로 되는 것이 아니라 여호와께로부터 말미암는다는 말씀을 통해서 깊은 확신을 갖게 되었고 이제 때가 되기만을 기다리면 된다는 마음이 들었다. 성령님이 주시는 확신 속에 자매에게 기도해보자고 제안을 했다. 자매는 심사숙고 끝에 결단하고 기도해보기로 했다.

나중에 안 사실이지만 자매의 외삼촌이 개척교회 목사님이셨고 자매도 그 교회에서 섬기고 있었던 중에 외삼촌께 여쭤보니 목회자 될 사람을 만나면 고생할 게 뻔하니 사귀지 말고 장로감 될 사람을 만나라고 했다는 것이다. 그래서인지 자매는 나를 이성교제나 결혼의 대상으로는 전혀 고려하지 않고 있었다.

이런 상황임에도 기도해보자는 나의 제안에 하나님의 인도하심이 있는지를 기도해보겠다고 결단한 것이 고마웠다. 그렇게 순종할 준비가 된 마음을 보시고 하나님께서도 자매의 마음의 문을 열어주셨고 결국에는 교제에 응하게 되었다. 이후 몇 개월간의 교제 끝에 자매도 우리의 만남이 하나님의 인도하심이라는 확신을 갖게 되었고 결국 결혼에까지 이르게 되어 지금의 나의 사랑스런 아내가 되었다.

배우자를 위한 기도와 확인

배우자를 위해서 기도해야 하는 것과 선택할 때 신중해야 한다는 것을 알겠는데 어떻게 기도해야 하고 확인해야 할지 몰라 막막해하는 청년들이 적지 않다. 나 역시 배우자를 위해서 기도할 때 처음에는 막연했지만 계속 기도하면서 점점 기도제목이 선명하게 정리되었다. 그때 정리한 기도의 목록들은 오랜 기간 배우자를 위한 기도와 확인의 원리를 궁금해하는 청년들에게 도움을 주었다. 여기에 그 내용을 간단하게 소개한다.

● 배우자를 위한 기도 & 하나님의 인도하심을 확인하는 원리

1. 하나님 사랑

예수님이 강조하신 첫째 계명이자 우선순위가 바로 하나님 사랑이다. 이 우선순위가 정립되어 있어야 한다. 첫 단추를 잘못 끼면 결국엔 옷을 잘못 입은 것을 알게 되듯 인생의 첫 단추는 하나님 사랑이다. 이것을 꼭 확인해야 한다. 나를 사랑해준다고 판단이 흐려져서는 안 된다. 나를 사랑하는 것보다 하나님을 더 사랑해야 한다.

2. 자기 사랑

이웃을 네 몸처럼 사랑하라는 말씀에서 보듯 이웃 사랑, 심지어 연인과 배우자 사랑도 자신을 사랑하는 건강한 자아상이 있고 내면의

건강이 있을 때 온전히 사랑할 수 있다. 그렇지 않으면 상대방의 사랑에 지나친 기대를 걸거나 집착하는 경향을 보일 수 있다. 어느 커플의 경우 자매가 내면이 건강하지 않아서 형제에게 지나치게 집착하였고 결국 헤어지는 경우를 보았다. 건강한 자기 사랑이 있어야 한다.

3. 연인, 배우자 사랑

하나님을 사랑하고 자신을 사랑하더라도 나를 사랑해주지 않는다면 무슨 소용이 있겠는가? 그렇게 되면 연인이나 배우자로 이어질 수 없다. 나를 있는 모습 그대로, 존재 그 자체로 사랑해줄 수 있고 나 또한 그렇게 상대방의 있는 모습 그대로를 사랑할 수 있는 대상을 만나야 한다.

4. 성실한 사람

신앙은 처음에는 부족해도 양육받고 자라갈 수 있는 가능성이 있다. 그러나 성실함은 어려서부터 형성되어온 삶의 태도라 쉽게 갖추어지지 않는다. 자신의 삶과 시간을 성실하게 관리하고 타인과의 약속을 성실하게 지키려는 사람은 책임감이 있다는 것이다. 가정과 가족들을 책임감 있게 돌볼 수 있다는 것을 의미한다. 잠언 31장의 현숙한 여인이 이에 해당한다고 볼 수 있다.

5. 좋은 성품의 사람

성품 역시 하루아침에 형성되지 않는다. 타고난 기질과 더불어 살아온 인생의 시간 동안 습득하거나 오랜 시간 체득해온 성품은 교제 기간에는 다 드러나지 않아 잘 모를 수 있다. 그러나 결혼 후에는 매우 중요한 요소가 될 수 있음을 유념해야 한다. 아브라함의 종 엘리에셀이 이삭의 배우자로 남을 잘 배려하는 친절한 마음씨를 지닌 여인을 위해 기도한 것도 그만큼 성품이 중요한 것을 알았기 때문이다.

6. 매력적인 사람

다른 사람의 눈에는 예쁜데 내가 볼 때는 매력적으로 느껴지지 않는다면 교제를 시작하거나 관계 진전의 단계에서부터 신중을 기해야 한다. 단지 외모만이 아니라 내면적인 아름다움이라든지 그 어떤 부분에서라도 호감과 매력이 느껴질 때 그것이 기반이 되어 사랑도, 존경도 가능한 것이다.

7. 같은 꿈을 꿀 수 있는 사람

하나님이 주신 꿈과 사명을 함께 공유하고 같이 이루어갈 수 있는 사람이거나 적어도 나의 꿈과 사명을 이해하고 공감하며 지지해줄 수 있는 사람이어야 한다. 백지장도 맞들면 낫다는 말처럼 함께 힘을 합칠 때 시너지 효과, 연합의 능력을 경험하고 하나님나라를 실현해가는 동역의 기쁨을 누릴 수 있는 것이다.

8. 서로의 부족함을 채워주는 돕는 배필

사람은 누구도 완벽할 수 없다. 누구나 부족함이 있기 마련이다.

그 부족함을 계속 지적하거나 고치려는 사람을 만나면 인생이 피곤할 수밖에 없다. 그 부족함을 알고도 사랑하고 부족함을 기꺼이 채워주며 매워줄 수 있는 사람을 만나야 한다. 그것이 바로 성경에서 말하는 돕는 배필인 것이다.

9. 조화를 이룰 수 있는 사람

취미나 성격이 비슷한 사람이 좋을까? 아니면 서로 다른 성향의 사람이 좋을까? 서로 비슷하거나 다른 것에 초점을 맞추기보다 서로 얼마만큼 조화를 이룰 수 있는가를 보아야 한다. 서로 대화가 잘 통하고 서로의 같은 점이나 다른 부분을 잘 이해하고 조화를 이룰 수 있는지를 확인해보아야 한다.

10. 화해의 능력이 있는 사이

이성과 만나고 교제하며 같이 살다 보면 틀림없이 의견 충돌이나 다투는 순간을 경험하게 된다. 서로 다른 환경과 문화, 가치관으로 최소한 20년 이상을 살아왔으니 당연한 것이다. 중요한 것은 다툰 이후에 화해할 수 있는 능력이 둘 사이에 있는지를 점검해야 한다. 화해할 수 있는 능력이 있어야 다툰 후에도 다시 행복한 관계로 회복되고 친밀함을 유지할 수 있다. 사랑을 지속적으로 유지할 수 있는 사람은 화해의 능력을 갖춘 사람이다.

11. 가정을 꾸려갈 능력이 있는가

교제와는 달리 결혼생활은 현실이다. 크리스천은 하늘을 꿈꾸고 소망하며 살지만 땅에 발을 딛고 사는 사람임을 잊어서는 안 된다. 사랑만 가지고 살 수 있다는 생각은 낭만적인 것 같지만 삶을 살아갈 능력, 배우자나 자녀를 먹이고 입히고 돌볼 능력이 없다면 그만큼 고생할 가능성이 많다. 이것은 꼭 세상에서 말하는 스펙을 갖추어야 한다는 것이 아니라 최소한 가족의 생계를 유지할 수 있는 마음의 자세나 책임감과 더불어 삶을 영위해갈 수 있는 능력과 실력을 갖추거나 갖추기 위해 노력해야 함을 의미한다.

이상 열한 가지를 점검하고 확인하되, 배우자는 하나님이 주시는 것임을 굳게 믿으라.

집과 재물은 조상에게서 상속하거니와 슬기로운 아내는 여호와께로서 말미암느니라 잠 19:14

내 능력으로 상대방의 마음을 얻을 수 있는 것이 아니다. 기대하고 기도하며 기다려야 한다. 나를 돌아보고 내가 좋은 배우자감이 되기 위해 노력하고 준비하며 하나님의 인도하심과 응답의 때를 기다려야 한다. 기도와 기다림 끝에 기쁨의 열매를 거두게 될 것이다. 새벽이슬 같은 주의 청년들의 복된 만남을 응원한다.

그럼에도 또다시 사랑하라

청년의 시기는 사랑의 대상을 만나는 것이 중요하다. 이론만으로는 안 된다. 실제로 만나봐야 한다. 청년 시기의 이성교제를 금지하는 공동체도 있는데 그렇게 해도 몰래 다 만난다. 이성교제의 실패로 인해 공동체가 흔들리는 경우가 종종 있기에 NO데이트를 주장하며 교제를 막는 것이 한편으로는 이해가 되기도 하지만 억지로 막는다고 되는 것이 아니다. 자칫 문제가 더 커질 수도 있다. 오히려 권장할 수 있어야 한다. 어둠에서 빛 가운데로 안내해야 한다. 이성교제와 데이트, 결혼에 대한 성경적 지침을 소개하고 건강하게 교제하도록 지도하는 것이 필요하다.

데이트 스쿨, 결혼 코칭이나 특강 등을 진행할 때면 청년들의 눈빛과 자세가 달라진다. 평소보다 더 눈이 반짝이고 적극적으로 귀를 기울인다. 그만큼 관심을 기울이고 있는 것이다. 그리고 청년이라면 당연히 관심을 가져야 한다. 관심 없는 척 하는 것이 거룩한 것이 아니다. 이성교제와 결혼은 우리 인생의 행복을 위한 하나님의 계획의 한 부분이다. 그것도 아주 중요한 부분이다.

조슈아 해리스는 《Yes 데이팅》이라는 책에서 사랑에 빠지는 일은 하나님의 생각이라고 말한다. 우리가 연애 감정을 느낄 수 있게 만드신 분은 하나님이시며 우정에서 결혼으로 가는 길은 사랑의 환희를 즐길 수 있을 뿐만 아니라 사랑의 창조주를 즐거워하며 영광되게 할 수 있는 기회라는 걸 보여주기 위해서라고 말한다. 이처럼 남녀가 서로에게 이끌리는 감정을 만드신 분이 하나님이시기에 이성교제를 막으려 하기보다 자연스런 현상으로 이해하고 결혼에 대해 잘 안내해줄 수 있어야 한다.

우리는 이성교제를 통해 간접적으로나마 주님의 사랑을 알 수 있다. 우리를 뜨겁게 사랑하신 주님은 당신의 목숨까지 기꺼이 내어주셨다. 이 사랑을 받은 자는 가슴이 설렐 수밖에 없고 심장이 뛰고 뜨겁게 사랑하지 않을 수 없다. 이것은 꼭 남녀간의 사랑에만 해당되는 것이 아니다. 영혼 사랑으로 전도하고 선교하면서 뜨겁게 한 영혼을 사랑하는 것 역시 내 안에 있는 사랑으로 가능한 것이 아니다. 사랑받지 못했는데 사랑한다는 것은 불가능하다. 아니면 왜곡된 사랑을 할 가능성이 많다. 우리 주님의 사랑을 받든지 그렇지 않으면 주님의 사랑으로 사랑해주는 사랑을 받아야 사랑할 수 있다.

지금의 아내를 만나기 직전에 잠시 만나서 교제하게 된 자매가 있었다. 교회의 모든 형제들이 호감을 가질 만큼 매력이 있는 자매였다. 나 역시 호감이 있었지만 쉽게 말을 건넬 수가 없었다. 내 안에 이성교제의 실패로 인한 상처가 남아 있었기 때문이다. 헤어짐의 상처가 너무 커서 결혼까지 이어질 관계가 아니라면 만남도 이루어지지 않게 해달라고 기도할 정도였다. 그러던 중 그 자매와 자연스럽게 만남이 이루어졌다.

알고 보니 자매 역시 나와 똑같이 이성교제로 인한 큰 상처가 있었고 다시 누군가와 교제를 한다는 것에 대한 두려움이 있어서 하나님이 인도하시는 만남이 아니면 이루어지지 않게 해달라고 기도하고 있었다. 그런 두 사람이 자연스럽게 만나 교제하게 되었으니 만남을 하나님께서 인도해주셨다고 생각한 것이다. 그렇게 몇 개월간의 행복한 교제가 계속되었고 정식으로 프로포즈를 해야겠다고 마음을 먹고 고백하려는 때에 반대로 자매는 헤어질 마음을 먹고 있음을 알게 되었다.

그 이유가 너무 궁금해서 물어보니 이성교제 실패로 아파할 때 자신에게 관심을 보이고 잘해주던 형제(오빠)가 있었는데 그때는 너무 힘들어 만날 마음이 없었지만 최근에 우연히 다시 만났을 때 여전히 자신에게 마음을 두고 있다는 것을 알고는 그 형제에게 마음이 간다고 했다. 사실 그 자매는 나보다 두 살이 많았다. 내 나이가 교제하기에는 문제가 없었는데 결혼을 고려하다보니 망설여졌던 모양이다. 나에게 다른 문제가 있는 것이라면 고쳐서라도 붙잡으려고 했지만 노력으로 될 일이 아니었기에 더 이상 붙잡을 수가 없었다. 자매의 마음을 확인하고 뒤돌아 오는 발걸음이 너무 무거웠다. 하나님께 하소연하며 물었다.

'하나님! 결혼까지 이어질 관계가 아니라면 아예 만남도 이루어지지 않게 해달라고 기도했었는데, 지금 이 상황은 뭘까요?'

그 자매와의 만남을 인도하신 하나님의 뜻이 도무지 이해되지 않았다. 밤에도 잠을 못 이루고 한참을 뒤척이며 고민하다가 깨닫게 되었다.

'그 자매가 과거의 상처를 회복하고 새로운 사랑을 하게 되는 데 내가 밑거름이 되었구나!'

나름 감사한 마음이 들었다. 그렇지만 여전히 하나님의 뜻이 다 이해되지는 않았다.

'그럼, 나는 뭔가? 더 큰 상처를 받은 것이 아닌가!'

또다시 누군가를 만나 사랑하는 것은 불가능한 일처럼 여겨졌다. 그러나 불가능해 보이는 일이 가능케 되었다. 하나님의 인도하심 가운데 지금의 아내를 만나 새로운 사랑을 시작하게 되자 그때의 상처와 아픔이 다 아물게 되었다.

알프레드 디 수자는 "사랑하라, 한 번도 상처받지 않은 것처럼"이라고 말했다. 그러나 이것은 생각만큼 쉬운 일이 아니다. 젊을 때 사랑의 좌절을 경험하면 의외로 타격이 크다. 마치 세상을 다 잃은 것처럼 여겨진다. 그래서 사랑의 상처가 있으면 다시 사랑하는 것을 주저하게 된다. 나 역시 그랬다. 사랑의 상처로 좌절하고 있는 젊은 청춘들에게 그럼에도 새로운 사랑을 꿈꾸고 새로운 만남을 기대하라고 권한다.

이성교제의 실패로 가슴 아파하던 형제를 위로한 적이 있다. 너무나 사랑했던 자매로부터 이별을 통보받고 모든 것을 다 잃은 것처럼 좌절하고 있기에 내 이야기를 들려주며 격려했다.

"지금은 이 자매와 같은 사람을 다시는 만날 수 없을 것 같지? 나도 그랬어. 때가 되면 하나님이 가장 잘 어울리는 사람을 만나게 해주실 테니 기도하면서 기다려보자!"

몇 개월 뒤 형제는 정말 잘 어울리는 자매를 만났고 환한 얼굴을 되찾았다. 나의 쓰라린 실패 경험이 이렇게 쓰임 받게 될 줄이야! 도

무지 이해되지 않았던 그때의 상황이 그제서야 다 이해되었다.

'하나님! 그래서 그때 그런 상황을 허락하신 거군요! 솔직히 그때는 너무 아프고 힘들었어요. 이제야 하나님의 깊은 뜻을 다 이해할 수 있을 것 같습니다. 이성교제의 실패로 아파하는 청년들을 위로하게 하시니 감사합니다.'

하나님의 깊은 뜻과 섭리에 감탄하지 않을 수 없었다.

허물을 덮어주는 사랑을 하라

지금의 아내를 만나기 전 잠시 만나 교제하다 헤어진 자매의 이야기를 소개했는데 그 자매를 만나면서 의아했던 것이 있었다. 그 자매는 모든 형제들이 호감을 가질 정도의 매력을 지녔음에도 자매라면 누구나 듣고 싶어 하는 "예쁘다"는 말을 듣는 것을 어려워했다. 그 이유는 이성교제의 실패로 인해 자존감이 낮아질 대로 낮아져 있었기 때문이었다. 나는 만날 때마다 격려하기를 아끼지 않았다. 그래서인지 시간이 갈수록 점점 자존감이 회복되어가는 것을 느낄 수 있었다. 그렇기 때문에 비록 결혼 대상이 내가 아니었지만 새로운 사랑도 시작할 수 있었던 것이다. 우리를 향한 주님의 사랑은 우리의 허물과 죄를 가려주는 사랑이다(벧전 4:8).

창세기에서 하나님께서 의인으로 칭하셨던 노아에게도 허물이 있었다. 포도주에 취해 옷을 벗고 누워 잠들어 있을 때 셋째 아들 함이 그것을 보고 형제들에게 이야기했다. 반면 첫째 아들 셈은 옷을 들고 뒷걸음질로 와서 아버지의 허물을 덮어주었다. 이처럼 누구에게나 다 허물이 있고 연약함이 있다. 그것을 보고 드러내느냐 아니면 덮어주느냐가 중요하다. 소위 말해 자꾸 지적하기를 좋아하는 사람들이 있다. 목회자도 예외가 아니다. 함께 동역하는 교역자나 성도들, 청년들의 허물을 자꾸 지적해서 고치려는 분들이 있다. 이것은 마치 부메랑과 같다. 그렇게 하면 본인도 지적이나 비판을 받게 된다. 반면에 허물을 덮어주면 본인도 그렇게 덮어주는 사랑을 체험하게 된다.

비판을 받지 아니하려거든 비판하지 말라 너희가 비판하는 그 비판으로 너희가 비판을 받을 것이요 너희가 헤아리는 그 헤아림으로 너희가 헤아림을 받을 것이니라 마 7:1,2

우리 주님이 보여주신 사랑은 허물을 덮어주는 사랑이다. 십자가 위에서 처절한 고통을 당하시는 중에도 죄 용서를 선언하셨다. 우리의 죄와 허물을 아시면서도 기꺼이 용서해주시는 것이다. 간음하다 붙잡혀 온 여인도 용서하시고 더 이상 죄를 묻지 않으셨다. 당신이 이 땅에 오신 것은 의인을 부르러 온 것이 아니라 죄인을 불러 회개시키러 왔다고 말씀하셨다(눅 5:32).

참소하는 것이 특기인 사탄은 계속해서 우리를 정죄한다. 그러나 주님은 우리의 죄를 용서하실 뿐 아니라 더 이상 정죄하시지 않으신다. 오히려 정죄로부터 우리를 붙들어주신다. 그 무엇도 그 어떤 것도 우리를 그분의 사랑에서 끊을 수가 없다(롬 8:34-39). 이 사랑이 우리가 받은 사랑이다. 우리도 이 사랑으로 사랑할 수 있어야 한다. 농담이라도 남의 허물을 자꾸 들추어내려는 사람은 가능하면 만나지 않는 것이 좋다. 예능 프로그램에서도 진행자가 게스트의 허물을 드러내며 재미를 유도하는 사람이 있다. 반면에 허물을 덮어주고 오히려 빛나게 해주는 사람이 있다. 연인도 그런 사람을 만나야 행복하다.

신학대학교에 다닐 때였다. 나와 친분이 있던 한 선배가 다른 과 후배인 자매를 이야기하면서 나만 괜찮다면 소개해주겠다고 했다. 그래서 관심 있게 지켜보고 있었고 가끔씩은 이야기도 나눌 수 있었다. 그렇게 종종 대화를 나누다 보니 그 후배 자매의 언어 습관을 알게 되었는데 상대방의 약한 부분을 이야기하면서 듣는 사람의 의욕을 꺾는 말을 가끔씩 하는 것이었다. 조금씩 호감을 갖게 되는 단계였지만 더 이상 관계를 진전시키지 않는 것이 좋겠다는 생각이 들었다. 인생을 살다 보면, 더군다나 목회자의 길을 갈 사람으로서 목회 사역을 하면 힘든 일도 많을 텐데, 그럴 때 격려의 말이 아닌 의욕을 꺾는 말을 자주 듣게 된다면 너무 힘들겠다는 생각이 들었기 때문이다.

이것은 꼭 목회 사역에만 해당하는 것이 아니다. 때론 메마른 사막같이 느껴지는 인생에서 이왕이면 비판이나 지적보다 격려와 지지를 받고 싶은 것은 인간의 공통된 마음일 것이다. 우리 주님은 격려의 대가이시다. 우리를 격려하는 데 탁월한 분이시다. 성경말씀 곳곳에는 우리를 향한 위로와 격려의 말씀이 가득하다. 우리에게 어떤 대가도 요구하지 않으시고 그저 한없는 사랑과 축복을 받아 누리라고 하신다. 우리가 그 마음을 알아주지 않을 때 주님은 너무도 아파하시고 슬퍼하신다. 반대로 우리가 주님의 그 마음을 알아주고 그 격려와 사랑을 받아들일 때 주님은 너무나 기뻐하신다. 노래 부르시고 춤을 추실 정도로 기뻐하신다.

너의 하나님 여호와가 너의 가운데에 계시니 그는 구원을 베푸실 전능자이시라 그가 너로 말미암아 기쁨을 이기지 못하시며 너를 잠잠히 사랑하시며 너로 말미암아 즐거이 부르며 기뻐하시리라 하리라 습 3:17

이처럼 우리를 사랑하시는 주님의 사랑을 받을 때 자신을 건강하게 사랑할 수 있게 되고 사랑하는 연인을 포함해서 다른 사람들도 사랑하며 격려할 수 있게 된다. 격려하고 축복할 때 서로에게 힘이 되고 용기가 되는 것이다. 허물을 덮어주는 사랑을 하라. 그리고 더 나아가 격려하는 사랑을 하라. 그렇게 뜨겁게 사랑하라.

하나님을 열렬히 사랑하라

너는 다른 신에게 절하지 말라 여호와는 질투라 이름하는 질투의 하나님임이니라 출 34:14

하나님은 질투하시는 하나님이시다. 하나님보다 다른 대상을 더 사랑하는 것을 못 견디신다. 아가서의 사랑 고백과 노래도 솔로몬 왕과 그가 사랑했던 술람미 여인과의 고백만이 아니라 우리를 너무도 사랑하시는 신랑 되신 하나님과 그 사랑에 응답한 그리스도의 신부 된 우리의 사랑의 노래가 되기를 원하신다. 하나님은 우리가 하나님이 아닌 다른 대상, 특히 연인이나 배우자를 하나님보다 더 사랑할 때 그 사랑을 질투하신다.

간혹 청년들 중에 솔로일 때는 안 그러다가 연애만 하게 되면 예배를 소홀히 하고 모임에도 빠지는 경우를 종종 본다. 하나님이 아닌 연인에게 온통 마음을 다 빼앗긴 것이다. 그럴 때 너무나 마음이 아프다. 목회자인 내가 그 정도인데, 하물며 하나님의 마음은 얼마나 아프실까!

진정한 사랑을 갈망하고 있는 사람들에게 김남준 목사님은 《서른통》에서 누군가와 연애하고 싶다면, 아직 사랑할 애인이 없든 있든, 먼저 하나님과 열렬히 연애하라고 권하는데 하나님보다 완벽하게 사랑을 가르쳐줄 수 있는 개인과외 선생님은 없기 때문이다. 당신을 열렬히 사랑하시는 하나님은 당신이 그 사랑에 응답하여 하나님과 친밀한 사랑의 교제를 나누기를 간절히 원하고 계신다.

나의 사랑하는 자가 내게 말하여 이르기를 나의 사랑, 내 어여쁜 자야 일어나서 함께 가자 겨울도 지나고 비도 그쳤고 지면에는 꽃이 피고 새가 노래할 때가 이르렀는데 비둘기의 소리가 우리 땅에 들리는구나 무화과나무에는 푸른 열매가 익었고 포도나무는 꽃을 피워 향기를 토하는구나 나의 사랑, 나의 어여쁜 자야 일어나서 함께 가자 바위틈 낭떠러지 은밀한 곳에 있는 나의 비둘기야 내가 네 얼굴을 보게 하라 네 소리를 듣게 하라 네 소리는 부드럽고 네 얼굴은 아름답구나 아 2:10-14

이 구절 속에서 우리와 친밀한 사랑의 교제를 나누기 원하시는 하나님의 마음이 느껴지지 않는가! 우리의 얼굴을 보고 싶어 하시고 목소리를 듣고 싶어 하시는 하나님의 마음을 드러내고 계신다. 언제까지 하나님이 짝사랑으로 마음을 졸이게 만들 것인가! 이제 나를 향한 이토록 간절한 사랑에 응답하자. 이 사랑에 응답한 자는 행복하지 않을 수가 없다. 나의 부족함과 연약함에도 불구하고 사랑하시는 참 사랑을 체험하기에 건강한 자아상을 갖게 될 뿐 아니라 이성교제와 결혼생활도 하나님의 사랑의 울타리 안에서 행복할 수 있다.

지금의 아내를 만나기 전 교제했던 자매와의 헤어짐으로 가슴 아팠을 때 하나님께서 인도하시는 배우자를 만날 때까지 하나님 앞에 홀로 있는 훈련을 해야겠다고 마음먹었는데 생각보다는 외롭지 않았다. 그저 나를 사랑하시는 하나님의 사랑에 응답하여 하나님을 사랑하고 하나님과의 친밀한 사랑의 교제를 나누는 시간이 기쁘고 좋았다. 그렇게 하나님 앞에 홀로 서 있는 준비가 되었을 때 준비된 배우자를 만나게 하시고 그 사람의 마음 문도 열리게 하시는 하나님을 경험하게 되었다.

그 누구를, 그 무엇을 사랑하는 것보다 하나님을 사랑하는 게 먼저라는 사실을 반드시 기억하라. 그것이 가장 우선되는 계명이다. 아름다운 만남과 이성교제, 행복한 결혼생활과 가정의 첫 단추는 하나님과의 사랑의 교제라는 사실을 명심하고 또 명심하라.

06

이슬은 깊은 밤과 새벽에 내린다

이슬은 깊은 밤과 새벽녘에 내린다.

밤에 이슬이 진영에 내릴 때에 만나도 함께 내렸더라 민 11:9

낮에 지표면과 대기 중의 공기가 상승했다가 밤에 냉각되어 이슬로 내리는 것이다. 우리 인생의 어둡고 힘든 순간에 고통만 있는 것이 아니다.

이슬이 깊은 밤에 내리듯이 어두운 때에도 하나님의 은혜가 우리에게 임한다. 그렇게 어둡고 고통스런 순간에 내린 이슬 같은 은혜가 우리의 영혼을 촉촉이 적시고 메마른 광야 같은 인생을 다시 걸어가고 살아갈 힘을 공급해준다.

고난은 인생을 맛깔나게 하는 좋은 재료

사실 고난과 아픔, 고통은 그 누구도 원하지 않는다. 고난이 우리를 정금과 같이 빚어낸다고 하더라도 고난을 자처하고 원하는 사람이 어디 있겠는가? 그러나 하나님은 우리 인생에서 고난을 다 제거해 주시지 않는다. 오히려 우리 인생에 고난을 허락하시고 허용하신다. 때로는 일부러라도 고난을 주시기도 하신다. 고난을 통해 우리의 믿음이 한 단계 성장하고 더 굳건해질 수 있기 때문이다.

내가 스스로 말하기를 나는 내 보금자리에서 숨을 거두며 나의 날은 모래알 같이 많으리라 하였느니라 내 뿌리는 물로 뻗어나가고 이슬이 내 가지에서 밤을 지내고 갈 것이며 욥 29:18,19

욥이 고난의 깊은 밤을 보내면서 드린 고백이다. 이유를 알 수 없는 온갖 고난을 겪으면서 하나님의 뜻이 이해되지 않았고 자신이 태어난 날을 한탄하기까지 했던 욥은 후에 하나님의 깊은 섭리를 깨닫고는 진심 어린 믿음의 고백을 드린다.

내가 주께 대하여 귀로 듣기만 하였사오나 이제는 눈으로 주를 뵈옵나이다 그러므로 내가 스스로 거두어들이고 티끌과 재 가운데에서 회개하나이다 욥 42:5,6

고난을 겪고 나서 믿음이 더욱더 성장하게 된 것이다.

운동회 때 하는 장애물 경주를 보면 각 코너마다 장애물이나 미션이 있다. 거침없이 달리고 싶은데 어느 코너에서는 줄넘기를 뛰어야 하고 또 코끼리 코를 하고 몇 바퀴 돌아야 하기도 하는 등 각 코너마다 주어지는 미션은 빨리 달리는 데 지장을 주지만 경기를 매우 재미있게 해주는 도구가 된다. 이처럼 우리 인생과 믿음의 여정에 주어지는 장애물, 즉 이런저런 어려움이나 반드시 해결하고 넘어가야 할 미션이나 과제들은 우리 인생에 장애요소인 것 같지만 사실은 우리 인생을 더욱 흥미 있고 신나게 만들어주는 좋은 도구이자 재료들이다. 그래서 힘든 일을 만날 때 무조건 어려워하고 피해가려고 하기보다 어려움을 통해 더욱 흥미로운 인생이 된다는 마음으로 주님을 기대하며 견뎌내자.

〈강연 100°c〉라는 방송 프로그램이 있었다. 일반인들 중에 인생의 어려움을 겪었지만 훌륭하게 극복한 사람들이 나와 자신의 이야기를 들려주는데 한번은 국수공장을 경영하는 청년 사장인 김민균 씨가 나온 적이 있다. 자신이 대학공부를 힘들게 끝내고 회사에 취업해서 적응할 무렵 국수공장을 경영하시던 아버지가 과로로 돌아가셨다. 많은 빚을 남기셔서 어쩔 수 없이 다니던 직장도 포기하고 국수공장을 도맡아 경영하는데 처음에는 아버지가 원망스러웠다고 한다. 그런데 몇 년 동안 국수공장을 성실하게 경영하면서 노하우도 쌓이고 거래처와의 신뢰관계도 쌓여서 빚도 다 갚고 지금은 기쁜 마음으로 국수공장을 경영하고 있다. 그는 젊어서 겪게 된 고난이 오히려 감사의 조건이 되었다고 고백한다.

나의 경우, 신학대학원을 졸업할 무렵인 20대 후반에 결혼을 하게 되었는데 형편이 어려운 신학생이었고 집안도 넉넉하지 않아 결혼할 자금이 없었다. 결혼할 자매 역시 상황은 마찬가지였다. 첫 전임사역지에서 사역하게 된 지 얼마 안 되었을 때 교회와 담임목사님은 청년 담당 교역자가 미혼인 것이 걱정이 되셨는지 빨리 결혼하기를 권하셨다. 그렇지만 형편이 되지 않아 고민 끝에 담임목사님께 상황을 말씀드렸더니 결혼에 필요한 자금을 빌려주셨다.

그렇게 결혼식 준비와 혼수 준비를 마치고 월셋집을 구해서 신혼살림을 차렸는데, 매달 꼬박꼬박 내야 하는 월세에 대한 부담이 만만치 않았다. 그래서 신학대학원 졸업 때까지 미뤄왔던 공익근무요원 복무를 하게 되었다. 복무 중에는 교회에서 파트사역자 정도의 사례비를 받게 되었고, 아내는 유치원 부담임교사로 1시간 30여 분 거리를 매일 출퇴근해야 했고 받는 월급도 적어 여전히 어려웠다.

내가 공익요원으로 매일 출퇴근했던 곳이 직업전문학교였는데 장애우들에게 필요한 교육을 시켜주고 취업을 알선해주던 곳이었다. 나는 행정보조요원으로 근무하게 되었는데 말이 행정보조요원이지 온갖 잡무를 다 처리해야 했다. 특히 관리부 쪽에서는 수시로 불러내어 무더운 날에 잡초를 뽑게 한다든지 운동장 가에 둘려져 있던 하수구를 청소하는 일까지 시켰다. 일을 시킬 때 언제나 반말이었고 어떤 때는 욕까지 하면서 일을 시켰다. 그러면서도 전혀 미안해하는 내색도 없는 모습에 마음이 상할 때가 많았다. 그러나 내가 교회에서 전도사로 섬기고 있다는 것을 모두가 알고 있는 터라 그저 속으로 기도며 꾹 참았다.

'앞으로 살아가면서 이보다 더 힘들게 하는 사람들도 많이 만날 텐데 미리 훈련한다고 생각하자.'

시간이 흘러 하나님이 회복의 은혜를 부어주셨다. 그때 당시에는 너무 힘들었지만 지나고 보니 내 인생에 소중한 경험을 하게 되었던 의미 있는 시간이었다. 신학교에서만 있다 보니 사회생활 경험이 없었는데 직업전문학교 복무를 통해서 간접적으로나마 사회생활을 경험해볼 수 있었다. 사회생활을 하면서 영성을 관리한다는 것이 얼마나 힘든 일인지를 알게 되었고 힘들어하는 사람들을 조금이나마 이해하는 폭이 넓어지게 되었다. 고생스럽고 힘든 일을 꼭 피해가려고만 할 것이 아니라는 귀중한 교훈을 얻게 되었다.

'고도원의 아침편지'에서 직업에 대해 언급했던 말이 기억에 남는다.

"지금 하는 일, 어찌 늘 즐겁기만 하겠습니까? 어찌 어려움이, 어찌 불만이 없겠습니까? 그러나 지금 하는 일에 내 인생의 꿈과 행복이 걸려 있습니다. 천직(天職), 곧 하늘이 준 선물이라는 마음으로 즐겁게 일할 때 인생도, 미래도 즐거워집니다."

고생과 사랑도 젊은 날의 특권이다. '젊어서 고생은 사서도 한다'는 말이 있듯이 젊을 때 치열한 삶의 현장에서 분투한 경험은 인생의 약(藥)이 된다. 젊을 때의 고생을 부정적으로만 볼 필요가 없다. 힘들게 고생도 해보고 어려움도 겪어보면서 인생을 헤쳐가는 지혜를 배우게 된다. 그것은 하나님 안에서 곧 축복이고 재산이 된다.

고난을 견딜 내면의 힘을 길러라

고난을 믿음으로 잘 견디어낸 사람들은 모두 하나님께 믿음으로 감사의 찬송을 고백한다.

그러나 내가 가는 길을 그가 아시나니 그가 나를 단련하신 후에는 내가 순금 같이 되어 나오리라 욥 23:10

욥만큼이나 많은 고난을 겪었던 다윗도 고난 속에서 원망하지 않고 하나님을 찬송하고 높여드렸다.

고난 당한 것이 내게 유익이라 이로 말미암아 내가 주의 율례들을 배우게 되었나이다 시 119:71

다윗은 자신을 시기하여 죽이려는 사울 왕을 피해 굴에 숨어 있었을 때 주님을 굳게 의지했다.

하나님이여 내게 은혜를 베푸소서 내게 은혜를 베푸소서 내 영혼이 주께로 피하되 주의 날개 그늘 아래에서 이 재앙들이 지나기까지 피하리이다 시 57:1

우선 당장은 재앙과 고난이 지나기까지 주의 날개 그늘 아래 머물면서 피하는 것도 지혜로운 것이다. 바로 맞서야 할 때도 있지만 잠시 주의 날개 그늘 아래 머물면서 고난을 이겨낼 힘과 믿음, 특히 내면의 힘을 기르는 것이 필요하다. 바둑의 고수인 조훈현 씨는 《고수의 생각법》이라는 책에서 정상에 이르려면 운도 있어야 하지만 인성이 따라줘야 하고 특히 마음이 강해야 한다고 했다.

정상까지의 여정에서 무수히 만나게 되는 어려움의 때를 잘 견디어 낼 수 있고, 더 나아가 그 어려움의 때에 원망, 불평, 신세한탄이 아니라 감사와 찬송을 드릴 수 있는 강인한 마음과 믿음으로 무장해야 한다. 결국엔 고난을 환희의 순간으로 바꾸어주실 하나님을 기대하고 기도하면서 비전을 품고 실력을 쌓으며 하나님의 때가 차기를 기다리는 내면의 힘을 기르는 것이 젊음의 때에 필요하다.

인생의 고난과 어려움은 꼭 장년기나 노년기에만 찾아오지 않는다. 청년기에도 찾아오고 청소년기, 심지어 유소년기도 가리지 않고 찾아온다. 이 고난의 때를 잘 견디는 내면의 힘, 영적인 힘, 믿음의 힘이 요구된다. 요즘 젊은이들은 마치 온실에서 자란 화초처럼 너무 나약하다고 하시는 분들이 있다. 어려운 일이나 상황이 주어졌을 때 견딜 수 있는 힘이 부족하다는 것이다. 어려운 시대를 힘겹게 극복해 오신 인생 선배들이 볼 때 그렇게 보일 수 있다. 일부러 고난을 달라고 기도할 필요는 없겠지만 인생의 시기, 특히 청년의 때에 주어지는 어려움을 잘 견뎌내야 한다.

고난의 때에 부르는 노래

하나님이여 내 마음이 확정되었고 내 마음이 확정되었사오니 내가 노래하고 내가 찬송하리이다 내 영광아 깰지어다 비파야, 수금아, 깰지어다 내가 새벽을 깨우리로다 시 57:7,8

다윗은 아직 고난이 다 끝나지 않았음에도 하나님께 마음을 확정하고 찬송하겠다고 고백한다. 뿐만 아니라 새벽을 깨우겠다고 고백한다. 역사의 어두운 새벽을 깨우겠다는 의지와 결단의 고백인 것이다. 사울 왕은 왕으로 세움 받을 당시에는 겸손하게 은혜를 간구하던 사람이었다. 그러다 왕이 된 후에 교만해서 하나님의 마음에서 멀어지고 말았다. 하나님이 새 왕으로 준비하고 계신 다윗을 시기하면서 죽이려고까지 했다. 당연히 그의 분별력은 흐려졌고 하나님이 그를 통해 이루시려는 뜻은 어긋나기 시작했다. 이렇게 어둡고 암울한 시대적 상황 속에서도 다윗은 새로운 비전을 품는다.

'이 역사의 어두운 새벽을 반드시 깨우리라! 새롭게 하리라! 하나님의 뜻이 이루어지게 하리라! 하나님의 통치가 실현되게 하리라!'

이것이 고난의 때에 다윗이 품었던 비전이다. 더 나아가 그는 하나님의 영광을 드높일 것을 고백한다.

주여 내가 만민 중에서 주께 감사하오며 뭇 나라 중에서 주를 찬송하리이다 무릇 주의 인자는 커서 하늘에 미치고 주의 진리는 궁창에 이르나이다 하나님이여 주는 하늘 위에 높이 들리시며 주의 영광이 온 세계 위에 높아지기를 원하나이다 시 57:9-11

주님을 찬송하며 하나님의 영광이 세계만방 중에 높아질 것을 꿈꾸고 있다. 고난이 깊을수록 그의 비전은 더 높아져만 갔다. 골짜기가 깊을수록 산이 높은 법이다. 어렵고 힘들수록 더욱더 하나님을 높여드릴 비전을 품고 선포하자.

영화 〈더 테너 리리코 스핀토〉의 실제 인물인 테너 배재철 씨의 이야기가 많은 사람들에게 감동의 울림을 준다. 2003년 〈더 타임스〉로부터 100년에 한 번 나올 만한 목소리라는 극찬을 받은 테너였던 그는 동아콩쿠르에서 1등을 한 뒤 이탈리아로 유학을 가서 베르디 국립음악원을 수석으로 졸업하며 세계적인 콩쿠르에서 차례로 입상하며 테너로서의 입지를 굳혀가고 있었다.

독일 자르브뤼켄의 주립극장에서 주역 가수로 활동하던 2005년, 갑상선 암 선고를 받게 되었다. 암 수술은 성공적이었으나 수술 중에 그만 성대의 신경이 손상되어 오른쪽 성대가 마비된다. 그로 인해 노래는 물론이고 목소리를 내는 것조차 어렵게 된다. '암 선고로 한번 죽고, 성대 마비로 두 번 죽는 느낌이었다'고 이야기하는 그는 목소리를 잃고 절망의 나날을 보내던 중, 성대 재건 수술을 알게 되었고 성대 재건술 전문가인 일본인 의사를 만나 수술을 받게 된다.

암 선고를 받고 수술대 위에 누웠을 때 그동안의 삶의 여정이 파노라마처럼 펼쳐졌다. 그는 어릴 때부터 교회에 다녔고 교회학교 찬양대에서 노래를 시작했지만 오랫동안 찬양하지 못했음을 회개하며 목소리의 주인을 잊고 살아왔음을 알게 됐고 자신의 목소리로 주를 다시 찬양할 것이라고 다짐했다. 그래서 성대 수술을 받던 중에 의사가 상황을 보기 위해 노래를 한 번 해보라고 권하자 제일 처음 부른 노래가 찬송가 79장 '주 하나님 지으신 모든 세계 내 마음속에 그리어볼 때… 주님의 높고 위대하심을 내 영혼이 찬양하네'라는 찬양이었다.

성대 재건 수술을 하면 원래의 목소리를 회복할 수 있으리라는 희망을 품었지만, 현실은 생각만큼 쉽지 않았다. 수술을 통해 목소리는 나왔지만, 예전처럼 노래를 부를 수 있는 수준은 아니었던 것이다. 그 목소리로 하루에도 몇 시간씩 재활에 몰두한 끝에 그는 마침내 대중 앞으로 돌아왔다. 예전만큼 풍부한 성량과 폭발적인 고음을 구사할 수는 없지만, 큰 시련을 통해 마음이 전해지는 공감과 감동의 노래를 부를 수 있게 되었다.

사람들은 그를 '비운의 오페라 스타'라고 하지만 그는 지금 행복하다고 말한다.

"고난이 유익이 되었습니다. 내 인생 최고의 전성기는 지금 이 순간입니다. 화려한 오페라 무대도 빛났지만 노래하고 간증하면서 많은 분들에게 희망을 전하는 지금의 삶이 더 빛납니다. 숨을 쉬고 목소리가 나오는 한 주님을 찬양하고 전하는 행복한 꿈을 품고 희망을 노래하겠습니다."

우리 인생에 예기치 않은 고난이 찾아와도 결코 낙담하거나 절망하지 말자. 마음을 하나님께 확정하고 찬양하자. 그리고 하나님이 주시는 새로운 비전을 노래하자.

어려워도 인내하며 때를 기다리라

꽃마다 피는 시기가 다르다. 개나리나 진달래처럼 봄에 일찍 피는 꽃이 있다. 그리고 장미처럼 5,6월 이른 여름에 피는 꽃도 있다. 코스모스나 국화처럼 가을에 피는 꽃도 있고 심지어 매화처럼 겨울에 피는 꽃도 있다. 이처럼 꽃마다 피는 시기가 다 다르다. 10대에 성공하거나 20대, 30대에 성공하는 사람도 있다. 어떤 이는 40대에 꿈을 성취하고 또 어떤 이는 인생의 노년기에 꿈을 이루기도 한다.

요셉은 17세에 꿈을 꾸었고 30대에 그 꿈을 이룬다. 30대 후반부터 생명을 살리고 번성케 하는 영향력을 행사한다. 다니엘도 청소년, 청년기부터 두각을 나타내고 비록 포로의 신분이었지만 바벨론 제국과 이어서 일어난 메대 바사의 총리가 되어 큰 영향력을 행사한다. 다윗도 소년기에 왕이 될 것을 예언받게 되었고 청년기의 고난을 거쳐서 장년기에 왕이 되어 이스라엘 역사에서 가장 강성한 나라가 될 수 있는 토대를 마련한다.

이처럼 청소년기와 청년기에 꿈을 꾸고 준비하며 영향력을 끼치게 된 사람들이 있다. 반면에 인생의 후반부에 부름을 받는 이들도 있다. 아브라함은 75세 때 부르심을 받고 복의 근원으로 쓰임 받게 된다. 모세는 80세에 하나님의 소명을 받고 이스라엘 민족을 애굽의 노예생활에서 건져내는 위대한 사명을 감당하게 된다. 이처럼 인생의 중후반기에 꽃을 피우는 사람들도 있다. 일찍 피지 못한다고 낙담할 필요가 없다. 아직 때가 안 된 것이다. 조급해하지 말고 때를 기다릴 수 있어야 한다.

20대 후반에 한 단체에서 주관한 청소년연합수련회, 청년연합수련회에서 찬양 인도로 섬기면서, 30대 초중반에는 한 도시에서 청년연합과 부흥의 작은 불씨로 쓰임 받으면서 하나님께 감사를 드렸다. 그러면서도 뭔가 아쉬움이 남았다. 새벽이슬 같은 주의 청년들의 의미가 무엇인지 깨닫게 해주시며 책을 쓰라는 마음을 10여 년 전부터 주셨는데 원고를 쓸 시간이 없었다. 교회에서 부교역자로 섬기다 보니 맡겨진 사역을 병행해야 했기에 시간을 내기가 쉽지 않았고 어쩌다 외부 사역 요청이 들어오거나 다른 교회나 단체들과 연합사역을 하는 것도 조심스러웠다. 시간에 쫓겨 바쁘게 생활하며 조급해진 마음으로 하나님 앞에 나아갔을 때 '인내를 온전히 이루라'는 문장이 마음속에서 계속 떠올랐다. 그것은 야고보서에 있는 말씀 구절 중 일부분이었다. 성경을 펴서 읽어보았다.

내 형제들아 너희가 여러 가지 시험을 당하거든 온전히 기쁘게 여기라 이는 너희 믿음의 시련이 인내를 만들어내는 줄 너희가 앎이라 인내를 온전히 이루라 이는 너희로 온전하고 구비하여 조금도 부족함이 없게 하려 함이라 약 1:2-4

힘든 시기를 지날 때 이 말씀을 통해서 너무 조급해하지 말고 인내를 온전히 이루라고 격려해주셔서 많은 위로가 되었다.

하나님은 우리 인생에 주어지는 어려움과 시련을 막지 않고 허용하신다. 그 시련을 통해서 인내하는 법을 배우게 하시고 인내를 통해 우리를 온전하고 구비하여 조금도 부족함이 없는 하나님의 사람으로 빚어가신다. 인내를 통해 우리를 더욱 성장시키고 성숙함으로 무르익게 하신다. 요셉도 청소년기에 꿈을 꾸었고 청년기에 그 꿈을 간직하고 있었지만 계속되는 시련의 시기에 인내함을 통해서 온전히 성숙한 사람으로 빚어진 것을 볼 수 있다.

젊은 날 인생에 어려움이 있고, 인생이 생각보다 쉽게 풀리지 않을지라도, 하나님이 주신 큰 뜻을 펼칠 때가 언제인지 조급함이 밀려와도 조금 더 인내하며 기다리라. 때가 무르익으면 반드시 큰 나무로 자라 풍성한 열매를 맺고 아름다운 꽃을 피울 날이 온다.

소수의 영적 거장을 길러내라

여기저기서 힘들다는 아우성이 들려오고 있다. 어디 하나 희망을 찾아보기 힘드니 나라를 떠나라는 말을 듣는 것이 어렵지 않은 시대이다. SNS에서도 그런 이야기들이 떠돌자 어떤 사람이 자신은 이민 8년차인데 나라를 떠나봐도 크게 다를 건 없다는 댓글을 단 것을 보았다. 힘든 것은 청년들만이 아니다. 장년들도 노년 세대들도, 심지어 청소년들과 초등학생들도 힘들다고 하소연한다.

살기 힘든 것도 우리나라만의 상황이 아니다. 내가 아는 전도사님 한 분은 미국 유학중인데 태어난 지 얼마 안 되는 아이가 아파서 응급 수술과 입원 치료를 받게 되어 기도를 부탁했다. 안타까운 마음에 기도를 했고 고비를 무사히 넘기게 되었다는 소식을 듣게 되어 다행이다 싶었는데 얼마 뒤 의료보험 적용이 안 되어 병원비를 감당하기가 너무 힘들다며 다시 기도 부탁을 했다. 그러면서 미국에서는 서민이나 외국인이 감당하기에는 의료비가 너무 비싸다며 아프면 안 된다고 했다.

조금만 눈을 돌리고 귀를 기울여보면 지금 세계 곳곳에서 고통의 신음소리들이 여기저기서 들린다. 시리아에서는 4년 넘게 이어지고 있는 내전으로 사망자가 1만 4천 명에 국외 난민은 4백만 명이 넘는 상황이고 이 문제로 인해 유럽 전체가 몸살을 앓고 있을 지경이다.

내 문제 하나 해결하기도 급한데 세상 돌아가는 일에는 관심 없다고 외면하기에는 세계가 이웃처럼 너무 가까워졌다. 분명 힘든 시대를 살아가고 있는 청년 개개인의 어려움을 넘어 이 시대와 나라, 그리고 지구촌의 어려움에 대해서도 함께 고민해봐야 하지 않겠는가! 그와 같은 고민은 주의 청년으로서 장차 내가 이 세상을 어떻게 섬기며 무엇을 하며 살아갈 것인가에 대한 답을 얻는 데도 적지 않은 도움이 될 것이다.

우리의 신앙적 기반인 기독교 신앙 역시 위기의 시대를 보내고 있다. 유럽에서는 교회가 술집이나 나이트클럽으로 팔리는 일들이 심심치 않게 일어나고 있다. 한국교회 역시 위기를 겪고 있다. 목회자이자 미래학을 전공한 최윤식 박사는 한국교회의 미래를 걱정하며 저술한 《2020-2040 한국교회 미래지도》라는 책에서 2050년에는 기독교 인구가 300-400만으로 줄어들고 특히 다음세대는 15-40만으로 급감할 것이라는 전망을 내놓았다.

말 그대로 위기가 아닐 수 없다. 단순히 숫자가 줄어든다고 해서 위기라는 말이 아니다. 한국교회는 지금 그 어느 때보다 세상과 세상 사람들로부터 많은 지탄을 받으며 욕을 먹고 있다. 각종 비리에 연루된 이들 중 크리스천들이 적지 않다. 대사회적인 영향력을 상실하고 있다. 전도하기가 그 어느 때보다 어려운 때임이 분명하다. 기독교인의 수가 감소하는 것은 전망이 아닌 현실로 어렵지 않게 실감하고 있으며 그런 면에서 본다면 분명 기독교의 위기라 할 수 있다.

그러나 오히려 이 위기가 새로운 기회가 될 수 있다. 그동안 한국교회는 많은 성도 수를 자랑해왔다. 지나치게 양적 성장에만 치중해온 면이 없지 않다. 그것이 목회 성공이고 사역의 성공으로 여겨지기도 한다. 청년부 사역에서도 교역자나 임원들, 리더들이 사역을 잘 하느냐 못 하느냐의 평가도 오직 숫자에 의해서 좌우되곤 한다.

내가 한 교회에서 청년사역을 담당하고 있었을 때 3년이 되자 사역에 대한 평가를 받게 되었다. 점진적인 성장에도 불구하고 기대에 못 미친다는 이유로 부정적으로 평가받고 장년 대상의 교구 사역으로 사역이 바뀔 뻔했다. 마음이 무겁고 힘들었다. 사실 나 역시 생각했던 것보다 성장이 더딘 것 같아서 고민이 되던 상황이었다. 그래서 하나님께 이렇게 기도를 드렸다.

'하나님! 하나님이 보시기에도 제가 사역을 잘 못하고 있나요? 청년들을 믿음과 비전의 세대로 세우라고 저를 이곳에 보내신 거죠? 그런데 제가 하나님의 기대에도 못 미치고 있다면 제가 그만두어야 하는 때인 줄로 알겠습니다.'

그때 주님의 음성이 들려왔다.

'예수 그리스도를 바라보라. 그리고 예수 그리스도의 발자취를 따르라.'

'네? 주님! 뭐라고 하셨나요? 예수 그리스도를 바라보고 발자취를 따르라고 하셨나요?'

'그렇다. 믿음의 주요 온전케 하시는 예수 그리스도를 바라보고 그 길을 따르라.'

히브리서 12장 2절을 토대로 말씀해주셨고 그때 깊은 깨달음이 왔다. 세상의 안목으로 보면 예수님만큼 실패한 사역자가 없을 것이다. 수천, 수만 명이 따르다가 마지막에는 120여 명밖에 남지 않았으니! 그렇지만 그 누구도 예수님의 사역을 실패한 사역이라 하지 않으며, 예수님을 실패한 사역자라 말하지 않는다. 그 이유는 제자들을 말씀으로 양육하셨기 때문이다.

예수님은 당신을 따르던 그 많던 무리들이 다 떠나가고 제자들을 비롯해 성도들이 120여 명밖에 남지 않았지만 결코 실망하지 않으셨다. 아니, 많은 무리가 따를 때에도 예수님의 주된 관심은 열두제자에게 집중되어 있었다. 그들을 말씀으로 양육하시고 그들을 통해 온 세계를 복음화하는 비전을 품으셨다.

나 역시 담당한 청년공동체에 양육체계가 갖춰져 있지 않을 때 양육의 기초체계를 갖추고 예수님의 제자로 청년들을 세워가고 있었는데 그것이 틀리지 않았음을 알게 해주셨다. 마침 몇 명의 청년들이 나를 찾아와 격려해주는 것이 아닌가! 하나님이 힘들어하는 나를 격려하도록 보내주신 것이 분명했다.

그때의 깨달음은 나에게 비록 소수일지라도, 사람들이 눈에 보이는 것만으로 평가할지라도 흔들림 없이 십자가의 길을 걸어가셨던 예수님을 바라보고 그분의 발자취를 따르도록 도와주었다. 맡기신 사람들을 예수님을 따르고 전하는 제자로, 더 나아가 주님을 위해 목숨도 아까워하지 않는 주님의 군사들로 세우는 것이 주님이 가셨던 그 길을 따라가는 것이라는, 다음세대와 청년사역에 있어서 흔들리지 않는 이정표를 제시해주었다.

교회의 허리, 하나님나라의 기둥

한국교회, 특히 다음세대가 전반적으로 감소하고 있으나 숫적으로도 성장이 불가능한 것만은 아니다. 얼마든지 가능하다. 섬기는 교회에서 어린이 전도를 위해 교사들이 거의 매일 나와서 기도하며 학교 앞에 가서 방과 후 나오는 아이들에게 먹을 것을 나눠주며 전도에 열심을 내니 아동 부서가 수적으로도 꾸준히 성장한다.

청년들도 다음세대 부흥에 일조하고 있다. 교회학교에서 교사로 열심히 섬기는 청년들이 적지 않다. 찬양과 영상, 그리고 잡다한 일을 도맡아 하는 것은 청년교사들인 경우가 많다. 교육부서마다 청년 교사들을 보내달라고 요청하기도 한다. 청년부가 더욱 성장해야 하는 이유이다.

청년들이 성장하면 다음세대를 섬기는 교사로서도 한몫을 한다. 그리고 때가 되어 결혼하면 장년 세대가 되고 하나둘 낳은 아이들을 통해 교회의 자연적 성장과 부흥에도 이바지한다. 이쯤 되면 교회에서 청년으로서 자부심을 가져도 좋지 않을까? 청년의 소중함을 알고 청년들을 위해 기꺼이 투자를 하려는 교회들이 적지 않다.

그러나 또 한편으로 청년이 중요하다고 하면서 실질적인 지원이나 투자는 제대로 하지 않는 교회들도 꽤 있다. 교회행사가 있으면 평소에는 잘 찾지 않던 청년들을 찾는다. 행사를 위한 일손이 필요하기 때문이다. 그렇다고 너무 청년들을 부려먹기만 하려고 해서는 안 된다.

새로 부임한 지 얼마 되지 않았던 한 교회에서 전교인 체육대회가 열리는데 웬일인지 청년들이 참여하기를 꺼려했다. 왜 그런가 해서 임원들에게 물어보니 청년들에게 이것저것 일은 많이 시키고 밥도 제대로 안 챙겨줘서 힘들었다는 이야기를 듣게 되었다. 청년들이 교회 행사를 돕는 거야 해야 할 일이지만 밥도 제대로 안 챙겨줬다는 말을 들으니 마음이 아팠다.

그다음 해에 또다시 전교인행사를 할 때 역시나 청년들이 똑같은 상황이 될까봐 우려하자 청년부 부장님을 통해 교회에 조심스레 건의를 했다. 그다음부터는 청년들 식사를 서로 챙겨주시려고 하셔서 음식이 남을 정도였다. 주의 청년들이 굳게 서야 한다. 청년이 교회의 허리이고 하나님나라의 기둥이다. 장년 세대와 다음세대를 이어주는 가교 역할을 하기도 한다. 힘들고 어려워도 버텨야 한다. 요단강을 건널 때 법궤를 어깨에 짊어지고 제일 먼저 요단강에 발을 딛고 서서 백성들이 다 건너갈 때까지 버텼던 제사장들처럼 말이다.

꼭 목회자나 장로님들과 권사님들만 영적인 리더가 아니다. 어떤 면에서는 청년들이 리더다. 잠재적인 의미에서 리더이기도 하지만 다음세대에게는 벌써 중요한 리더로서 자리매김하고 있다. 교육총괄 사역도 담당하다보니 교회학교 각 부서의 이야기도 듣게 되는데 각 부서에서 아이들과 청소년들이 자기들과 세대차이가 얼마 나지 않아서 그런지 청년 교사들을 많이들 원한다는 것이다.

한번은 청년부 담당사역자인 내게 한 부서의 선생님이 고맙다고 인사를 하기에 왜 그러는가 했더니 청년 선생님들을 많이 보내주기를 기도했는데 여러 명의 청년 교사들이 지원해 섬기게 되었다며 너무나 고마워했다. 그러니 어렵고 힘들어도 청년이 버텨주어야 한다.

우리가 뭘 어떻게 해야 하느냐고 묻는다면 훈련을 받으라고 강권한다. 훈련 없이 공급 없이 쏟아주기만 요구하면 금방 지치고 만다. 청년공동체의 예배와 교제, 양육을 결코 소홀히 여기지 말라. 청년부는 등한히 한 채 교회학교만 섬기는 청년들도 있는데 교회학교에서 섬기는 것으로 끝이 아니다.

청년공동체가 영적 기반이 되어야 한다. 먼저 청년공동체에서 양육을 받으라. 거기서 먼저 세워져야 쉽게 흔들리지 않는다. 제대로 세워지지 않은 채 교사를 하니 종종 문제가 생긴다. 청년 교사가 가끔 결석을 하니 눈총을 자주 받게 되고 그것은 다음세대에 고스란히 영향을 끼치는 것이다. 그런 교사의 모습을 보고 주일에 빠져도 되는구나 하는 생각이 양육받는 다음세대에게 자연적으로 학습되는 것이다. 청년들이 교회의 희망이다.

이슬은 어두운 밤 새벽녘에 내린다. 하루 중 가장 어두운 때는 바로 동트기 직전이다. 가장 어려운 때가 가장 기대를 품어야 할 때이다. 가장 힘든 시기가 사실은 가장 큰 비전을 품는 때이다. 가장 고통스러운 순간이 해산의 시기가 가까이 온 것처럼 가장 어둡고 절망스러운 순간, 인생의 깊은 밤중에 별이 가장 빛난다. 그리고 그때가 지나면 환한 태양이 떠오르고 나뭇잎마다 깊은 밤에 하늘에서 내려 맺혀진 영롱한 이슬이 빛난다.

마찬가지로 우리 인생의, 젊음의 어두운 시기를 가장 환희 빛나게 하시는 하나님을 기대하고 기도하며 하나님이 주시는 비전을 품고 실력을 쌓으면서 인내하며 때를 기다리는 새벽이슬 같은 주의 청년들이 되어야 한다.

07

새벽이슬은 날마다 내린다

　이슬은 낮에 더위로 인해 뜨거워져 상승했던 공기가 밤에 기온이 내려가 하강하여 맺히는 것이다. 밤은 낮보다 기온이 내려갈 수밖에 없기에 이슬은 매일 내린다고 볼 수 있다. 이스라엘 백성이 광야 여정을 지날 때에 하나님은 이스라엘 백성에게 날마다 만나를 내려주셨다.

　저녁에는 메추라기가 와서 진에 덮이고 아침에는 이슬이 진 주위에 있더니 출 16:13

　밤에 이슬이 진영에 내릴 때에 만나도 함께 내렸더라 민 11:9

　이렇게 이슬처럼 내리는 은혜를 하나님은 날마다 당신의 백성들에게 내려주신다. 맑은 날뿐 아니라 흐린 날에도 하나님의 은혜는 결코 쉬거나 멈추는 법이 없다. 청년의 때는 왠지 안개가 끼거나 흐린 날처럼 여겨진다. 그러나 그때도 하나님의 은혜는 이슬처럼 내리고 있다. 맑은 날만, 힘든 청년의 때가 지난 후에만 은혜가 내리는 것이 아니다. 오히려 힘든 청년의 때야말로 하나님의 은혜를 더욱 열망해야 하는 때이다. 더욱 간절히 은혜를 내려주시는 하나님을 찾아야할 때이다. 그래서 청년들에게 간곡히 부탁하고 싶은 것은 청년의 때에 기도하기를 힘쓰라는 것이다.

너는 내게 부르짖으라

너는 내게 부르짖으라 내가 네게 응답하겠고 네가 알지 못하는 크고 은밀한 일을 네게 보이리라 렘 33:3

하나님은 말씀하신다. 부르짖어 기도하라고! 그러면 응답해주시고 우리가 알지 못했던 크고 놀라운 일들을 보여주시고 이루어가실 것이라고!

청소년, 청년기는 불안함이 가득한 시기이다. 그 어느 때보다도 가능성이 많은 시기이지만 아무것도 손에 잡힌 것이 없고 모든 것이 불안하기만 하다.

20대 초반에 나는 하나님의 부르심을 받고 신학의 길을 가고 있었다. 그때 가장 힘썼던 것이 말씀과 기도로 하나님께 나가는 것이었다. 그럼에도 마음속에는 불안한 마음이 사라지지 않았다. 신학교에 있었던 기도탑에 올라가 기도하려 하면 할수록 기도보다 한숨이 먼저 나오는 듯했다. 가족이 믿지 않는 상황에서 내가 먼저 예수님을 믿고 쉽지 않은 신학과 목회의 길을 간다는 것이 그저 막막하고 어둡게만 느껴졌던 것이다.

　그런데 알고 보니 나만 그런 것이 아니었다. 동기들 중에는 모태신앙인 친구들도 적지 않았지만 그들 역시 앞날과 미래에 대한 막연함이나 불안함은 크게 다를 바가 없었다. 오랜 기간 청년들을 섬기면서 분명히 알게 된 것은 앞날에 대한 불안은 청년들의 공통분모였다. 이처럼 불안함과 어두움의 아이콘 같은 청년들에게 성경은 권면한다. 부르짖어 기도하라고! 부르짖어 기도할 때 하나님께서 응답하시고 우리가 알지 못하는, 그래서 항상 불안해하는 앞날에 대해 보여주시고 인도해주실 것이라고 말씀하신다. 이처럼 큰 위로가 어디 있겠는가? 앞날을 몰라 불안한데, 우리 앞날에 크고 놀라운 계획을 갖고 계시고 그 계획을 보여주신다니 말이다.

　20대 초반 청년 시절, 불안함을 떨쳐버리고 하나님의 뜻과 계획을 확인하기 위해 부르짖어 간구했을 때 마치 긴 터널을 계속 나아가다가 마침내 밝은 빛이 비춰오는 것 같은 은혜와 평안함이 밀려오는 경험을 했다.

　'아! 하나님께서 내 앞길을 계획하시고, 그 길로 나를 인도해주시겠구나!'

　안도감이 들었다. 그것은 그저 왔다 갔다 하는 기복 있는 감정이나 느낌이 아니었다. 기도하는 자만이 느낄 수 있고 누릴 수 있는 하나님 안에서의 확신이었다.

　막막하고 어두울 것만 같은 앞날에 대한 불안감이 커져가기만 할 때 그저 세상 탓하며 한탄하고 신세타령하며 한숨짓기보다 부르짖어 기도해보지 않겠는가! 그 간절한 기도, 부르짖는 기도에 응답하시는 분, 우리가 알지 못했던 크고 은밀한 일을 계획하시고 그 놀라운 계획을 보여주시는 분을 경험하게 될 것이다. 그분은 바로 하나님이시다. 수많은 믿음의 선배들이 경험했고 기도의 거장들이 경험했던 하나님이 당신을 초청하신다. 기도의 자리로 나아오라고!

당신을 향한 하나님의 생각

여호와께서 이와 같이 말씀하시니라 바벨론에서 칠십 년이 차면 내가 너희를 돌보고 나의 선한 말을 너희에게 성취하여 너희를 이곳으로 돌아오게 하리라 여호와의 말씀이니라 너희를 향한 나의 생각을 내가 아나니 평안이요 재앙이 아니니라 너희에게 미래와 희망을 주는 것이니라 렘 29:10,11

오랜 기간 포로 생활에 지쳐 낙심한 이스라엘 백성들을 향해 하나님이 말씀하셨다.

"너희를 향한 나의 생각은 재앙이 아니다. 저주가 아니다. 평안이다. 그리고 너희에게 미래와 희망을 주려는 것이다."

환경은 열악한데 이렇게 말씀하시는 하나님을 믿기 어려웠을지 모른다. 그런데 엄밀히 말하면 자신들이 처한 포로라는 환경은 자신들이, 정확히는 선조들이 지은 죄의 결과였다. 하나님이 그토록 싫어하시는 우상숭배의 죄를 범하고 하나님의 징계를 받고 있는 것이다. 그러니 하나님 탓을 할 것이 아니다. 어쩔 수 없이 징계를 내리셨지만 그들을 향한, 당신의 백성들을 향한 하나님의 생각은 징계나 저주가 아니었다. 그들에게 평안과 밝은 내일에 대한 희망을 주시려는 것이었다. 여기서 우리는 하나님을 오해하지 않아야 한다. 하나님의 백성들의 고난과 고통은 하나님의 본심이 아니시다.

주께서 인생으로 고생하게 하시며 근심하게 하심은 본심이 아니시로다 애 3:33

반면에 하나님의 본심은 우리에게 밝은 내일에 대한 희망을 주시는 것이다. 그것이 우리를 향한 하나님의 생각이시다.

하나님이 말씀하시기를 말세에 내가 내 영을 모든 육체에 부어주리니 너희의 자녀들은 예언할 것이요 너희의 젊은이들은 환상을 보고 너희의 늙은이들은 꿈을 꾸리라 행 2:17

이 말씀에 등장하는 세 세대에게 일어나는 일의 공통점이 있다. 예언하고 환상을 보고 꿈을 꾸는 것은 모두 미래와 관련된 것이다. 하나님은 우리의 미래에 대해 관심이 많으시다. 부모가 자녀의 미래, 앞날에 관심이 많을 수밖에 없듯이 하나님의 자녀 된 우리의 미래와 앞날에 당연히 관심이 많으시다. 그리고 가장 좋은 미래와 앞날을 계획하고 계신다. 육신의 부모는 자녀의 미래에 대한 희망을 품을 뿐이지만 하나님은 영적 아버지로서 자녀 된 우리의 앞날을 계획하고 계신다. 그것도 가장 좋은 미래와 앞날을 계획하고 계신다.

너희 중에 누가 아들이 떡을 달라 하는데 돌을 주며 생선을 달라 하는데 뱀을 줄 사람이 있겠느냐 너희가 악한 자라도 좋은 것으로 자식에게 줄 줄 알거든 하물며 하늘에 계신 너희 아버지께서 구하는 자에게 좋은 것으로 주시지 않겠느냐 마 7:9-11

이제 하나님에 대한 오해는 그만 접어두도록 하자. 하나님은 안 좋은 것 주시려 하거나 나를 징계만 하시려고 눈에 불을 켜고 계시는 무서운 분이 아니시다. 자녀 된 우리에게 가장 좋은 것을 주시려고 계획하고 계시고 그 선물을 받을 때 자녀 된 우리가 기뻐하는 모습을 상상하고 미소 짓고 계신다. 좋으신 하나님을 기대하며 기도하자.

그래도 기도해야 하는 이유

에스겔 36장에서 하나님은 포로 가운데 있던 이스라엘 백성들을 구원하고 회복시켜주실 것을 약속하신다.

내가 너희 조상들에게 준 땅에서 너희가 거주하면서 내 백성이 되고 나는 너희 하나님이 되리라 내가 너희를 모든 더러운 데에서 구원하고 곡식이 풍성하게 하여 기근이 너희에게 닥치지 아니하게 할 것이며 또 나무의 열매와 밭의 소산을 풍성하게 하여 너희가 다시는 기근의 욕을 여러 나라에게 당하지 아니하게 하리니 겔 36:28-30

이처럼 놀라운 회복을 약속해주시는 하나님은 그 모든 것을 누리려면 기도해야 함을 말씀하신다.

주 여호와께서 이같이 말씀하셨느니라 그래도 이스라엘 족속이 이같이 자기들에게 이루어주기를 내게 구하여야 할지라 내가 그들의 수효를 양 떼같이 많아지게 하되 겔 36:37

구하라 그리면 너희에게 주실 것이요 찾으라 그리면 찾아낼 것이요 문을

두드리라 그리하면 너희에게 열릴 것이니 마 7:7

군이 구해야 주시는 이유는 무엇일까? 만약 구하지 않았는데도 주시면 어떻게 될까? 처음에는 감사하겠지만 점점 당연하게 여길 것이다. 그러다가 어쩌다 한 번 안 주시면 왜 안 주시냐고 원망하고 불평하게 될 것이다. 기도를 통해 응답해주시는 하나님을 체험하면 감사하게 되고 이는 믿음이 성장할 수 있는 밑거름이 된다.

또한 하나님의 사랑도 알게 되고 하나님과의 교제도 더욱 깊어지게 된다. 나의 기도를 들으시고 응답하시는 살아 계신 하나님을 향한 풍성한 감사와 찬양을 드리게 된다. 우리의 특성을 잘 아시는 하나님의 지혜에 감탄하지 않을 수가 없다.

이처럼 기도와 응답의 원리는 부모와 자녀 관계에도 적용될 수 있다. 자녀가 아무런 요청도 없었는데 먼저 안겨주는 것은 좋지 않다. 우리 가정에 필요한 것이 있어서 장을 보러 갈 때면 아내가 아이들에게 필요한 것이 눈에 띄면 사다 주곤 했다. 아이가 어렸을 때야 당연한 것이지만 초등학생이 되었는데도 그렇게 하는 것이었다. 아이에게 필요한 것을 사다 주는 것이 무슨 문제인가 싶을 수도 있겠지만 아이가 요청하기도 전에 챙겨주니 소중함을 모르는 것 같았다.

한번은 신고 있는 신발도 그리 오래 되지 않았는데, 장을 보다 세일하는 신발을 보고 미리 사다 주니 새 신발이라 좋아해서 신고 다닌 지 2주도 안 되어서 오랜 된 헌 신발처럼 더러워졌고 그 신발을 안 신으려고 하는 것이 아닌가! 그 모습을 보면서 아이가 간절히 요청하거나 소중히 여길 줄 모르는데 알아서 사주는 것은 안 좋은 습관을 들이는 것이라는 생각이 들었다. 그래서 아내에게 말해서 아이가 필요한 것을 느끼고 요청할 때까지 기다리자고 했다. 그리고 아이가 필요를 요청하면 바로 사주지 않고 기도하라고, 하나님께서 응답해 주실 것이라고 가르쳤다.

그랬더니 하나님께 기도하는 아이들의 모습을 보고 흐뭇한 마음이 들었다. 물론 그렇게 한다고 하루아침에 바뀌는 것은 아니지만 그래도 간절함과 기도하고 응답받는 원리를 깨닫는 아이들의 모습을 볼 수 있어 감사했다. 마찬가지로 이런 이유로 하나님은 때로 우리의 기도에 바로 응답하시지 않고 기다리신다. 우리가 간절함으로 하나님을 찾을 때까지! 그래서 우리에게 요구되는 것은 기도하되 포기하지 않는 것이다.

끝까지 기도하라

우리는 포기하지 말고 낙심하지 말고 끝까지 기도해야 한다. 누가복음 18장에서 예수님은 항상 기도하고 낙심하지 말아야 할 것을 말씀하시면서 어떤 도시에 하나님을 두려워하지 않고 사람을 무시하는 한 재판장이 있었는데 그 도시에 있던 한 과부가 자주 그에게 찾아가서 "내 원수에 대한 나의 원한을 풀어주소서"라고 귀찮게 하자 그게 번거로워 그 간청을 들어준 이야기를 들려주셨다. 그러면서 이렇게 말씀하셨다.

주께서 또 이르시되 불의한 재판장이 말한 것을 들으라 하물며 하나님께서 그 밤낮 부르짖는 택하신 자들의 원한을 풀어주지 아니하시겠느냐 그들에게 오래 참으시겠느냐 눅 18:6,7

또한 한밤중에 벗이 찾아와서 떡 세 덩이를 꾸어달라고 요청할 때 벗됨으로 인하여서는 일어나 주지 아니할지라도 그 간청함을 인하여 일어나 그 요구대로 줄 것이라고 하셨다(눅 11:5-8). 그만큼 기도할 때 낙심하지 말고 응답될 때까지 기도하는 것이 중요하다.

우리가 선을 행하되 낙심하지 말지니 포기하지 아니하면 때가 이르매 거두리라 갈 6:9

하나님이 기뻐하시는 선한 일을 행할 때 낙심하여 포기하지 않으면 때가 되면 거두게 될 것이라 말씀하신다. 기도할 때에도 마찬가지다. 때가 되어 응답을 경험할 때까지 낙심하거나 포기해서는 안 된다. 청년들에게 가장 중요하고 절실한 문제 중 하나인 결혼을 위해서도 기도하기를 포기하지 않으면 때가 이르면 응답을 받게 될 것이다. 앞으로 이루게 될 행복한 가정의 꿈을 결코 포기하지 마라. 어렵고 힘들다고 미리 자포자기하지 마라.

태어날 때부터 팔다리가 없이 장애를 지닌 채로 태어난 닉 부이치치는 《무제한 사랑》이라는 책에서 자신의 결혼에 관해 언급하면서 자신은 한때 '나를 사랑해줄 사람은 절대 못 만날 것'이라는 생각을 했다고 한다. 그럼에도 포기하지 않고 기도하던 중 하나님의 인도하심 속에 자신의 연약함도 사랑해주는 카나에라는 아름다운 여인을 만나 결혼을 했고 사랑스런 아들도 낳아 행복한 가정을 이루고 있다. 그는 사랑을 포기한 이들에게 "나도 과거엔 결혼을 할 수 없을 거란 생각에 두렵고 무기력하기까지 했다"며 끝까지 포기하지 말라고 진심어린 조언을 한다.

결혼과 행복한 가정을 이루는 것을 포함해 우리 마음속에 강렬한 소원과 열망으로 자리 잡은 기도가 있다면 끝까지 포기해서는 안 된다. 하늘의 응답이 주어질 때까지!

뜻이 하늘에서부터 이루어진 것처럼

그러므로 너희는 이렇게 기도하라 하늘에 계신 우리 아버지여 이름이 거룩히 여김을 받으시오며 나라가 임하시오며 뜻이 하늘에서 이루어진 것같이 땅에서도 이루어지이다 마 6:9,10

기도는 나의 뜻을 관철시키는 것이 아니라 하나님의 뜻을 알고 그 뜻이 이루어지기를 간구하는 것이다. 그러기 위해서는 나의 생각만을 앞세우는 것이 아니라 이 세상을 위한 하나님의 마음과 뜻을 알아야 한다.

기도의 지경을 넓히기가 쉽지 않다. 쉽지 않다고 포기해서는 안 될 것이다. 끊임없이 기도의 지경을 넓혀가야 한다. 기도만큼 널리, 그리고 멀리 영향력이 미치는 것이 없다. 먼 지역이나 타국, 심지어 지구 반대편에서도 중보기도의 위력을 체험할 수 있다.

웨슬리 듀웰은 《기도로 세계를 움직이라》는 책에서 놀라운 중보기도의 능력을 소개한다. 1960년 케냐에서 마우마우 폭동이 일어나던 어느 날 밤, 선교사인 매트 히겐스 부부가 마우마우 지역의 중심부를 통과하여 가고 있었는데 당시 마우마우 지역에서는 선교사들을 살해하여 시체까지 토막 내는 불상사가 있었다. 그런 중에 그 선교사님 부부가 그 지역 가까운 곳에서 차가 멈춰선 것이다. 어둠 속에서 차를 고치려 하였으나 시동조차 켜지지 않았다. 긴급히 기도하는데 말씀이 떠올랐다.

내가 평안히 눕고 자기도 하리니 나를 안전히 살게 하시는 이는 오직 여호와이시니이다 시 4:8

밤새 큰 일이 없이 아침이 밝아 차를 수리할 수 있었다. 수일 후 그들은 한 지역 교회 목사로부터 놀라운 이야기를 들었다. 그날 밤 마우마우 지역 사람이 세 사람을 대동하고 히겐스 선교사 가족을 죽이기 위해 차에 접근했으나 열여섯 사람이 에워싸고 지키고 있어 무서워 그냥 돌아갔노라고 했다는 것이다. 자신들을 지키고 있었던 열여섯 사람이 누구였는지 궁금해하는데, 마침 친구인 클레이 브렌트가 그들을 찾아와 최근에 무슨 위험을 겪지 않았느냐고 물어 왜 그러느냐고 되물으니 얼마 전 갑자기 히겐스 선교사 가족을 위해 기도해야겠다는 강한 부담감이 느껴져 중보기도자들과 함께 그 부담감이 없어질 때까지 기도했었다고 했다. 열여섯 명의 중보기도자들의 간절한 기도가 위기 상황 속에 있던 한 선교사 가족을 지킨 것이다.

기도, 특히 중보기도는 하나님나라를 이 땅에 실현하려는 사람들을 세상의 온갖 위협으로부터 지켜내고 하나님의 뜻이 이 땅에 실현

되게 하는 강력한 도구이다. 하나님은 당신의 자녀들이 하나님의 통치 사역에 기도로 참여하여 하나님의 구원과 회복의 뜻이 이 땅에 이루어지는 것을 기쁘게 여기신다.

뉴스를 들으면 가슴 훈훈한 소식보다는 너무나도 가슴 아픈 소식들을 많이 접하게 된다. 자신의 탐욕을 채우기 위해 다른 사람을 속이고 죽이기까지 하는 일들이 비일비재하게 일어나고 있다. 〈하나님 아버지의 마음〉이라는 찬양 고백처럼 이 땅에 일어나는 안타까운 사연들을 보시면서 가슴 아파하시는 하나님의 마음을 온 몸으로 느끼고 아버지의 뜻이 이루어지기를 기도하는 사람들이 많아질 때 하나님나라가 더욱 신속하고 강력하게 임하게 될 것이다. 이 위대한 기도 사역과 사명에 응답하여 하나님나라 실현의 구경꾼이 아닌 주역이 되라!

합심하고 연합하여 기도하라

진실로 너희에게 이르노니 무엇이든지 너희가 땅에서 매면 하늘에서도 매일 것이요 무엇이든지 땅에서 풀면 하늘에서도 풀리리라 진실로 다시 너희에게 이르노니 너희 중의 두 사람이 땅에서 합심하여 무엇이든지 구하면 하늘에 계신 내 아버지께서 그들을 위하여 이루게 하시리라 두세 사람이 내 이름으로 모인 곳에는 나도 그들 중에 있느니라 마 18:18-20

기도할 때 마음을 합하고 연합하여 기도하는 것이 중요하다. 내

개인적인 기도제목만을 위해서 기도한다면 혼자 기도해도 무방하겠지만 살고 있는 지역 사회나 나라, 세계를 위한 기도 등 조금만 지경을 넓혀도 함께 기도하는 것이 얼마나 중요한지를 경험할 수 있다.

다니엘은 이스라엘 민족 포로기의 암울한 시대를 살았지만 개인적으로는 바벨론 대제국과 연이어 일어난 메대와 바사 제국의 총리를 지냈다. 다니엘은 자신의 상황만 보면 절실하게 기도할 일이 없을 수도 있지만 자신의 안위만을 생각하지 않고 민족의 아픔을 가슴에 품고 기도하였다. 우상숭배의 위협과 사자굴에 던져질 위험 앞에서도 전혀 굴하지 않고 평소에 하던 대로 기도로 위기를 돌파해나갔다. 그런데 그는 홀로 기도한 것이 아니었다. 함께 기도해준 기도의 동역자들이 있었다. 다니엘의 세 친구인 사드락과 메삭과 아벳느고는 죽음의 위협도 굴하지 않고 기도와 믿음으로 다니엘과 뜻을 같이해주었다. 그들이 합심하고 연합하여 기도했을 때 세상에 굴복하지 않을 수 있었고 하나님의 통치를 실현해나가는 도구가 될 수 있었다.

대전에서 사역할 때 지역 교회의 청년대학부와 선교단체들과 함께 몇 년간 연합기도회를 진행했던 적이 있었다. 특히 세 분의 교역자들과 친밀하게 교제하면서 함께 연합기도회를 주관하면서 속해 있던 도시와 도시 내의 여러 대학 캠퍼스들과 젊은이들을 위해 기도했고 캠퍼스 복음축제도 함께 힘을 합쳐 진행하면서 많은 젊은이들을 그리스도께 인도하고자 힘썼다. 혼자였다면 아마도 감당하기 벅찬 일들이었을 텐데 함께하니 용기를 낼 수 있었고 하나님나라 확장을 위한 믿음과 도전의 발걸음을 함께 내딛을 수 있었다.

교회에서 청년들을 섬길 때도 이 연합과 마음을 합한 기도는 언제나 놀라운 하나님의 역사를 경험하는 밑거름이 되었다. 수련회를 앞두고는 청년들에게 은혜를 부어주시고 회복을 주시기를 열망하는 것을 기대하게 된다. 그러나 또 한편으로 그러한 상황을 제일 싫어하는 사탄과의 치열한 영적 싸움이 벌어지는 것을 경험하게 된다. 치열한 영적 싸움에서 승리할 수 있는 중요한 원리 가운데 하나가 바로 기도하는 것이다. 그것도 사역자와 리더십들이 함께 마음을 모아서 합심하여 기도할 때 하나님의 역사가 일어난다.

수련회나 큰 집회를 앞두고 최소 한 달 정도 전부터 합심기도하며 준비한다. 다니엘이 민족을 품고 기도했을 때 천사가 기도하던 첫날에 하나님으로부터 보내심을 받았지만 21일 만에 도착한다. 사탄의 방해가 있었고 군장 미가엘의 도움으로 21일 만에 도착했다. 그래서 보통 다니엘 기도회라고 하면 21일간, 즉 3주간 기도하는 경우가 많다.

섬기던 청년부에서도 3주간 저녁 기도회와 릴레이 금식기도회를 선포하고 진행했다. 마음 같아서는 21일간 금식 기도를 하고 싶었지만 건강도 고려해야 해서 매일 한 끼씩 기도하고 하루 세 번씩 기도하기를 결단하였고 3주간 기도의 싸움을 진행하였다. 홀로 감당하기에는 힘이 들었지만 리더십들이 함께 릴레이 금식기도를 하면서 영적 전쟁에 동참하였다.

결과는 참으로 놀라웠다. 이 핑계 저 핑계대며 참여를 꺼려하던 청년들이 하나둘씩 참여하기 시작하였고 삶에 지쳐 있던 청년들이 놀라운 회복의 은혜를 경험하게 되었다. 눈물을 펑펑 쏟으면서 하나님을 멀리했었던 것을 회개하고 하나님을 위해 살 것을 다짐하며 간절히 부르짖어 기도하는 청년들을 볼 수 있었다. 함께 마음을 모아 연합하여 기도할 때 놀라운 구원과 회복, 부흥의 역사가 일어나는 것을 경험할 수 있다.

새벽을 깨우는 주의 청년들

"내가 새벽을 깨우리로다"(시 57:8)라는 다윗의 고백은 하나님의 통치를 외면한 암울한 역사의 어두운 새벽을 깨운다는 의미를 담고 있다. 그런데 실제로도 새벽을 깨운다는 의미도 담고 있다.

하나님이 그 성 중에 계시매 성이 흔들리지 아니할 것이라 새벽에 하나님이 도우시리로다 시 46:5

다윗은 새벽을 깨워 기도하는 사람이었고 하나님이 새벽에 도우시는 분이심을 잘 알았던 사람이었다. 다윗뿐만이 아니라 많은 하나님의 사람들이 새벽에 역사하시는 하나님을 경험하였다. 모세도 여호수아도 새벽 일찍 일어나 하나님과 교제하기를 힘썼고 거기서 누렸던 은혜를 힘입어 맡겨진 백성들을 잘 지도할 수 있었다. 무엇보다도 예수님께서 새벽 미명에 일어나 기도하셨다(막 1:35). 수많은 사역들과 구름 떼같이 몰려오는 군중들을 감당해내실 수 있었던 힘이 새벽 기도를 통해 누린 하나님과의 친밀함의 은혜였던 것이다.

새벽기도를 통해 주시는 은혜를 알면 그저 억지가 아닌 기쁨으로 새벽에 기도의 자리에 나아가게 된다. 20대 청년이자 신학생 시절 기숙사 생활을 할 때 새벽기도회가 있었고 의무적으로 나가야 했다. 그렇지만 단지 의무가 아니라 새벽에 하나님을 만나서 누리는 교제의 기쁨이 커서 기대하는 마음으로 나갔었다. 그리고 방학 때가 되면 기숙사 새벽기도회는 진행되지 않았다. 그래서 교회에서 새벽기도에 참여했었는데 다니던 교회가 자그마한 개척교회라 예배실이 지하실이었다. 거기서 잠을 자면서 새벽기도회에 참여하곤 하였다. 그만큼 하나님과의 새벽데이트가 즐겁고 신났었다. 많은 은혜를 부어주셔서 영적 충만함은 그 어떤 기쁨보다도 컸었다.

청년의 때에 기도에 대한 열심을 품어보지 않는다면, 장년이 되어서 그렇게 한다는 보장이 없다. 무모한 것 같지만 아낌없이 드리고 헌신할 수 있다는 장점이 있는 시기가 청년의 시기다. 그래서 청년들에게도 새벽을 깨워보라고 권면한다.

카이스트 학생들이 많이 다녔던 교회에서 청년들을 섬길 때 청년들만을 위한 새벽기도회를 따로 만들어서 운영했던 적이 있었다. 처음 새벽기도회를 제안했을 때 대부분은 반대했다. 평소에 밤늦게까지 연구하고 심지어 가끔씩 밤을 새우기도 하는 전형적인 야행성인 청년들이 대다수인데 새벽기도를 하는 것이 가능하겠느냐는 것이었다. 그들의 생활패턴을 모르는 바 아니었지만 밤에 조금 일찍 자고 새벽을 깨우면서 하루를 시작해보라고 제안하며 새벽기도회를 진행했다.

처음에는 마음은 원하지만 몸이 반응하지 않아 힘들어하던 청년들이 시간이 흐를수록 새벽을 깨우며 나오게 되었고 새벽에 많은 은혜를 부어주시는 하나님을 경험하기 시작했다. 새벽기도 후에는 참여한 청년들을 집으로 데리고 가서 떡만두국을 끓여주었더니 영과 육이 배부르다며 좋아하는 청년들의 모습에 피곤함도 다 가시는 듯했다. 새벽을 깨우기 시작한 청년들의 변화와 열정이 기쁘고 감사했다.

다른 교회에서 섬길 때에도 새벽을 깨우는 청년들의 모습을 보고 놀랐던 적이 있다. 교통편이 다소 불편한 곳에 있는 교회였는데 장소 사정상 매일 새벽은 아니더라도 특별새벽기도회 때가 되면 밤에 와서 잠을 자고 새벽기도에 참여하는 청년들도 적지 않았다. 너무 특별하게 하는 것 아닌가 싶겠지만 가끔씩은 필요하다. 연인 사이에서나 사랑하는 가족에게 특별 이벤트도 필요하듯이 하나님을 향한 특별한 열정을 품고 나아가는 시간이 필요하다.

특별기도회를 통해 적지 않은 청년들이 도전을 받고 은혜를 맛보고 놀라운 응답의 역사를 경험했다. 한 자매청년은 스튜어디스가 되는 꿈을 꾸고 여러 번 도전했었는데 번번이 실패하고 몹시 좌절할 때 특별새벽기도회에 참여하여 눈물로 기도했다. 그 모습을 보고 중보기도해주면서 '응답이 멀지 않았구나' 싶었는데 정말로 이후에 응시한 오디션에 합격했다. 뿐만 아니라 세계를 다니며 복음을 전하는 선교에 대한 비전도 품게 되었다.

또 한 청년은 가정에 몇 년간 묶여 있던 송사 문제로 지쳐 있을 무렵 내게 기도를 부탁했고 함께 새벽마다 부르짖어 기도했을 때 절대 풀리지 않을 것만 같았던 문제의 실타래가 풀려 응답해주신 하나님께 할렐루야를 외치게 되었다.

이제 새벽을 깨우라! 이슬이 새벽녘에 내리고 날마다 내리듯 날마다 새벽을 깨우며 주님 앞에 나아가라! 새벽이슬 같은 주의 청년들을 보기 원하셔서 기다리시는 하나님 앞에 간절함과 사모함으로 나아가라! 그리고 새벽에 우리를 도우시는 하나님을 기대하고 기도하며 기다리라!

08

새벽이슬은 소리 없이 조용하다

새벽이슬의 또 다른 특징 중 하나는 소리가 없다는 것이다. 이슬은 절대 요란하게 내리지 않는다. 그저 소리 없이 조용히 내린다. 소리가 없지만 결코 약하거나 무기력한 것이 아니다. 소리 없이 내리는 그 이슬이 메마른 땅의 잎을 적시고 그로 말미암아 만물에게 생명력을 공급하는 것이다. 특히 이스라엘처럼 광야 지대가 대부분인 곳에서 이슬이 없다면 땅은 메마르고 만물은 생기를 잃게 된다. 소리 없이 강하다는 카피 문구처럼 광야에서 이슬이야말로 소리 없는 강자이다.

주의 청년들도 이슬처럼 소리 없이 강한 청년들이 되어야 한다. 외적으로 요란하게 힘을 과시하는 것이 아니라 내면을 강하게 단련시켜야 한다. 외유내강이라는 말처럼 외적으로는 부드럽고 내적으로는 강인한 마음과 영혼의 힘을 길러야 한다.

왕의 노함은 사자의 부르짖음 같고 그의 은택은 풀 위의 이슬 같으니라

잠 19:12

내 영광은 내게 새로와지고 내 활은 내 손에서 날로 강하여지느니라 하였었노라 무리는 내 말을 들으며 나의 가르치기를 잠잠히 기다리다가 내가 말한 후에 그들이 말을 내지 못하였었나니 나의 말이 그들에게 이슬같이 됨이니라

욥 29:20-22, 개역한글

자기 일에 성실하라

요란한 사람들을 보면 뭔가 대단한 일을 하는 것처럼 사람들에게 인정받으려는 몸부림이 아닐까 싶다. 꿈의 사람이라 일컬어지는 요셉도 처음엔 요란했다. 형들에게 자신이 꾼 꿈 이야기를 해서 시기, 질투를 당하고 웅덩이에 내던져지는 고난을 자초하게 된다. 이 사건을 통해서 요셉은 귀중한 교훈을 배우게 된다. 꿈을 말해서는 안 된다는 것이 아니라 다른 사람을 배려하는 성숙함이 필요하다는 것이다. 형제들은 안 그래도 아버지 야곱의 사랑을 못 받는 원인이 요셉 때문이라 여기는데 그런 요셉이 자신은 대단한 존재인 것처럼 뽐내듯이 말하니 미워할 수밖에 없지 않겠는가! 요셉의 미성숙함은 처음엔 그렇게 요란한 모습으로 나타난다.

이 일을 통해 교훈을 배운 요셉은 그다음부터는 절대 요란하게 행동하지 않는다. 그저 묵묵하게 자신의 일을 감당할 뿐이다. 노예로

팔려간 주인인 바로 왕의 경호대장 보디발의 집에서 성실하게 자기 일을 감당한다. 그랬더니 주인의 눈에 띈다. 자기가 요란하게 드러낸 것이 아니라 주인 보디발이 요셉의 성실함을 알아본다. 요란하지 않아도, 굳이 아부하지 않아도 묵묵히 성실하면 언젠가 알아주는 이가 있고 알아주는 때가 온다.

한 교회에서 사역할 때의 일이다. 담임목사님이 지나칠 정도로 일 중심적이시고 외적으로 뭔가 그럴듯하게 결과가 드러나는 것을 기뻐하시는 분이셨다. 그런데 나는 그런 성향이 아니었다. 일을 하더라도 조용하게 하고 좋은 결실을 맺게 되어도 드러내지 않고 묵묵히 내 할 일만 할 뿐이었다. 회의를 할 때도 다른 사람들은 적극적으로 자기 부서 이야기를 했지만 나는 그렇게 하면 왠지 자랑하는 것 같아서 적극적으로 주장하기보다 조금만 이야기하고 조용히 듣고 있을 때가 많았다. 물론 그렇게 하는 것이 꼭 잘하는 것이 아니고 때로는 적극적으로 어필할 때도 있었어야 했다.

그렇게 하지 않으니 평가할 때 마치 일을 잘 못하는 사람처럼 취급을 하는 것이 아닌가! 그럼에도 맡겨진 사역들을 그저 묵묵히 감당하였다.

그렇지만 평가는 크게 달라지지 않았다. '왜 내 마음의 중심을 못 알아주시는 것일까' 하는 생각도 들었지만 '적극적으로 내 주장을 했어야 하는데 그땐 소극적으로 왜 그랬을까!' 싶은 마음도 들었다. 아쉬웠지만 시간을 다시 되돌리기에는 늦은 것 같았다. 결국 그 교회에서 더 사역하기에는 어려운 분위기를 감지했고 새로운 사역지로 인도해주실 것을 기도해야만 했다.

'하나님! 제가 많이 부족했죠? 새로운 기회를 주세요. 그런데 하나님, 서운한 마음도 드네요! 정말 열심히 묵묵히 섬겼는데, 정말 제가 잘못하기만 한 건가요?'

힘들고 억울한 마음에 눈물이 흘러내렸다.

'하나님! 제 가치를 알아주시는 목사님과 교회를 만나게 해주세요. 꼭이요!'

간절한 기도에 하나님께서 응답해주셨다. 새롭게 인도함을 받은 교회는 희한하게도 모든 것이 반대였다. 묵묵히 드러내지 않고 섬기는 것을 중요하게 보고 본질적이라고 여기시는 담임목사님과 교회로 인도해주셨다. 내가 걸어왔던 길이 잘못된 것이 아니라는 것을 알게 해주셨고 힘들었던 마음을 충분히 위로해주시고 보상해주셨다. 눈에서 눈물을 닦아주셨고 묵묵히 맡겨진 일에 성실하게 임하면 반드시 알아주는 이가 있고 알아주는 때가 온다는 확신을 갖게 되었다.

예수님은 고난당하실 때 잠잠하셨다. 마치 도살장에 끌려가는 양처럼 침묵하셨다. 예수님을 잡으려고 큰 무리가 몰려왔을 때 예수와 함께 있던 자 중의 하나(요한복음에 따르면 베드로)가 칼을 빼서 대제사장의 종(말고)의 귀를 쳐서 떨어뜨리니 예수님께서 말씀하셨다.

네 칼을 도로 칼집에 꽂으라 칼을 가지는 자는 다 칼로 망하느니라 너는 내가 내 아버지께 구하여 지금 열두 군단 더 되는 천사를 보내시게 할 수 없는 줄로 아느냐 내가 만일 그렇게 하면 이런 일이 있으리라 한 성경이 어떻게 이루어지겠느냐 마 26:52-54

그러시면서 끌려간 빌라도에게 심문받으실 때도 그저 묵묵히 심문을 당하시고 십자가도 묵묵히 짊어지셨다. 하나님의 뜻이 십자가를 지는 것이기에, 그렇게 해야 죄로 인해 죽어가는 인류의 죄를 대신 짊어지고 죽음으로 인류를 살릴 수 있기에, 예수님은 전혀 요란하지 않으셨다. 기적을 행하신 후에도 "메시아라고 알리지 말라. 아직 때가 되지 않았다"라고 하셨다. 예수님은 그저 묵묵히 자신에게 주어진 일과 사명을 감당하셨다. 때를 기다리신 것이다.

이슬이 소리 없이 조용히 내리는 것처럼 새벽이슬 같은 주의 청년들은 묵묵히 자신의 일을 성실히 감당할 수 있어야 한다. 조용하다는 것은 아무것도 하지 않는 것이 아니다. 자기의 때, 즉 하나님이 예비하신 때를 기대하며 성실히 준비하고 기다리는 것이다.

조용히 자기 시대를 준비하라

학원복음화협의회 청년사역자들과 함께 분당우리교회 이찬수 목사님을 뵙고 다음세대 사역과 관련해 대담의 시간을 가진 적이 있다. 청년사역자들이자 후배들에게 주시고자 하시는 말씀을 부탁드렸을 때 목사님은 사역 초창기에 있었던 일화를 하나 들려주셨다. 하용조 목사님께서 살아 계실 때 온누리교회에서 비전축제를 진행하신 적이 있었는데 거기에 참석해서 많은 도전을 받으셨다고 했다. 특히 하용조 목사님께서 큰 영향력을 끼치며 쓰임 받으시는 모습을 보시고 저

분이 믿으시는 하나님과 내가 믿는 하나님은 같은 분이신데 저 분이 저렇게 크게 쓰임 받으시는 것처럼 나도 쓰임 받고 싶다는 거룩한 열망이 가슴속에서 일어나더라는 것이다.

그때부터 기도하고 또 고뇌하시면서 자신에게 주어진 사역의 현장에서 최대한의 영향력을 끼칠 수 있는 사역자가 되자고 다짐하면서 사역을 하게 되었다. 그때 깊은 고뇌 끝에 청소년 찬양축제와 같은 결실이 맺혀졌다고 하시면서 자기가 섬기는 사역의 현장에서 최대한의 영향력을 끼칠 수 있는 사역자가 되도록 힘쓰라고 당부하셨다. 또한 그렇게 되기 위해서는 기성세대와 기성교회, 선배 목회자들을 비판하려고만 하지 말고 자기 시대를 준비하는 것이 중요하다는 것도 강조하셨다.

날선 비판만 할 것이 아니라 자기 시대를 준비하라는 말씀은 내게도 큰 도전이 되었다. 청년들은 종종 요란함으로 세상에 영향력을 발휘하려고 하지만 오히려 영향력은 미미하다. 기도하며 실력을 연마하고 하나님께서 큰 영향력을 발휘할 수 있는 기회를 주실 때 그 기회가 온전히 나의 때가 될 수 있도록 준비할 수 있어야 한다. 기대하고 기도하며 실력을 쌓고 기다리는 청년의 때가 되어야 한다.

청년 요셉은 종살이를 하면서도 억울한 상황에 내몰려 감옥에 갇혀 있을 때도 그 시간을 그저 흘려보낸 것이 아니었다. 최선을 다했고 성실하게 실력을 연마했다. 감옥 속에서 애굽의 역사와 문화, 언어를 배워 익히고 왕 앞에 나아갈 때의 예절도 배웠다. 왕의 경호대장의 감옥이라 왕을 섬기던 사람들이 그곳에 들어오게 되니 자연스레 그 모든 것을 준비할 수 있었다. 하나님께서 요셉을 친히 준비시키신 것이다. 드디어 하나님의 때가 되었을 때 하나님의 뜻을 이루시기 위해서 하나님께서 친히 요셉을 역사의 무대 전면에 세우시는 것을 볼 수 있다. 조용하고 묵묵히 실력을 쌓고 자기 시대를 준비하는 자에게 하나님은 기회의 문을 열어주신다.

온유함으로 마음을 다스리라

하나님의 때를 기다리다 내 뜻대로 안 되고 내 계획과 시간표대로 안 된다고 해서 조급해할 필요가 없다. 화를 낼 필요는 더군다나 없다. 청년의 때는 열정도 넘치지만 가슴속에 왠지 모를 분노도 가득할 때이다. 이 분노를 조절할 수 있어야 한다. 끓어오르는 분노를 조절하지 못해 어려움을 당하는 사람들이 종종 있다. 부부싸움을 하다가 홧김에 집에 불을 질러 모든 것을 다 태워버린 사람도 있다. 이처럼 가슴속에 가득 찬 분노를 조절하지 못하는 것을 '분노조절장애증후군'이라 하는데 이 증후군을 앓는 사람들이 적지 않다.

가인은 동생 아벨을 향한 질투와 경쟁심으로 인해 일어나는 죄의 충동을 다스리지 못해 아벨을 돌로 쳐 죽이고 말았다. 분노를 조절하지 못하고 살인을 저지른 첫 번째 사건이다. 사울 왕은 다윗을 향한 시기와 질투를 다스리지 못했다. 전쟁에서 큰 공을 세운 다윗을 향해 백성들이 "사울이 죽인 자는 천천이요, 다윗이 죽인 자는 만만

이로다!"라고 환호하자 다윗과의 비교의식으로 인한 질투심에 사로잡혔다. 그로 인해 다윗을 죽이려고까지 했다. 반면에 다윗은 사울을 향한 분노를 다스렸다. 사울 왕을 죽일 기회 앞에서 마음을 다스려 그를 죽이지 않았다. 사실 다윗처럼 행동하기란 그리 쉬운 것은 아니다.

사회생활을 하다 보면 사울과 같은 상사를 만날 때가 있다. 화를 내는 것을 밥 먹듯이 하고 비인격적으로 대우하는 상사들을 만날 때 어떻게 하겠는가? 한 청년이 자신이 원하던 분야의 일을 할 수 있는 곳에 취업이 되었다고 기뻐하기에 축하해주었다. 몇 주 뒤에 청년의 표정이 심상치 않아 보이기에 왜 그러냐고 물어보니 일하는 곳에서 사람들, 특히 윗사람들에 대해, 그것도 안 믿는 사람도 아니고 그리스도인들에 대해 실망이 크다며 너무 화가 난다고 했다. 안타까운 마음에 잘 견디어내고 마음을 다스릴 수 있기를 기도하고 위로해주었다.

성품이 나쁜 리더 밑에서 일하는 것은 무척 힘들다. 반면에 성품이 좋은 리더와 함께하면 기분 좋게 일할 수 있다. 이와 관련된 잠언 말씀이 있다.

성질 나쁜 지도자는 미친개와 같고 인품 좋은 지도자는 상쾌한 아침이슬 같다.
잠 19:12, 《메시지》

나는 비록 사회생활 경험은 거의 없지만 다양한 교회에서의 사역 경험을 통해서, 그리고 직장생활을 하는 여러 청년들과 장년들과의 교제와 상담을 통해 이 말씀의 의미를 충분히 이해할 수 있을 것 같다. 자신의 감정을 제대로 다스리지 못하고 분노를 쉽게 표출하는 리더 밑에서는 관련된 사람들 모두가 힘들어하였다. 언제 그만둘지 고민하는 사람들이 대부분이었다. 반면에 인품이 좋은 리더와 함께 하는 사람들은 그 공동체의 일원이 된 것만으로 무척 행복해하는 것을 보았다. 이제 관점을 바꿔보자.

나와 관련된 사람들은 나와 함께하는 것을 어떻게 생각하고 있을까? 사람은 크든 작든 누군가에게 영향력을 끼치며 살아간다. 그리고 언젠가는 모든 사람들이 나를 리더로 여기는 위치에도 있게 될 것이다. 그때가 되어 성품을 다듬어가려 하기보다 지금 내 삶의 자리에서 만나는 사람들과의 관계에서부터 시작해야 한다.

팔복에서 예수님은 "온유한 자는 복이 있나니 그들이 땅을 기업으로 받을 것임이요"(마 5:5)라고 말씀하셨다. 온유한 자는 땅을 기업으로 받는 등 많은 것을 누릴 수 있게 된다. 성경에서 온유함이 뛰어난 사람으로 소개되는 사람이 모세이다. "이 사람 모세는 온유함이 지면의 모든 사람보다 더하더라"(민 12:3)라고 모세를 소개한다. 이처럼 모세가 온유한 사람이 된 비결이 있다면 분노로 인해 실패한 경험이 있기 때문이다. 애굽에서 왕자로 지내고 있을 때 자신의 동족인 히브리 사람이 고되게 노동하는 것을 보고 마음이 아팠는데 마침 애굽 사람이 한 히브리 사람을 치는 것을 보고 화가 나서 그 애굽 사람을 돌로 쳐죽였다.

얼마 뒤 이 일을 바로가 듣고 모세를 죽이고자 하여 찾으니 모세가 바로의 낯을 피하여 미디안 광야로 달아났고 그곳에서 무려 40여 년을 보내게 된다. 미디안 제사장 이드로의 딸과 결혼하여 지내던 모세는 40년간 양을 치면서 양의 온순함을 배우게 된다. 오랜 시간이 지나면서 내 힘으로 되는 것이 아니구나 싶을 그때에 이스라엘 백성을 애굽에서 건져내는 일에 자신을 부르시는 하나님을 새롭게 만나게 된다.

왜 하나님은 모세를 좀 더 힘이 있을 때, 혈기 왕성할 때 부르시지 않았을까? 한때 유행했던 개그 유행어 중 "그건 니 생각이고!"라는 말처럼 우리의 생각과 하나님의 생각은 다르다. 하나님은 내 지혜와 능력을 내려놓을 때 비로소 우리를 사용하신다. 성령의 권능에 사로잡힐 때 놀랍게도 내 힘이 다 빠지는 듯한 경험을 하게 된다. 내 힘이 다 빠지고 성령의 능력으로 충만해질 때 하나님은 우리를 온전히 당신의 도구로 사용하신다.

온유하다는 말의 의미는 '타는 말의 입에 재갈을 물리다'라는 뜻을 담고 있다. 말을 탈 때 말을 제어하고 다스릴 수 있도록 하는 것이다. 이처럼 온유하다는 것은 우리 마음속에 불같이 일어나는 화와 분노를 제어하고 다스리는 것을 의미한다. 화와 분노를 다스리기 위해서는 성령의 다스림을 받아야 한다(롬 8:6). 성령충만을 통해서 내면을 다스릴 때 온유해질 수 있다.

주의 청년은 사회와 기성 세대를 향한 분노가 일어날 때 그것을 다스릴 수 있어야 한다. 그리고 언젠가 다가올 나의 시대를 준비해야 한다. 영향력이 커졌을 때 더 크게 쓰임 받을 수 있게 될 것이다.

온유한 자들은 땅을 차지하며 풍성한 화평으로 즐거워하리로다 시 37:11

주 앞에서 겸손하라

교만은 패망의 선봉이요 거만한 마음은 넘어짐의 앞잡이니라 잠 16:18

다니엘서 4장에 보면 바벨론의 느부갓네살 왕이 꿈을 꾸었는데 그 꿈이 무엇을 의미하는지 몰라 몹시 불안해한다. 꿈의 내용은 땅의 중앙에 한 나무가 자라 높이가 하늘에 닿았고 열매가 많이 맺혀 만민과 만물에게 먹을 것을 공급하는데 한 순찰자, 거룩한 자가 하늘에서 내려와서 소리 질러 외쳤다.

그 나무를 베고 그 가지를 자르고 그 잎사귀를 떨고 그 열매를 헤치고 짐승들을 그 아래에서 떠나게 하고 새들을 그 가지에서 쫓아내라 그러나 그 뿌리의 그루터기를 땅에 남겨두고 쇠와 놋줄로 동이고 그것을 들 풀 가운데에 두어라 그것이 하늘 이슬에 젖고 땅의 풀 가운데에서 짐승과 더불어 제 몫을 얻으리라 또 그 마음은 변하여 사람의 마음 같지 아니하고 짐승의 마음을 받아 일곱 때를 지내리라 단 4:14-16

왕 주변의 그 어떤 신하와 박수, 술객들도 해석해내지 못하는 이 꿈을 다니엘은 성령님이 주시는 지혜로 해석해낸다.

왕이여 그 해석은 이러하니이다 곧 지극히 높으신 이가 명령하신 것이 내 주 왕에게 미칠 것이라 왕이 사람에게서 쫓겨나서 들짐승과 함께 살며 소처럼 풀을 먹으며 하늘 이슬에 젖을 것이요 이와 같이 일곱 때를 지낼 것이라 그때에 지극히 높으신 이가 사람의 나라를 다스리시며 자기의 뜻대로 그것을 누구에게든지 주시는 줄을 아시리이다 단 4:24,25

느부갓네살 왕이 자신이 누리는 것들이 자신의 힘으로 이루어진 것으로 여기며 교만하자 하나님께서 그를 왕의 자리에서 쫓겨나게 하여 들짐승과 함께 살고 소처럼 풀을 먹으며 하늘 이슬에 젖은 초췌한 모습으로 7년을 지내게 하실 것이며 그때에 지극히 높으신 이, 즉 하나님께서 사람의 나라를 다스리시고 나라의 통치자를 세우시는 분이심을 알게 하신다는 것이다. 느부갓네살 왕이 비록 앗수르 제국을 멸하고 바벨론 대제국을 건설하였고 신바벨로니아 문명이라고 일컫는 찬란한 문화를 꽃피우는 등 대단한 업적을 이루었을지라도 교만해서는 안 되는 이유는 그에게 생명을 주신 분, 그리고 왕의 자리에 세우신 분이 하나님이시기 때문이다.

나 왕이 말하여 이르되 이 큰 바벨론은 내가 능력과 권세로 건설하여 나의 도성으로 삼고 이것으로 내 위엄의 영광을 나타낸 것이 아니냐 하였더니 이 말이 아직도 나 왕의 입에 있을 때에 하늘에서 소리가 내려 이르되 느부갓네살 왕아 네게 말하노니 나라의 왕위가 네게서 떠났느니라 단 4:30, 31

'나 왕이', '내가 능력과 권세로', '나의 도성으로', '내 위엄의 영광을', '나 왕의 입에 있을 때에' 등에서 보듯이 느부갓네살 왕은 자신의 업적을 내세운다. 그런데 하나님은 그에게 나라의 왕위가 네게서 떠났다고 하시면서 꿈의 내용대로 왕위에서 쫓겨나서 들짐승과 함께 살며 소처럼 풀을 먹으며 몸이 하늘 이슬에 젖을 것이라고 말씀하셨고 말씀하신 그대로 되었다(단 4:32, 33).

사도행전 12장 20절 이하에 보면 헤롯이 왕복을 입고 단상에 앉아 백성에게 연설할 때 백성들이 신의 소리요, 사람의 소리가 아니라고 하니 헤롯이 영광을 하나님께 돌리지 않음으로 주의 사자가 곧 쳐서

벌레에게 먹혀 죽었다고 기록하고 있다(행 12:20-23).

이처럼 교만은 하나님께서 너무나 싫어하시는 것이고 이 교만에 대해서는 그냥 넘어가시지 않고 무섭게 다루시는 것을 볼 수 있다. 어거스틴의 제자들이 스승에게 물었다.

"그리스도인에게 요구되는 첫 번째 덕목이 무엇입니까?"

"그리스도인의 첫 번째 덕목은 겸손이니라."

"그럼 두 번째 덕목은 무엇입니까?"

"두 번째 덕목도 겸손이니라."

"그럼 세 번째는요?"

"세 번째 덕목도 겸손이니라."

그만큼 겸손이 중요하다는 말이다.

찬양사역자로 귀하게 쓰임 받고 계시는 민호기 목사님의 간증을 듣게 되었다. 몇 년 전 사역자로서 한창 잘 나가시던 때에 어느 시골 교회에서 집회 요청이 왔었는데 시골 교회에는 안 오시느냐고 문의하기에 사역자가 이곳저곳 가리면 안 되겠다 싶어 시골 교회도 간다고 하고 찾아갔다. 가서 놀란 것은 조그만 교회인데 60대 이상의 할머니 할아버지 분들만 계셔서 처음엔 당황했지만 찬송가 위주로 찬양을 하면서 은혜를 끼친 후에 마지막에 축도로 집회를 마쳤는데 축도 후에 그곳에 계셨던 모든 분들이 눈에서 눈물을 주르르 흘리시는 것을 보시고 은혜를 많이들 받으셨나 보다 싶었는데 할머니 한 분이 말씀하셨다.

"이곳 시골 교회에는 너무 외진 곳이라 목사님이 안 계신지 오래되었어요. 지금 사역하시는 분도 연세 많으신 전도사님이시라 축도를 받아본 지가 언제인지 기억조차 안 나요. 목사님 축도를 받고 싶어 오랫동안 간절히 기도했는데 이제야 축도를 받게 되어 마음이 울컥했습니다."

또 한번은 개척을 준비하는 작은 교회인데 오셔서 집회를 해주실 수 있겠냐는 요청을 받고는 불러준 주소지를 내비게이션에 입력해서 찾아가셨는데 목적지에 도착했다고 알려주는데 그 주변에는 아무리 찾아봐도 교회가 없어서 한참을 찾으시다가 할 수 없이 연락을 드려보니 나와서 안내를 해주시는데 자그마한 유치원인데 주말에는 유치원이 운영을 안 해서 주말만 빌려서 개척교회를 시작했다는 것이다. 놀라웠던 것은 개척교회를 시작하시는데 목사님 가정과 한 성도의 가정이 모였고 모인 수는 일곱 명이 전부였다. 그것도 어린아이까지 포함한 숫자였다. 더 놀라웠던 것은 그곳에 제대로 된 앰프시설조차 없었다는 것이다. 순간 목사님에게 교만한 마음이 들었다.

'그래도 내가 잘 나가는 사역자인데 어떻게 일곱 명 앞에서 그것도 앰프시설도 제대로 갖추지 않은 곳에서 찬양을 할 수 있나!'

그렇게 실망스런 마음이 잠시 들었지만 곧 마음을 가다듬고는 한쪽 구석에 놓여 있던 자그마한 앰프겸용 스피커에 연결한 M.R 반주를 틀고 찬양을 부르는데 마음 깊은 곳에서부터 이런 생각이 들었다.

'찬양은 사람에게 잘 보이거나 나를 자랑하기 위해서 하는 것이 아니라 하나님을 높이기 위해서 하는 것이지!'

그 순간부터 오직 하나님 앞에서 찬양한다는 마음으로 전심으로 찬양하는데 가슴 뭉클한 감동이 밀려오더라는 것이다. 그때부터는 어느 교회, 어느 집회를 가든지 사람이 얼마가 모이느냐는 아무런 문제가 되지 않더라고 하셨다.

이 간증을 했을 때도 섬기던 교회에서 청소년, 청년들을 위한 찬양 집회를 개최했는데 생각했던 것보다 많이 안 와서 초청한 민호기 목사님께 미안한 마음이었는데, 숫자는 아무런 문제가 되지 않는다는 말씀에, 그리고 그 말씀과 함께 정말 하나님 앞에서 바지가 내려가는 줄도 모르고 춤추었던 다윗처럼 열정적인 찬양을 드리고 집회를 인도해주신 덕분에 얼마나 큰 은혜가 되었는지 모른다. 집회에 참여했던 한 청년은 민호기 목사님처럼 겸손하게 하나님만을 높이며 많은 사람들에게 큰 영향력을 끼치는 찬양 작곡자가 되고 싶다고 결단하기도 하였다. 하나님이 겸손한 자를 통해서 은혜를 베푸시는 것을 듣고 보고 경험하게 되었던 뜻깊은 시간이었다.

그러나 더욱 큰 은혜를 주시나니 그러므로 일렀으되 하나님이 교만한 자를 물리치시고 겸손한 자에게 은혜를 주신다 하였느니라 약 4:6

주 앞에서 낮추라 그리하면 주께서 너희를 높이시리라 약 4:10

오직 하나님의 은혜로

우리가 누리는 모든 것이 하나님께서 내려주시는 은혜임을 고백한다면 겸손할 수밖에 없을 것이다. 자신이 누리는 모든 것이 자신의 능력으로 누린다고 생각한다면 은혜를 내려주시는 하나님을 인정하지 않는 것이고 그것은 곧 하나님이 제일 싫어하시는 것 중 하나인 교만한 태도이다. 사울 왕도 처음에는 겸손하게 시작했다가 나중에는 교만함으로 무너진 것을 본다. 많은 사람들이 처음에는 겸손하다가도 하나님께서 불러주시고 사용해주실 때 은근히 교만해져서 자신도 모르는 사이에 서서히, 또는 한순간에 무너지기도 한다. 예수님의 제자들도 예수님이 장차 왕이 되실 것이라 생각하고 그때에 누가 예수님의 좌, 우편에 앉을 것인지 관심이 많았다. 그때 예수님은 단호하게 말씀하셨다.

너희 중에 누구든지 으뜸이 되고자 하는 자는 모든 사람의 종이 되어야 하리라 인자가 온 것은 섬김을 받으려 함이 아니라 도리어 섬기려 하고 자기 목숨을 많은 사람의 대속물로 주려 함이니라 막 10:44,45

이렇게 말씀하신 대로 예수님은 제자들의 발을 친히 씻겨주시는 섬김과 희생의 본을 보여주셨을 뿐 아니라 온 인류를 죄와 사망에서 구원하기 위해서 대속 제물이 되셔서 십자가에서 죽으시기까지 하셨다. 이처럼 높고 높은 하늘 보좌를 버리시고 가장 낮은 모습으로 오셨고 죽기까지 복종하신 예수님을 하나님께서 높여주셔서 모든 이름 위에 뛰어난 이름을 주시고 모든 만물의 경배를 받게 하셨다. 예수님을 따르고자 하는 모든 인생들에게 예수님의 마음을 품도록 하셨다 (빌 2:5-11).

너희 안에 이 마음을 품으라 곧 그리스도 예수의 마음이니 빌 2:5

사역을 하다 보면 사람들이 알아주지 못할 때가 있다. 주님의 제자를 키우며 주님이 기뻐하시는 일을 하고자 했는데 왜 자기 사람을 키우고 자기가 드러나려고 하느냐는 말을 들은 때도 있었다. 그럴 때는 솔직히 마음이 쉽지 않다. 반면에 알아주고 인정해줄 때도 있다. 준비한 행사와 수련회에 풍성한 은혜가 넘치자 목사님이 기도 많이 하셔서 그렇게 되었다는 말을 들을 때도 있었다. 그럴 때 사람인지라 왠지 우쭐해지기도 한다. 그럴 때마다 스스로에게 질문을 던지면 겸손해질 수밖에 없다.

'나는 예수님처럼 낮아졌는가?'

'예수님처럼 희생했는가?'

'예수님처럼 죽기까지 하나님의 뜻에 복종했는가?'

십자가 없이 부활의 영광이 없듯이 삶과 사역의 현장에서 예수님처럼 겸손히 낮아짐과 온전한 복종 없이 영광만을 구하려고 하는 것은 교만이다.

이슬이 하늘 위에서부터 내려오듯이 내가 누리는 모든 것, 생명과 건강, 구원의 은혜, 비전과 사명, 사명을 이룰 능력과 지혜와 물질도 심지어 하나님의 꿈과 비전을 이룰 수 있도록 만나게 해주신 배우자나 동역자들마저도 다 하나님께서 하늘 위에서부터 내려주신 은혜이다. 또한 이슬이 소리 없이 내리듯이 요란하게 나를 드러내려 하지 말자. 혹 섬김과 사역의 현장에서 대단한 성과를 이루었다고 하더라도 그것마저도 하나님께서 내려주신 은혜의 기반 위에서 이룬 것이기에 내 것, 내 성과라 할 수 없다. 그러므로 바울의 고백처럼 나의 나 된 것은 오직 하나님의 은혜이다. 오직 하나님만이 영광을 받으셔야 한다.

이는 만물이 주에게서 나오고 주로 말미암고 주에게로 돌아감이라 그에게 영광이 세세에 있을지어다 아멘 롬 11:36

우리가 누리는 모든 것들이 다 주님께로부터 받은, 하나님께서 위에서부터 내려주신 은혜의 선물임을 알고 이 귀한 선물을 주신 하나님께 마땅한 드려야 할 영광과 감사와 찬송을 올려드리자. 이러한 고백을 우리의 소중한 젊음의 때와 인생의 날에, 우리의 호흡이 다하는 그날까지 한결같이 하나님 앞에 올려드리자.

청춘아
겁먹지마

인생의 핵심가치,
하나님의 꿈을 이루어가라

part 3

09

이슬은 만물에게 생명력을 공급한다

이스라엘은 건기에 서쪽에서 부는 저녁 강풍이 지중해의 수분을 머금은 공기를 운반하고 밤에는 그 공기가 냉각되어 새벽에 이슬로 내린다. 이때 이슬은 많은 양의 수분을 공급한다. 강우량이 부족하고 뜨거운 태양이 작열하는 사막 지역에서, 특히 건기에서도 모든 식물이 죽지 않고 자라 풍성한 열매를 맺는 것은 바로 이 새벽이슬 때문이다. 이슬이 내리지 않는다면 지표면은 물기가 없어 메마르고 건조할 것이다. 생명이 제대로 살 수 없는 메마르고 건조한 땅이 이슬로 말미암아 제대로 살 수 있는 조건, 즉 생명력을 얻게 되는 것이다. 이처럼 메마른 땅을 촉촉이 적시며 만물이 생명력을 얻게 하는 새벽이슬은 광야같이 메마른 인생을 살아가는 데 없어서는 안 되는, 우리의 생존에 꼭 필요한 것이다.

사람은 모두 다 목마르다

사람들은 내면 깊은 곳에 목마름과 메마름을 안고 살아가고 있다. 그 깊은 목마름과 메마름을 해갈하고자 여기저기 이 사람 저 사람 찾아 헤매지만 목마름과 메마름은 더 깊어져만 간다. 사마리아 우물가의 여인이 여러 명의 남편을 거치면서도 참 만족을 누리지 못했던 것처럼 세상 그 누구도 우리 영혼의 목마름을 해결해줄 수 없다. 영원히 목마르지 않는 생명수가 되시는 주님만이 해결하실 수 있으시다. 예수님은 다시는 목마르지 않고 영원히 변하지 않는 사랑의 샘으로 우리 영혼의 목마름을 적셔주시는 분이시다.

예수께서 대답하여 이르시되 이 물을 마시는 자마다 다시 목마르려니와 내가 주는 물을 마시는 자는 영원히 목마르지 아니하리니 내가 주는 물은 그 속에서 영생하도록 솟아나는 샘물이 되리라 요 4:13,14

이 주님을 만날 때 영혼의 타는 목마름은 해갈되고 여전히 목마름 속에 있는 사람들에게 이 목마름을 해결해주시는 주님을 소개할 수 있게 된다. 우물가의 여인이 주님을 만난 후 마을로 달려가 그 전에는 창피한 마음에 제대로 얼굴을 보지 못하고 피하기만 했었던 사람들에게 담대하게 주님을 소개했듯이 말이다.

이슬이 메마른 사막지대를 촉촉이 적시며 생명력을 공급하듯이 주님께 은혜를 받고 사랑을 받은 사람들은 이제 그 은혜와 사랑을 나누고 흘려보내는 인생을 살 수 있어야 한다. 고인물은 썩는 것처럼 은혜를 내 안에만 머물게 해서는 안 되고 계속해서 흘려보내야 한다.

메마른 영혼을 살리시려 주님이 내려주신 이슬과 같은 은혜와 사랑, 충만한 기쁨을 아직 알지 못하고 여전한 목마름과 메마름 가운데 있는 영혼들에게 이 사랑과 은혜를 전해주어 그들의 목마름도 해갈할 수 있게 해주어야 하지 않겠는가!

신학대학교를 다닐 때 학교 뒤에 아차산이라는 산이 있었다. 그곳은 사람들이 산책도 하고 가벼운 운동도 하며 많이 찾는 곳이었다. 학교와 바로 인접해 있어서 신학생들도 적지 않게 찾는 곳인데 나도 몸과 마음의 쉼과 회복이 필요할 때 종종 산에 올라 묵상도 하고 찬양도 하며 하나님과 대화하듯 기도하면서 시내산에서의 모세처럼 하나님이 주시는 영감을 받곤 했다.

어느 날 여느 때와 같이 그곳에 산책을 하러 가보니 그날도 많은 사람들이 그곳을 찾았는데 스쳐 지나가는 그들의 모습은 겉으로 보기에는 모두 다 평온해 보이는 듯했다.

'저렇게 평온해 보이는 사람들에게 주님이 필요하긴 한 것인가. 저들에게 주님이 필요한 이유를 어떻게 설명할 수 있을까?'

주님께 여쭈어보기도 하면서 계속 묵상할 때 저만치서 많은 사람들이 길게 줄을 서 있는 모습을 보게 되었다. 약수터에서 물을 받기 위해 줄을 서 있는 모습이었다. 그 광경을 보면서 깊은 깨달음이 왔다.

'사람들은 누구나 목마르구나! 목마름을 해갈하기 위해 저렇게 길게 줄을 서 있구나! 단지 육체적 목마름뿐 아니라 내면의 목마름을 가지고 있겠구나! 내면의 목마름, 영혼의 갈증은 어떻게 무엇으로 해갈할 수 있겠는가? 영혼의 목마름을 해갈할 수 있게 해주시는 분은

오직 주님 한 분밖에 없으시다!'

사람들은 겉으로 보기에는 평온해 보일지 모르나 사람은 누구나 내면 깊은 곳에 타는 목마름을 안고 있다. 적지 않은 시간 동안의 사역 속에서 경험한 것은 사람은 누구나 목마름이 있고 어느 가정에나 갈급함이 있다는 것이다. 이 갈급함과 목마름은 빈부귀천을 떠나 모두에게 해당하고 세대를 초월한다. 장년들뿐만 아니라 섬겼던 많은 청년들과 청소년들도 예외가 아니었다. 젊은 세대들도 그들의 시대와 세대에 따른 목마름과 갈급함이 있었다. 자기 정체성과 비전에 대한 목마름, 이성교제와 결혼, 행복한 가정을 이루는 것에 대한 갈급함이 있었다.

교회에서 성경공부반을 인도하는 데 청년들뿐만 아니라 장년들 대상의 성경공부반도 하나 맡아서 인도할 때였다. 참여하시는 분들의 이야기를 듣는데 한 분이 자신의 이야기를 들려주었다.

"저는 젊을 때부터 학원을 경영하며 많은 부도 누려봤지만 별것 없었고 인생이 이게 전부인가 싶은 목마름과 갈급함을 안고 있었을 때 친척의 전도로 교회에 나오게 되었어요. 뒤늦게라도 예수님을 믿게 되어 다행인 것 같아요!"

"그러셨군요! 정말 감사하네요!"

"이제라도 예수님을 열심히 믿으려고 해요. 그래서 성경공부반에도 참여하게 되었어요."

"잘하셨어요. 영적으로 성장할 수 있는 밑거름이 되실 거예요."

"이제 다른 아쉬울 것은 없는데 기도제목이 하나 있어요."

"그게 뭔가요? 말씀해보세요."

"자녀들이 첫애는 29살, 둘째는 22살인데 교회는 다니는데 아직도 비전과 진로에 대한 고민을 가지고 있어요. 도대체 뭘 해야 할지 모르겠다면서요. 적성은 고려하지도 않고 그저 돈 많이 주는 직장에만 취업하려고 하네요. 그래야 결혼도 번듯하게 할 수 있을 거 아니냐면서…. 그게 아닌데…. 하여튼 걱정이에요. 기도해주세요."

행복한 인생에 대한 목마름과 갈급함은 그 내용은 다를지라도 장년 세대와 청년 세대 모두에게 해당하는 공통분모다. 자기 안에서 그리고 세상 속에서 해갈할 수 없고 오직 주님 안에서 해갈할 수 있다는 것 역시 공통점이다. 우리의 목마름을 해갈시켜주시는 주님 앞에 나아가자.

이슬이 만물에게 생명력을 공급하듯이

젊은 세대를 향한 하나님의 뜻은 새벽이슬 같은 주의 청년으로 주님께 즐겁게 헌신하는 것이다.

주의 권능의 날에 주의 백성이 거룩한 옷을 입고 즐거이 헌신하니 새벽이슬 같은 주의 청년들이 주께 나오는도다 시 110:3

새벽이슬의 특징 중 하나는 메마른 지표면을 적셔서 만물이 살 수 있는 조건, 즉 생명력을 제공하는 것이다. 이슬이 메마르고 건조한 땅을 적셔주듯이 청년이 새벽이슬과 같다는 의미는 사람들의 메마른 심령, 목마른 영혼을 적셔준다는 의미가 있다. 새벽이슬 같은 주의 청년들과 청소년들은 우리 영혼의 목마름을 적셔주시는 주님을 만나야 하고 아직 그 주님을 알지 못하고 여전한 목마름 가운데 있는 동시대의 젊은 영혼들에게 이 주님의 사랑을 전해주어야 할 사명이 있는 것이다.

앞서 나눔의 디자이너이신 카이스트 배상민 교수를 소개했는데 배상민 교수가 사랑의 마음으로 나눔을 몸소 실천하고 있는 프로젝트가 또 있다. 물이 오염되어 물을 마실 수가 없는 지경인데도 물 부족으로 그 물을 마실 수밖에 없어 온갖 질병을 달고 살아야 하는 아프리카 부족 마을을 방학 때 카이스트 학생들과 함께 방문하여 그들을 돕는 것이다. 우물을 손수 만들기도 하고 정수 필터를 만들어 오염된 물을 마실 수 있는 1급수 물로 정수시켜 물 부족과 식수 문제를 해결해준다.

놀라운 것은 그 모든 일을 현지에 있는 재료들을 활용한다는 것이다. 여기저기 널려 있는 소똥을 모아 말려서 정수 필터를 만들어 활용하는데 현지인 중에 똑똑해 보이는 아이에게 만드는 방법을 보게 하고 가르쳐 주어 자신들이 떠나도 부족민들이 직접 만들 수 있도록 해준다.

아프리카 사람들은 오염된 물로 인해 대부분 순환기 계통이나 피부 질환을 가지고 있는데 그마저도 부족해서 여인과 어린아이들이 물을 찾아 몇 시간씩 이동할 뿐 아니라 장마철이 되면 말라리아 등 풍토병으로 많은 생명이 목숨을 잃기도 하는 그런 곳에 우물을 만들고 정수 필터까지 만들어 마실 수 있는 물로 정수시켜주는 것은 그들에게 생명을 공급해주는 것과 같다고 할 수 있다.

배상민 교수는 나눔의 실천을 통해 단지 목마른 이들에게 필요한 생수만을 공급하는 것이 아니라 영혼의 목마름을 적셔주시는 생수가 되시는 예수님을 전하는 일에도 헌신하고 계신다. 대전의 한 교회에 출석하고 있는 배 교수는 인터뷰에서 이렇게 말했다.

"음지에 있는 그들이 혼자가 아니란 것을 알게 해주는 것이 '소자에게 한 것이 바로 내게 한 것'이라고 하신 예수님의 뜻을 따르는 것이지요. 끔찍한 '묻지마 범죄' 같은 것은 우리의 삶만 챙기며 그들을 돌아보지 못해 생긴 일이라고 생각해요. 우리가 나누고 살 때 사회가 밝아질 거라 믿어요"(《국민일보》 2012년 12월 27일).

이처럼 나눔을 통해 예수님의 섬김의 사랑을 몸소 실천하고 있는 배 교수는 강의를 하고 있는 카이스트 학생들을 비롯해서 만나는 청소년, 청년들에게 조언의 말을 아끼지 않는다.

"대한민국에서 태어난 것은 1퍼센트의 축복이다. 그 축복을 99퍼센트의 사람들을 위해 사용하라."

이런 말을 들은 학생들이 마치 자신의 재능과 노력으로 그 위치에 있는 것처럼 여기면 그들에게 반문한다고 한다.

"만약 여러분이 오랫동안 밥 한 끼 제대로 못 먹어서 굶어죽어가는 아프리카 오지에서 태어났다고 생각해보세요. 여러분이 이 나라에 태어난 것은 여러분이 선택한 것이 아니에요! 그래서 지금 이 자리에 있는 것은 여러분 스스로의 능력이 아니에요! 많이 가지고 누렸다면 많은 사람들, 더 어려운 이들을 위해 사용하라는 하늘의 뜻이에요!"

모두가 숙연해지는 말이다. 그의 말대로 우리는 어쩌면, 아니 분명 1퍼센트의 축복을 받은 사람들이다. 우리보다 더 나은 조건과 환경에 있는 사람들을 보고 비교하면서 내가 가진 것이 없다고 여길지 모르지만 그렇게 상대적 비교를 하더라도 우리보다 훨씬 열악한 상황 속에 살아가는 이들이 더 많다는 사실을 알아야 한다. 더군다나 우리가 생명의 주 예수님을 믿는 사람들이라는 이 사실 하나만으로도 우리는 분명 큰 축복을 받은 사람들이며 아직 우리가 누리는 이 놀라운 생명과 축복을 알지 못하는 사람들에게 그것을 나누고 섬겨야 할 하늘의 사명이 주어진 것이다.

하늘 위에서부터 내리는 이슬이 메마른 땅을 적시고 만물에게 생명력을 공급하듯이 육신의 목마름뿐 아니라 영혼의 목마름을 안고 살아가는 사람들의 목마름을 적셔주는 삶을 살아가는 것은 분명 주님을 기쁘시게 해드리는 것이며 그러한 삶이 하나님께서 새벽이슬 같은 주의 청소년, 청년들에게 기대하는 바일 것이다.

충성된 사자는 그를 보낸 이에게 마치 추수하는 날에 얼음 냉수 같아서 능히 그 주인의 마음을 시원하게 하느니라 잠 25:13

목마른 영혼들에게 주님의 사랑을 전하기 위해 온전히 헌신하고 계신 분을 한 분 더 소개하려 한다. 필리핀에서 선교 사역을 감당하고 계시는 김종명 선교사님이시다. 선교사님은 의사가 되어 많은 돈을 벌어 교회를 섬기고 선교사역을 후원하려는 생각으로 적지 않은 나이에 치과대를 졸업하시고 의사고시를 준비하고 계시던 때가 있었는데 의사고시를 치를 때마다 안타깝게 떨어지셨다. 그 다음해에는 더 철저히 준비하셨는데도 일곱 번이나 계속 떨어지자 낙심한 마음에 한숨짓듯 기도하는데 마음 깊은 곳에서 세미한 주님의 음성을 듣게 되었다.

'사랑하는 아들아! 아직도 내 뜻을 모르겠니?'

그때에서야 선교지로 자신을 부르시고 계신다는 사실을 깨닫고 그 부르심에 응답하시로 결단했다. 한국에서 의사로 지내면 많은 돈을 벌 수 있고 부유하게 살 수 있지만 그것보다 더 중요한 것은 주님의 사랑을 전하는 것임을 알고 선교사로 헌신하셨다. 이후 필리핀으로 가서서 그곳에서 딴 의사자격증과 치과 전문 의료기술을 가지고 필리핀의 외딴 산골과 어촌 그리고 빈민지역에까지 찾아가서 치과치료와 함께 주님의 사랑을 전하고 있다.

돈을 벌거나 부유한 삶은 아니지만 주님 사랑을 전하는 기쁨을 누리며 행복한 선교사역을 감당하고 만나는 이들에게도 이 행복을 나누고 있다. 섬기는 교회의 청년들이 단기선교를 갔을 때 이처럼 행복하게 사역하는 선교사님을 만나고는 모두 다 행복해했다. 그래서 그 이후에는 선교를 굳이 누가 시켜서가 아니라 본인들이 자원해서 기도로 준비하며 섬기게 되었다. 선교여행을 통해 메마른 영혼들이 새 생명을 얻어 살아나고 시들었던 꽃들이 다시 피어나는 것을 보고 기쁨이 가득하게 됨을 경험했기 때문이다.

신앙 훈련과 단기선교

청소년과 청년들을 해마다 영성 훈련을 시키고 단기선교를 보내는 이유는 그들이 메마른 영혼을 살리는 비전을 품을 수 있는 밑거름이 되기 때문이다. 어떤 이는 왜 비싼 돈을 들여 굳이 해외에까지 가서 선교를 하느냐며 우리나라에도 복음을 전할 데가 많지 않느냐고 말하기도 한다. 만약 그런 논리라면 복음은 아직도 이스라엘 안에만 머물러 있어야 한다. 이스라엘 사람들 중에 아직도 예수님을 믿지 않는 사람들이 너무나 많기 때문이다. 예수님께서 승천하시기 전에 제자들에게 남기신 지상 명령은 땅 끝까지 복음을 전파하라는 것이었다.

오직 성령이 너희에게 임하시면 너희가 권능을 받고 예루살렘과 온 유대와 사마리아와 땅 끝까지 이르러 내 증인이 되리라 하시니라 행 1:8

이와 같은 주님의 말씀은 예루살렘 안에도 다 복음이 전파되기 전에 선포하신 말씀이며 이 말씀을 따라 성령의 권능을 받은 제자들은 예루살렘을 넘어 온 유대와 사마리아와 땅 끝까지 복음을 전파하기를 힘썼다. 그로 인해 유럽 전역에 복음이 전파되었고 영국과 아메리카 대륙을 넘어 우리나라에까지 이르게 된 것이다.

비록 단기선교를 가는 데 많은 재정이 들지만 그만큼의 의미가 있고 가치가 있는 것이다. 꼭 단기선교가 아니라 하더라도 젊은이들에게는 흔들 수 있는 깃발이 필요하다. 젊음과 인생을 다 걸어도 아깝지 않을 비전을 젊은 청춘들의 가슴에 품게 해주어야 한다.

이 비전은 사람이 인위적으로 제시하거나 만들어낼 수 있는 것이 아니다. 성령님이 주시는 것이다. 사람은 단지 성령님이 주실 비전을 품을 수 있는 여건을 조성해주는 것뿐이다. 성령님이 주신다고 해서 아무것도 안 하고 그저 배나무 밑에서 배 떨어지기만을 기다리는 자세는 바람직하지 않다. 거름을 주어야 하고 성령님이 심겨주시는 비전의 씨앗이 잘 자라도록 물을 주고 가꾸어야 한다.

다음세대인 어린이와 청소년, 청년들을 훈련시키고 선교 여행에 참여시키는 것은 바로 그러한 과정의 일환이라 할 수 있다. 성령님이 심겨주실 비전을 품어낼 수 있는 토양을 준비시키고 경작하는 과정이다. 비전리더스쿨, 중보기도훈련, 제자훈련, 선교훈련 등의 이름으로 다양한 훈련을 진행하였지만 다음세대를 영적 거장으로 자라가게 할 수 있는 밑거름이 된다면 각 교회나 단체에서 진행하고 있는 그어떤 훈련이든 의미가 있고 가치가 있다.

단기선교도 마찬가지이다. 이러한 것들에 대해 부정적인 부분들만 보고 참여하지 않는 것보다 열 배, 백 배 효과가 있고 열매가 있다. 청소년 대상의 영성 훈련을 마치고 베트남으로 단기선교를 다녀온 한 학생이 이런 간증을 했다.

"저는 베트남 아이들과 며칠이나마 함께할 수 있는 시간을 허락해주신 하나님께 감사를 전하고 싶습니다. 선교라는 개념을 거의 하나도 알지 못한 채 베트남에 와서 생각보다 많은 것을 알 수 있게 되어 정말 기쁩니다. 사실 저는 올해 안에 꼭 진로를 구체적으로 정하고 싶은 마음이 있었습니다. 그런데 베트남에 와서 진로를 결정한 것 같아 정말 벅찹니다. 어렸을 때부터 누군가를 도우며 살고 싶다는 생각을 해왔는데 선교 도중 본 한 아이의 표정을 보고 마음의 결정을 했습니다. 내게 엄마라고 부르며 머리카락, 얼굴, 팔, 다리 등 온 몸에 뽀뽀를 하는 아이도 있었고 다시 날 볼 줄 알고 해맑게 웃으며 '바이바이' 인사를 하는 아이도 있었습니다.

그 아이들을 보며 하나님을 전하면서 동시에 그들의 환경에 실질적으로 도움이 될 수 있는 사람이 되어야겠다는 마음이 강하게 들었습니다. 또 '내가 이런 일을 하면 가장 행복하고 즐겁구나!' 하는 마음도 느꼈습니다. 솔직히 선교여행이 저한테 그렇게 큰 의미가 될 줄은 몰랐습니다. 하지만 이번 단기선교는 제게 너무나 뜻깊고 소중한 시간이 되었기 때문에 무엇과도 바꿀 수 없는 귀한 경험이 되었습니다. 이번 단기선교로 인도해주시고 비전을 보여주신 하나님께 감사를 드립니다."

섬겨왔던 교회들마다 다음세대들이 훈련받고 변화되어가는 모습을 볼 수 있었다. 어떤 때는 당장 눈에 띄는 열매가 없을 때도 있겠지만 포기하지 말고 계속 씨를 뿌려라. 그러면 시간이 흐른 뒤에 열매 맺는 모습을 확인할 수 있게 될 것이다. 물론 바쁘고 수고로운 인생을 살면서 꾸준히 예루살렘과 온 유대와 사마리아와 땅 끝까지 이르러 주님의 증인, 복음의 증인이 되는 것은 우리의 능력으로 가능한 일이 아니다. 그러나 성령님의 권능으로 능히 이룰 수 있다. 이 사실을 청년들과 경험한 사건 가운데 하나를 소개한다.

예전에 비전리더스쿨이라는 이름으로 진행한 훈련과정에서 해마다 청소년 및 청년들을 훈련시키고 단기선교(비전트립)팀을 보내는데 매년 2,3개 나라로 파송했었다. 그런데 언젠가 한 해는 7개 팀을 동시에 보내라는 마음을 주신 적이 있다. 함께 섬기던 스태프들과 준비 기도회를 하던 중에 간사님 중 한 분이 7개 나라에 팀을 보내라는 감동을 성령님께서 주신다는 것이다.

처음에는 그 간사님이 잘못 들었을 것이라고 생각했다. 그 해에는 다른 해에 비해서 훈련생이 적었기에 7개 나라에 선교팀을 보내는 게 말처럼 쉽지 않았다. 뿐만 아니라 기존에 가던 동남아 등 익숙한 지역의 선교지 외에도 오세아니아 지역의 파푸아뉴기니와 아프리카의 세네갈과 유럽의 헝가리 등, 단기선교로 갈 것이라고는 전혀 생각지도 못한 나라도 포함되어 있었기 때문이다.

그런데 기도할 때마다 그런 감동을 주신다고 하여 여러 번 기도했다. 그런데 다른 간사님들과 스태프들도 동일한 감동을 받았다고 했다. 담당교역자로서 현실적인 문제를 고려하지 않을 수 없어 부담감을 느끼며 스태프들에게 마지막으로 한 번 더 기도해보자고 제안했다. 나의 뜻이 아니라 하나님의 뜻만 남게 해달라고 간구했다. 성령님의 인도하심에 민감하게 반응하게 해달라고 기도하며 7개 나라로 젊은이들을 보내는 것이 맞다면 단지 느낌이 아닌 하나님의 말씀으로 확답을 달라고 기도했다. 그때 하나님은 여러 성경구절을 통해서 확인시켜주셨다.

여호와께서 너희를 기뻐하시고 너희를 택하심은 너희가 다른 민족보다 수효가 많기 때문이 아니니라 너희는 오히려 모든 민족 중에 가장 적으니라 신 7:7

이 말씀을 통해 다른 해보다 참여 인원이 적다며 아닐 거라고 생각했던 나의 생각과 하나님의 생각이 다름을 알게 해주셨다. 계속되는 기도 중에 하나님께서 깨우쳐주는 마음이 있었다.

'올해 훈련생뿐 아니라 작년까지 이미 훈련받은 청년들이 있지 않느냐? 그들에게도 도전하여 하나님의 선교에 동참하게 하라.'

그뿐만이 아니다. 요한계시록에 등장하는 일곱 교회와 일곱 금 촛대 사이에 일곱 별을 오른손에 들고 계신 주님의 모습을 깨우쳐주셨다.

네가 본 것은 내 오른손의 일곱 별의 비밀과 또 일곱 금 촛대라 일곱 별은 일곱 교회의 사자요 일곱 촛대는 일곱 교회니라 계 1:20

이 말씀을 통해 부인할 수 없는 분명한 하나님의 뜻이 있음을 확신하게 하셨다. 정말 하나님께서 7개 나라로 주의 청년들을 보내라는 뜻이 분명하다는 사실에 놀랐다. 전혀 생각지도 못한 나라까지 포함되어 있음에 다시 한 번 놀랐고, 그것을 우리가 감당해야 한다는 사실에 더더욱 놀랐고 두렵기까지 했다.

정말 불가능해 보이는 미션처럼 여겨졌지만 하나님의 말씀으로 확인시켜주셨기에 확신을 가지고 청년들에게 선포했다. 그해에 훈련받던 청년들뿐 아니라 이미 수료한 청년들도 동참하여 7개 나라에 선교 팀을 파송했다. 모든 팀들마다 성령님의 놀라운 역사를 경험하고 선교지에서 축복의 통로로 쓰임 받은 풍성한 간증을 안고 돌아와 하나님께 영광을 올려드렸다.

한 알의 밀알처럼 생명을 살리는 비전

하나님이 주시는 비전은 생명을 살리는 비전이다. 크게 성공하고 큰 사람이 되는 비전보다 더 중요한 것은 생명을 살리는 비전이다. 나만, 우리 가정만 잘 먹고 잘 사는 인생이 되는 것을 넘어서 나를 희생해서 우리 주변의 어려운 이웃들과 온 세계 인류가 함께 살고 행복할 수 있는 그런 비전이 바로 우리 주님이 보여주신 한 알의 밀알과 같은 삶이었고 헌신이었다.

내가 진실로 진실로 너희에게 이르노니 한 알의 밀이 땅에 떨어져 죽지 아니하면 한 알 그대로 있고 죽으면 많은 열매를 맺느니라 요 12:24

배우 차인표 씨가 〈힐링캠프〉라는 프로그램(2012년 3월 19일자)에 나와서 나눔의 기쁨을 이야기하던 중에 자신의 멘토라고 소개한 분이 있다. 김정하 목사님이라는 분으로 경기도 성남의 조그만 개척교회 목사님이신데 컴패션 후원자의 밤 행사에 오셨다가 풍선에 결연할 아이들의 사진을 넣어두었는데 선물인 줄 알고 여러 개를 주워 담으셨는데 알고 보니 결연할 아이들이었다.

개척교회를 섬기시느라 돈은 없는데 결연은 해야 하는 상황에 처하게 되자 구두를 닦기 시작하여 일곱 명을 후원하셨다고 한다. 목사님이 바쁘면 사모님이 구두를 닦기도 하면서 오로지 후원할 아이들을 위해 구두를 닦으셨다. 그러다 일 년쯤 목사님 소식이 끊겼는데 그 사이에 목사님이 루게릭 병에 걸리셨다. 온 몸의 근육이 마비되는 병에 걸리셨다는 소식을 듣고 목사님을 찾아갔을 때는 어느 정도 말을 하실 때였는데 구두닦이 해서 아이들을 후원하다가 몹쓸 병에 걸리니 너무 마음이 아팠다는 것이다. 그런데 놀랍게도 목사님은 '내가 만약 죽어서 수많은 어린아이들이 결연을 맺고 살 수 있다면 열 번이라도 죽겠다'고 하셨다며 눈시울을 붉혔다.

이 사연의 주인공이셨던 김정하 목사님께서 휠체어에 탄 채 불편한 몸을 이끌고 직접 등장하시자 사회자가 물었다.

"형편이 넉넉하지 않으신데 얼굴이 평안해 보입니다. 목사님이 생각하는 행복이란 무엇인가요?"

이 질문에 김정하 목사님은 굳어진 근육을 움직이며 따뜻하면서도 의미심장한 말을 남겼다.

"행복은 멀리 있는 것이 아닙니다. 마음을 비우고 나누는 데 있습니다. 부자도 나누지 못하면 거지고, 가난한 자도 나누면 부자입니다."

목숨을 걸 만큼 사랑하는 사랑의 대상이나 사명을 발견한 사람은 행복하다고 하였다. 대표적으로 예수님을 예로 들 수 있다. 예수님은 이 땅에 오신 목적을 친히 말씀하셨다.

인자가 온 것은 섬김을 받으려 함이 아니라 도리어 섬기려 하고 자기 목숨을 많은 사람의 대속물로 주려 함이니라 막 10:45

예수님은 죄로 인해 죽을 수밖에 없는 우리 인류를 너무 사랑하셔서 당신의 목숨을 우리 대신 대속 제물로 내어주시기 위하여 오셨다. 목숨을 걸 만한 사랑의 대상과 사명을 아신 것이다. 그러기에 예수님은 가장 행복한 분이셨다.

윤동주 시인은 예수님에 대해 '십자가'라는 시에서 십자가에서 피

흘려 죽으신 예수님에 대해 이렇게 말했다.

"괴로웠던 사나이, 그러나 행복한 예수 그리스도."

자신의 목숨을 내어주시는 것은 분명 괴롭고 고통스러운 것이었지만 십자가를 지심으로 인해 구원받을 영혼들을 생각하면서 가장 행복해 하신 분이 바로 예수 그리스도이시다.

믿음의 주요 또 온전하게 하시는 이인 예수를 바라보자 그는 그 앞에 있는 기쁨을 위하여 십자가를 참으사 부끄러움을 개의치 아니하시더니 하나님 보좌 우편에 앉으셨느니라 히 12:2

그래서 우리의 비전은 다름 아닌 예수 그리스도이어야 한다. 예수님의 희생이고 사랑이어야 한다. 제자들은 서로 높아지려고 했지만 예수님은 되물으셨다.

'너희가 나의 마시는 잔을 마실 수 있느냐? 내가 더 높아지고 드러나는 것이 아니라 더 낮아지고 낮아져 한 알의 밀알처럼 될 수 있느냐?'

그러시고는 기꺼이 한 알의 밀알로 죽으셨다. 그렇게 예수님은 죽기까지 인류 구원을 위한 하나님의 뜻에 복종하셨다. 그런 예수님을 하나님은 그냥 내버려두지 않으셨다. 부활의 권능으로 다시 살리셨고 하나님 보좌 우편에 앉게 하셨으며 지극히 높여 모든 이름 위에 뛰어난 이름을 주셔서 하늘에 있는 자들과 땅에 있는 자들과 땅 아래 있는 자들로 모든 무릎을 예수의 이름에 꿇게 하시고 모든 입으로 예수 그리스도를 주라고 고백하게 하셔서 하나님 아버지께 영광을 돌리게 하셨다(빌 2:6-11).

십자가의 고난과 고통스런 죽음 후에 부활의 영광을 누리신 것이다. 사역을 하다 보면 가끔 드러나고 인정받고 싶은 생각이 들 때가 있다. 그럴 때마다, 스스로에게 질문을 던져본다.

'나는 예수님처럼 겸손히 낮아졌는가? 예수님처럼 희생했는가? 십자가에 죽기까지 복종했는가?'

그러면 언제나 답은 분명하다.

'나는 아무것도 자랑할 것이 없다. 자랑할 것은 오직 예수 그리스도의 십자가밖에 없지 않은가! 그것이야말로 우리의 비전이 아니겠는가! 오직 예수 그리스도! 그 이름이 높아지는 것! 그 이름이 전파되는 것! 그것을 위해 나도 주님처럼 한 알의 밀알로 낮아지고 섬기고 희생하며 죽게 하소서!'

한 알의 밀알이 되어 죽으셔서 수많은 생명을 살리신 주님처럼 낮아지고 또 낮아져서 생명을 살리는 한 알의 밀알이 되는 것, 그리고 이 희생의 사랑을 몸소 보여주신 주님을 우리의 가슴을 활짝 열어 우리 마음과 인생의 중심에 모시고 주님을 사랑하고 주님을 노래하고 주님을 전하는 것이야말로 우리의 젊음과 평생을 다 바쳐야 할 사명이고 비전이 되어야 하지 않겠는가! 독립군가 '양양가'에 이런 가사가 있다.

"이 몸이 죽어서 나라가 산다면 아아 이슬같이 죽으리라!"

이 고백처럼 이슬도 메마른 잎에 스며들어 생명력을 공급하고 사라져 간다. 자신을 희생하여 생명을 살리는 것은 참으로 고귀하고 가치 있는 일이다.

북한 땅, 메마른 영혼이 소생되는 그날을 꿈꾸며

북한 선교를 위해 헌신하시고 계시는 K 선교사님이 계시는데 이분은 청년 시절 C.C.C.에 소속되어 훈련을 받던 중에 고(故) 김준곤 목사님께서 집회 강사로 섬기신 수련회에서 하나님께서 목사님을 통해 도전하신 북한 선교에 대해 결단하여 북한 선교를 위해서 미국에서 유학하시고 지금은 연길 지역에서 선교사역을 감당하고 계신다. 섬기던 교회에 이 분이 오셔서 간증을 하신 적이 있었는데 간증 중에 북한에 들어가서서 보신 것 중에 깜짝 놀라신 이야기 하나를 들려주셨다.

북한 황해도 신천이라는 곳에 신천박물관이 있는데 그곳은 반미사상을 고취하려는 목적으로 마을 전체를 박물관처럼 꾸며놓은 곳이라고 한다. 6·25 전쟁 당시 미군이 마을 사람들을 학살하는 모습 등을 그림으로 그려놓아 미국에 대한 적대사상을 주입하도록 해놓았는데 그곳에 선교하러 오셨던 미국 선교사님 한 분이 사용하시던 유품들을 모아서 전시해놓은 곳도 있다는 것이다.

그 유품 중에 선교사님이 사용하시던 성경이 펼쳐져 있었는데 바로 호세아서 14장이었다. 그렇게 펼쳐진 호세아서 14장을 읽어내려가는 순간 가슴이 벅차고 눈물이 핑 돌아 말을 할 수가 없었단다. 그 말씀은 불의한 이스라엘 백성을 향해 하나님의 마음으로 호세아 선지자가 호소한 말씀과 함께 그런 이스라엘 백성을 향해 하나님께서 회복을 선포하시는 말씀인데 마치 북한을 향한 하나님의 마음과 약속을 담고 있는 것 같았다는 것이다.

이스라엘아 네 하나님 여호와께로 돌아오라 네가 불의함으로 말미암아 엎드러졌느니라 너는 말씀을 가지고 여호와께로 돌아와서 아뢰기를 모든 불의를 제거하시고 선한 바를 받으소서 우리가 수송아지를 대신하여 입술의 열매를 주께 드리리이다 우리가 앗수르의 구원을 의지하지 아니하며 말을 타지 아니하며 다시는 우리의 손으로 만든 것을 향하여 너희는 우리의 신이라 하지 아니하오리니 이는 고아가 주로 말미암아 긍휼을 얻음이니이다 할지니라 호 14:1-3

범죄하여 하나님의 마음을 아프게 했던 이스라엘 백성처럼 북한이 하나님께로 돌아올 것과 고아 같은 그들이 주로 말미암아 긍휼을 얻게 될 것을 말씀하신다. 그리고 이어서 온전한 회복의 약속을 들려주신다.

내가 그들의 반역을 고치고 기쁘게 그들을 사랑하리니 나의 진노가 그에게서 떠났음이니라 내가 이스라엘에게 이슬과 같으리니 그가 백합화같이 피겠고 레바논 백향목같이 뿌리가 박힐 것이라 그의 가지는 퍼지며 그의 아름다움은 감람나무와 같고 그의 향기는 레바논 백향목 같으리니 그 그늘 아래에 거주하는 자가 돌아올지라 그들은 곡식같이 풍성할 것이며 포도나무같이 꽃이 필 것이며 그 향기는 레바논의 포도주같이 되리라 에브라임의 말이 내가 다시 우상과 무슨 상관이 있으리요 할지라 내가 그를 돌아보아 대답하기를 나는 푸른 잣나무같으니 네가 나로 말미암아 열매를 얻으리라 하리라 호 14:4-8

회복의 모습은 마치 백합화같이 피어나고 레바논 백향목처럼 깊이 뿌리를 내리고 가지가 널리 퍼지며 아름다움은 감람나무와 같고 포도나무같이 꽃이 필 것이라고 말씀하고 계신다. 그런데 이처럼 아름다운 나무로 꽃을 피우게 되고 향기를 내는 데 있어서 꼭 필요한 것이 바로 이슬이다.

"내가 이스라엘에게 이슬과 같으리니 그가 백합화같이 피겠고 레바논 백향목같이 뿌리가 박힐 것이라"(호 14:5)라는 말씀에서 보듯 하나님은 이스라엘 민족의 회복에 있어서 반드시 필요한 이슬과 같은 은혜를 내려주시는 분이다. 영적으로 너무나도 메마른 북한 땅이 회복되는 데에도 반드시 필요한 이슬과 같은 은혜를 내려주시는 분이 바로 하나님이시다. 오랫동안이나 열리지 않고 아무런 희망도 보이지 않는 것 같은 그 땅에서 하나님은 지금도 살아 역사하시고 계신다.

선교사님은 놀라운 간증 하나를 더 들려주셨다. 1907년 평양에서 일어난 대부흥운동의 100주년을 맞이하여 2007년에 남한의 여러 도시에서 'Again 1907 연합기도회'가 열렸었다. 나 역시 대전이라는 도시에서 'Again 1907 청년연합기도회'를 주관하였고, 전국집회가 대전에서 열릴 때 스태프로 섬기기도 했다.

선교사님은 당시 미국에서 계실 때였는데 평양대부흥운동 100주년을 기념하려고 100명이 2007년에 북한에 들어가서 예배하고 찬양하는 비전을 품고 준비하였고 그런 비전에 동참한 34명이 들어가게 되었다고 한다. 목표로 약 100명이 안 되어 아쉬운 마음이었는데 북한의 한 교회에 가서 예배를 드리는데 그곳에 유럽에서 온 젊은이들 16명과 만나게 되었다. 그들과 함께 50명이 예배를 드리던 중 북미에서 같은 마음과 비전으로 여러 나라 사람들이 연합하여 온 팀이 있었는데 놀랍게도 그들의 숫자가 50명이었다. 그렇게 정확히 100명이 그곳에서 함께 예배하며 하나님의 영광이 그 땅에 속히 임하게 되기를 찬양하고 기도했다. 하나님께서 북한 땅을 위해서 예배하고 중보기도할 사람 100명을 세계 각국의 사람들을 모아서 준비시키시고 계셨던 것이다. 참으로 놀라운 일이 아닐 수가 없다.

내 이름으로 불려지는 모든 자 곧 내가 내 영광을 위하여 창조한 자를 오게 하라 그를 내가 지었고 그를 내가 만들었느니라 사 43:7

역시 북한에서 사역하시고 계시는 선교사님 한 분이 계시는데 그분은 재활의료기술로 의료선교를 감당하고 계신다. 이 분의 간증도 듣게 되었는데 큰 은혜와 도전이 되었다. 초등학교 때 수학을 0점 맞을 정도로 공부와 담을 쌓았고 체육 특기생으로 대학까지 진학하셨다가 대학생 때 은혜를 받으시고 선교사로 결단하셨다. 그런데 의료선교사가 되어야겠다는 마음이 들어서 대학교 3학년 때 미국으로 건너가서 공부하고 의사가 되어 북한에서 의료사역을 감당하시고 계신다.

그 분은 허리가 아파서 거동이 불편한 환자가 의술과 기도로 낫게 되어 걷게 되었던 이야기와 뇌성마비로 전신을 움직일 수 없었던 어린아이가 몇 개월에 걸친 장기 치료와 기도 끝에 몸을 움직일 수 있게 된 이야기, 그것이 계기가 되어 북한의 뇌성마비 아이들을 위한 척추연구소가 세워지게 된 이야기 등을 통해서 하나님께서 북한 땅에서 살아 역사하시고 계심을 간증하셨다.

하나님은 살아 계신 하나님이시다. 북한 땅에도 살아 역사하시며 놀라운 일들을 행하시고 계신다. 북한의 문이 열리게 될 때, 아니 지금 이 시간도 영적으로 메마른 그 땅과 그 땅의 영혼들을 위해 중보 기도하고 그들을 섬길 수 있는 사람들이 필요하다.

주의 죽은 자들은 살아나고 그들의 시체들은 일어나리이다 티끌에 누운 자들아 너희는 깨어 노래하라 주의 이슬은 빛난 이슬이니 땅이 죽은 자들을 내놓으리로다 사 26:19

북한 땅의 메마른 영혼들이 소생되는 그 날을 꿈꾸며 하늘에서부터 내리는 이슬처럼 그 땅을 소생시킬 하나님의 마음과 비전을 품은 주의 청년들이 곳곳에서 일어나길 기도한다.

민족의 가슴마다 피 묻은 그리스도를 심어
이 땅에 푸르고 푸른 그리스도의 계절이
오게 하소서 오게 하소서

이 땅에 하나님의 나라가 이뤄지게 하옵소서
모든 사람의 마음과 교회와 가정에도
하나님나라가 임하게 하여 주소서

주의 청년들이 예수의 꿈을 꾸고
인류 구원의 환상을 보게 하소서
한 손엔 복음 들고 한손엔 사랑을 들고
온 땅 구석구석 누비는 나라 되게 하소서

이 땅 구석구석에서 예수를 주로 고백하게 하소서

하늘의 뜻 이 땅에 이뤄주소서 주의 나라 되게 하소서

김준곤 詩, 박지영 정리, 이성균 곡, 〈그리스도의 계절〉

10

이슬은 연합할 때 더 큰 능력을 발휘한다

이슬은 하늘 위에서부터 내려와 만물에게 생명력을 공급한다. 그런데 이것은 이슬 한두 방울로는 가능한 일이 아니다. 만약 이슬이 한두 방울만 있다면 어떻게 될까? 나뭇잎 하나 적시기에도 벅찰 것이다. 혼자의 힘만으로는 생명력을 공급할 수가 없다. 작은 이슬 방울들 하나하나가 모여서 나뭇잎들과 나무들을 적시고 메마른 대지 전체를 적실 수 있는 것이다. 이것이 우리들이 함께 힘을 합치고 연합해야 하는 이유이다.

보라 형제가 연합하여 동거함이 어찌 그리 선하고 아름다운고 머리에 있는 보배로운 기름이 수염 곧 아론의 수염에 흘러서 그의 옷깃까지 내림 같고 헐몬의 이슬이 시온의 산들에 내림 같도다 거기서 여호와께서 복을 명령하셨나니 곧 영생이로다 시 133:1-3

연합함이 중요한 이유

정채봉 시인은 '누군가와 함께라면'이라는 시에서 함께함의 소중함을 고백한다.

"갈 길이 아무리 멀어도 갈 수 있습니다. 갈 길이 아무리 험해도 갈 수 있습니다. 바람 부는 들판도 지날 수 있고, 위험한 강도 건널 수 있으며, 높은 산도 넘을 수 있습니다. 누군가와 함께라면 갈 수 있습니다. 나 혼자가 아니고 누군가와 함께라면…."

혼자라면 멀고 힘들고 외로워 도저히 갈 엄두가 나지 않던 길도 누군가와 함께라면 갈 수 있다. 함께함이 용기를 주는 것이다. 광야와 같은 힘든 인생을 살아가고 하나님의 일을 감당할 때 힘이 되고 격려가 되는 사람들과 함께할 수 있다는 것은 멋지고 아름다운 일이다. 시편 133편 말씀에서도 '형제가 연합하여 동거함이 어찌 그리 선하고 아름다운고'라고 말씀한다. 여기서 동거한다는 말은 남녀가 결혼하기 전에 함께 산다는 의미가 아니다. 서로 마음을 함께하여 연합한다는 의미이다. 《메시지》를 보면 이 구절을 '얼마나 멋진가, 얼마나 아름다운가, 형제자매들이 어울려 지내는 모습!'이라고 표현하고 있다.

교회라는 신앙공동체에서 안타까운 청년들의 모습을 볼 때가 있다. 또래 청년들과 함께 예배드리지 않고 홀로 예배드리는 모습이다. 교회에서 청년부 예배가 토요일 오후나 저녁, 또는 주일 오후에 드려지는 곳이 많다. 어떤 청년들은 토요일 저녁이나 주일 오후는 시간

활용이 쉽지 않다면서 주일 오전에 홀로 대예배를 드리곤 한다. 청년부에 아는 사람이 없어서 가기가 꺼려진다는 말도 듣곤 한다. 또 어떤 청년들은 악기를 잘 다루거나 노래를 잘 하는 달란트가 있을 경우 찬양대나 오케스트라의 멤버로 섬기느라 청년공동체와 함께하지 못하는 경우도 있다. 어떤 이유에서건 청년공동체와 멀어지는 것은 그리 좋은 모습은 아니라고 말하고 싶다. 함께함이 주는 유익이 있다. 공동체와 함께할 때 누리게 되는 은혜가 있다.

두 사람이 한 사람보다 나음은 그들이 수고함으로 좋은 상을 얻을 것임이라 혹시 그들이 넘어지면 하나가 그 동무를 붙들어 일으키려니와 홀로 있어 넘어지고 붙들어 일으킬 자가 없는 자에게는 화가 있으리라 또 두 사람이 함께 누우면 따뜻하거니와 한 사람이면 어찌 따뜻하랴 한 사람이면 패하겠거니와 두 사람이면 맞설 수 있나니 세 겹 줄은 쉽게 끊어지지 아니하느니라 전 4:9-12

이 말씀은 우리가 함께하는 것, 연합의 중요성을 잘 깨우쳐주고 있다. 혼자보다 함께할 때 더 큰 일을 할 수 있고 더 좋은 결과를 얻을 수 있다. 혼자는 외롭다. 넘어져도 일으켜줄 사람이 없으면 너무나 힘들지만 함께하면 넘어졌을 때 서로를 일으켜줄 수 있다. 혼자는 쓸쓸하고 춥다. 그러나 함께하면 마음이 따뜻하다. 적의 공격이 있을 때 혼자 싸우면 질 수밖에 없지만 둘이 힘을 합하여 싸우면 적을 물리칠 수 있다. 그렇기 때문에 우리는 혼자가 아니라 함께하기를 힘써야 한다.

관계를 통해 행복을 누리는 존재

연합하여 어울려서 함께 사는 것이 선하고 아름다운 이유, 우리가 연합하기 위해 힘써야 하는 이유 중 하나는 인간이 하나님의 형상대로 지음 받은 존재이기 때문이다. '하나님의 형상'에 여러 가지 의미가 있지만 '관계'와 관련된 의미도 빼놓을 수 없다.

하나님이 이르시되 우리의 형상을 따라 우리의 모양대로 우리가 사람을 만들고… 창 1:26

'우리의 형상을 따라', '우리의 모양대로 우리가'라는 표현에서 보듯 하나님을 지칭할 때 단수가 아닌 복수를 사용하고 있다. 하나님은 성부, 성자, 성령 세 분이 서로 사랑 안에서 친밀한 관계를 이루고 계신다. 관계적 존재이신 하나님께서 인간을 창조하실 때 하나님을 닮도록 창조하셨다. 그래서 인간도 관계적 존재이다.

사랑 안에서 긴밀히 연합하시는 삼위일체 하나님이 그 풍성한 사랑을 나눌 수 있는 존재로 인간을 창조하신 것이다. 관계적 존재이신 하나님을 닮은 존재로 지음 받은 인간은 삶을 살아가면서 수많은 관계를 형성하며 살아간다. 인간은 그 누구도 혼자서 살 수 없다. 혼자로는 너무나 외로워서 견딜 수 없는 존재가 바로 인간이다.

하나님은 처음에 아담을 창조하시고 지켜보셨을 때 아담이 너무 외로워 보였다. 그래서 아담에게서 갈비뼈를 취하여 하와를 창조하셨다. 그리고 아담과 하와가 서로 사랑하며 친밀한 관계를 이루도록 하셨다. 그때로부터 인간은 서로 사랑하고 격려하는 관계 속에서 외로움을 극복할 수 있었고 참된 행복을 누릴 수 있었다. 이처럼 인간은 관계 속에서 존재하고 관계를 통해 자신의 가치를 발견하고 친밀한 관계를 통해 행복을 누리는 존재이다.

행복의 조건은 여러 가지가 있다. 그러나 그중에서도 중요한 조건이 바로 관계이다. 아무리 부요하고 많은 것을 가져도, 많은 일을 하고 많은 것을 성취한다 해도 관계가 원만하지 않으면 사람은 행복을 느끼지 못한다. 네이던은 이렇게 말했다.

"끝없이 일만 하면서 보낸 인생은 허비한 인생이다. 사망 기사에 자신의 약력만을 꽉 채우는 것을 보람으로 여기는 인생은 바보 같은 인생이다."

사람이 세상에 태어난 주된 이유 중 하나는 많은 만남과 관계 속에서 사랑받고 사랑하기 위해서이다. 그리고 하나님의 일을 섬길 때도 좋은 동역자들과의 만남은 너무나 중요하다.

바울은 누구보다도 이 만남의 중요성을 잘 알았고 그로 인한 기쁨을 누렸던 사람이다. 먼저 그에게 만남의 중요성을 알게 해준 사람은 바나바이다. 바울이 누구인가? 예수 믿는 자들을 잡아 죽이려 했던 사람이다. 그런 바울이 다메섹 도상에서 부활의 주 예수님을 만나고 그리스도인이 되었다는 이야기를 그 누구도 믿어주려 하지 않을 때 그 사실을 믿어주었던 사람이 바로 바나바이다. 그리고 여전히 의심을 사는 바울을 초대 교회 공동체에 소개해주었던 사람이 또한 바나바이다.

바나바가 없었다면 바울이 초대 교회 신앙공동체에 뿌리를 내리기가 쉽지 않았을 것이다. 바나바와의 만남은 바울이 이방인의 사도로서 인정받고 사명을 완수하는 데 결정적인 밑거름이 되었다. 바나바를 비롯해서 그에게는 많은 격려자와 동역자들이 있었다. 브리스가와 아굴라 부부는 바울을 위해서 자기들의 목까지 내놓았을 정도로 바울을 위해 헌신을 아끼지 않았다(롬 16:3).

천막을 만들며 생활과 복음을 전하는 것을 병행하는 바울에게 그들은 물심양면으로 돕는 후원자이자 최고의 격려자였다. 그들 외에도 바울에게는 수많은 동역자들이 있었다. 동역자들의 이름을 로마서 16장에서 일일이 언급하고 있다. 바울의 위대한 사역은 결코 혼자만의 작품이 아니었다. 헌신된 동역자들과의 협력을 통해 이루어낸 공동의 작품이다. 이처럼 멋지고 아름다운 동역자들과 함께했던 바울은 누구보다도 행복했던 사람이었다.

내 삶의 발자취를 뒤돌아보아도 좋은 부모와 멘토, 친구들, 아내와 자녀들, 신학교 동기들, 사역의 동역자들, 무엇보다 하늘의 보물처럼 귀한 새벽이슬 같은 주의 청소년, 청년들과의 만남까지 참으로 삶을 아름답고 풍성하게 하는 만남들로 가득하다. 그래서 만남의 축복을 위해서 항상 기도한다. 그래서인지 부교역자로서 여러 교회를 거칠 수밖에 없었는데 그때마다 좋은 만남의 축복을 경험하게 되었다.

물론 완벽한 사람은 없다. 나도 그렇고 내가 만나는 사람들도 그렇고 다 부족한 사람들이다. 그 부족한 사람들이 서로 위로가 되고 격려가 되는 만남을 통해 광야 같은 인생 여정을 살아갈 힘과 용기를 얻는 것이다. 하나님은 때마다 내게 너무나 귀한 만남을 허락해주셨다. 친구의 전도로 고등학교 3학년 때 본격적으로 신앙생활할 때부터 좋은 멘토를 만나게 해주셨다.

청년들과 다음세대를 함께 섬기도록 만나게 해주신 동역자 분들과 교사들, 청년들 역시 내게 행복한 만남의 추억으로 언제나 자리매김하고 있다. 청소년과 청년들을 믿음의 세대요, 그리스도의 군사로 일으키라는 성령님의 감동에 10여 년 전부터 글을 조금씩 써왔지만 책을 낼 자신이 없었다. 그럴 때 하나님이 이어주신 만남의 축복은 규장출판사의 여진구 대표님과 편집팀이다. 이 분들과의 만남을 통해 확신을 갖게 해주셨다.

하나님의 뜻과 계획이 있고 하나님이 기뻐하신다고 격려해주었을 뿐 아니라 부족함 많은 원고 수정을 위해서도 세심한 조언과 함께 계속해서 기도로 지원해주었다. 아낌없는 격려와 지원에 큰 용기를 얻었다. 좋은 만남이 주는 기쁨과 행복은 이처럼 우리의 영혼을 미소 짓게 하고 하나님이 맡겨주신 사명도 감당할 수 있는 용기를 북돋아준다.

한 청년공동체에서 섬길 때 만남의 축복을 하도 강조하니 한 청년이 웃으면서 말했다.

"목사님 덕분에 만남의 축복이 얼마나 중요한지 알게 된 것 같아요! 그래서 기도할 때마다 좋은 만남의 축복을 주시도록 기도하고 있어요."

많은 만남을 갖게 되는 때인 청년의 때를 보내고 있는 이들에게 한

번 더 강조하고 싶다. 만남의 축복의 중요성은, 그리고 좋은 만남을 위해 기도하는 것은 아무리 강조해도 지나치지 않는다.

연합은 생명의 축복을 누리게 한다

연합하여 어울려서 함께 사는 것이 선하고 아름다운 이유, 우리가 연합하기 위해 힘써야 하는 또 다른 이유는 연합은 생명의 축복을 누리게 하고 영생과 하나님나라를 맛보게 하기 때문이다. 친밀한 관계, 연합하여 하나 되는 것이 이처럼 중요한데 왜 우리의 삶과 우리가 맺어가는 관계 그리고 수많은 관계들로 이루어진 사회와 세상은 그렇지 못한 것처럼 느껴지는 것일까? 사람들의 생각과 사상이 다르고 각자의 고향과 민족, 인종이 다르며, 세대가 다르고 추구하는 바가 다르기 때문일 것이다. 이처럼 사람들은 다 다르다.

그러나 다른 것이 꼭 틀린 것은 아니다. 다르더라도 얼마든지 서로 조화를 이루어 하나가 될 수 있다. 그런데 이 세상에는 서로 다른 것을 조화롭게 하여 하나 됨을 이루지 못하고 서로가 잘못되었다고 하고 서로 비판하고 정죄하며 공격하고 분리와 분열, 관계의 단절과 깨어짐, 다툼과 전쟁으로 인한 상처와 아픔이 끊이지 않는다.

가정도 사회도 나라도 민족도 세계도 온통 분열과 깨어짐, 다툼과 전쟁의 상처와 아픔으로 여기저기, 우리 주변에서 세계 곳곳에서 고통과 아픔으로 신음하고 있다. 이 고통과 아픔은 바로 '죄' 때문이다. 믿고 신뢰해야 할 관계가 믿지 못하고 불신하는 것이다. 첫 사람 아담과 하와가 하나님의 사랑과 약속을 믿어야 하는데 믿지 못하고 오히려 하나님처럼 되려고 하여 결국 신뢰 관계가 깨어진 것이다.

죄의 심각한 결과 중 하나가 바로 관계의 단절과 깨어짐이다. 아담과 하와가 하나님을 신뢰하지 못하고 범죄하여 하나님의 형상대로 지음 받아 하나님과의 친밀한 교제를 나누던 관계가 단절되었을 뿐만 아니라 사람과 사람 사이인 남편과 아내, 부부간의 아름다운 관계도, 형제지간의 돈독한 관계도 모두 다 깨어지고 말았다. 그 이후 우리의 삶은, 사회와 세상은 관계의 단절과 깨어짐으로 인한 온갖 상처와 아픔으로 가득하게 된 것이다.

아담과 하와의 범죄 이후 인류 역사가 이어져오면서 이 상처와 아픔이 없었던 적은 단 한 번도 없었다. 이처럼 관계의 단절과 깨어짐은 인류 전체에게 큰 아픔과 고통을 지금까지도 안겨주고 있다. 그럼에도 이 아픔을 해결할 수 있는 길이 좀처럼 보이지 않는다는 것이 인류의 큰 고민거리이자 풀기 어려운 난제이다. 그러나 감사하게도 이런 관계의 단절과 깨어짐이 치유되고 다시 회복되기 위한 길이 있다. 그 길은 바로 예수 그리스도이시다.

그리스도는 우리의 평화이십니다. 그리스도께서는 유대 사람과 이방 사람이 양쪽으로 갈라져 있는 것을 하나로 만드신 분이십니다. 그분은 유대 사람과 이방 사람 사이를 가르는 담을 자기 몸으로 허무셔서, 원수 된 것을 없애시고, 여러 가지 조문으로 된 계명의 율법을 폐하셨습니다. 그분은 이 둘을 자기 안에서 하나의 새 사람으로 만들어서 평화를 이루시고, 원수 된 것을 십자가로 소멸하시고 이 둘을 한 몸으로 만드셔서, 하나님과 화해시키셨습니다. 엡 2:14-16, 새번역

예수님께서 자신의 몸을 드려 '십자가'에서 죽으신 것은 모든 깨어진 관계를 회복하는 화해와 화평의 제물로 자신을 내어주신 것이다. 십자가는 수직적으로는 하나님과의 단절된 관계를 치유하고 회복하며, 수평적으로는 인간관계의 단절을 치유하고 회복하며 하나 되게 하는 능력이다. 그래서 모든 관계의 단절과 깨어짐, 분열의 근본 원인인 죄의 문제를 해결할 수 있는 유일한 길은 바로 예수 그리스도이시다. 이 예수 그리스도를 통해 단절되고 깨어진 관계가 치유되고 회복됨으로 누리게 되는 은혜는 생명이다. 영생이다.

헐몬의 이슬이 시온의 산들에 내림 같도다 거기서 여호와께서 복을 명령하셨나니 곧 영생이로다 시 133:3

이 말씀에서 먼저 뒷부분의 '거기서'는 하나님을 향한 믿음과 마음으로 하나 되어 연합하여 모인 그곳, '은혜의 자리에서'라는 의미이다. 즉, 하나님 안에서 그리스도 안에서 하나 되어 모인 그곳에서 여호와께서 복을 명하셨는데 그것이 곧 영생, 영원한 생명이라는 것이다. '영생, 영원한 생명' 이것이 예수님의 이름으로 연합하여 모인 하나님나라의 백성들에게 주시는 하나님의 축복이다.

사탄은 분열의 영이다. 하나 된 아름다운 관계를 깨뜨리는 존재이다. 사랑으로 연합한 부부, 부모와 자녀와의 관계를 깨뜨리는 것이다. 사람과 사람 사이에, 민족과 민족 사이에, 나라와 나라 사이에 분열과 다툼, 전쟁을 조장한다. 그래서 아름다운 관계를 파괴하고 깨뜨린다. 무엇보다도 생명의 근원이신 하나님과의 관계를 단절시키

고 깨뜨리려 한다. 그래서 우리가 하나님께서 주시는 영생의 축복을 누리지 못하도록 만들고 결국엔 멸망의 길로 이끈다.

도둑이 오는 것은 도둑질하고 죽이고 멸망시키려는 것뿐이요 내가 온 것은 양으로 생명을 얻게 하고 더 풍성히 얻게 하려는 것이라 요 10:10

관계에 있어서 분열, 단절의 가장 극단적인 모습이 바로 죽음이다. 죽음은 가장 큰 단절의 모습이다. 죽으면 사랑하는 사람과 영원히 단절된다고 생각한다. 그래서 사랑하는 배우자나 가족들의 죽음은 그 어떤 것보다 가장 큰 슬픔으로 다가오는 것이다. 우리에게 가장 큰 슬픔을 주는 육체의 죽음을 초월한 영적 새 생명, 영원한 생명을 누리려면 우리에게 생명을 주시는 분이 '예수 그리스도'라는 믿음의 고백으로 나아가야 한다. 그리고 이러한 믿음의 고백으로 나아가는 믿음의 공동체와 함께할 수 있어야 한다. 또한 '사랑의 나눔 있는 곳에 하나님께서 계시도다'라는 떼제 공동체의 찬양의 고백처럼 서로를 먼저 생각하고 사랑의 교제와 나눔이 있는 곳, 그러한 믿음과 사랑의 공동체가 바로 천국의 모습, 하나님나라의 모습이다.

미국 남부 어느 교회에서 예배를 드리려고 들어섰던 한 사람이 제지를 당했다. 그 교회는 백인들만 예배드리는 교회였는데 그 교회에 들어가려고 했던 사람은 흑인이었기 때문이다. 너무나 슬퍼서 교회 옆 골목에서 흐느끼며 울고 있는데 갑자기 누군가가 손을 자신의 어깨 위에 가만히 얹는 것이다. 눈물이 가득한 눈으로 바라보니 예수님이 자기 뒤에 서 계신 것이 아닌가. 주님은 울고 있는 그를 위로하시면서 안타까운 듯 말씀하셨다.

'너도 못 들어가고 쫓겨났구나. 나도 저 교회에 못 들어가고 쫓겨났단다.'

흑인은 못 들어가는 교회, 가난한 사람은 못 들어가는 교회, 장애인은 못 들어가는 교회가 있다면 그것은 하나님께서 기뻐하시는 교회가 아니다. 그것은 진정한 하나님나라의 모습이 아니다.

이 일 후에 내가 보니 각 나라와 족속과 백성과 방언에서 아무도 능히 셀 수 없는 큰 무리가 나와 흰 옷을 입고 손에 종려가지를 들고 보좌 앞과 어린 양 앞에 서서 큰 소리로 외쳐 이르되 구원하심이 보좌에 앉으신 우리 하나님과 어린 양에게 있도다 하니 계 7:9,10

성경에서 소개하는 하나님나라는 인종과 언어에 관계없이, 막힌 장벽이 허물어지고 진정 하나 되는 나라이다. 이와 같은 하나님나라의 비전을 품은 주의 청년들이 되어야 한다. 그러나 모든 인종과 차별을 넘어 하나 된다는 것이 쉬운 일은 아니다. 아직 우리가 살고 있는 세상은 알게 모르게 차별이 뿌리 깊이 존재하고 있다. 우리의 생각과 의지만으로 쉽게 해결될 수 있는 문제가 아니다. 이 문제에 대한 하나님의 해결책은 성령님이시다.

성령님은 하나 되게 하시는 영이시다. 모든 단절되고 깨어진 관계를 치유하시고 회복시키시는 존재이시다. 민족의 분리는 먼저 언어의 분리에서부터 비롯되었는데 바벨탑 사건으로 언어의 분리가 왔고 세상에 분리와 단절이 오게 되었다.

초대 교회에서 성령의 강림이 임했을 때 제자들이 방언을 말하게 되었는데 못 배운 어부 출신이 많은 제자들이 각 나라 말을 쓰자 이것을 들은 모든 사람들이 놀랐다. 성령님께서 임하셔서 서로 언어가 소통되어 분열을 극복하게 하신 것이다. 성령님은 모든 분열과 분리의 장벽을 무너뜨리시고 하나 되게 하신다. 그렇기 때문에 성령께서 임하실 때 가정, 사회, 교회, 민족, 나라들도 분열이 치유되고 회복되며 하나 된다. 주의 이름으로 연합하여 모일 때 더욱더 하나 되는 성령의 은혜와 능력을 부어주신다.

머리에 있는 보배로운 기름이 수염 곧 아론의 수염에 흘러서 그의 옷깃까지 내림 같고 헐몬의 이슬이 시온의 산들에 내림 같도다… 시 133:2,3

여기서 보배로운 기름은 구약에서 이스라엘 백성이 하나님과 이스라엘 백성 사이의 다리 역할을 하는 제사장을 택하여 세울 때 머리에 기름을 부어 세우는 예식을 진행할 때 쓰는 기름을 상징한다. 모세의 형 아론이 제사장으로 안수받을 때 그 머리에 부은 기름이 수염을 타고 내려와 옷깃까지 흘러내려오는 광경을 묘사하고 있다. 이때 기름은 성령의 기름 부으심, 성령의 능력으로 임하심을 의미한다. 성령의 능력이 임하는 것이다. 예수님의 이름으로 모인 하나님의 백성들 위에 성령님께서 임하시는 것이다.

그리고 계속해서 "헐몬의 이슬이 시온의 산들에 내림 같도다"라고 했는데 이슬이 하늘에서 내려 메마른 산과 들, 온 땅을 적셔 만물을 소생케 하듯이 하나님의 백성들에게 은혜와 능력을 부어주셔서 만물을 소생케 하는 능력 있는 삶을 살 수 있게 하시는 것이다.

어렵지만 결코 포기할 수 없는 가치

연합이 이토록 중요하지만 서로 다른 배경과 정서를 가진 사람들이 연합하는 것은 결코 쉽지 않다. 한국 사회는 남과 북이 나뉘어져 있는 것도 안타까운 일인데 근래에는 지역과 세대별로, 그리고 이념 간의 갈등이 끊이지 않는 것 같다. 서로 다름을 인정하며 이해하고 하나 됨을 이루어도 부족한데 서로 반목하고 책임을 전가하기까지 하는 모습은 안타깝기만 하다.

세상은 그렇다고 해도 기독교마저도 하나 되지 못하는 모습에 사회는 벌써 기독교에 대한 희망과 기대를 접었다고 해도 과언이 아닐 것이다. 오히려 교단별로도 우리가 더 낫고 너희는 못하다며 세상을 향해 다투고 분열하는 모습을 보여주는 데 앞장서고 있으니 하나님께서 보실 때 얼마나 가슴이 아프실까!

기독교 사회운동에 앞장서 왔던 손봉호 교수는 최근 LA기독교윤리실천운동이 주최한 '한국교회의 현실과 희망'이라는 주제로 열린 강연회에서 한국교회가 그동안 우리 사회에 많은 공헌을 해왔고 단결하면 모든 일에 엄청난 영향력을 행사할 수 있음에도 지금의 한국교회는 조그마한 이익에 집착하는 사고방식 때문에 갈라져서 아무 힘을 발휘하지 못한다고 아쉬워하였다.

교단간의 연합이나 교회들 간의 연합은 말할 것도 없고 한 교회 내에서의 연합도 쉽지 않음을 느낄 때가 있다. 한번은 다음세대의 영적 성장을 위해서 부서간에 연합해서 양육과정을 진행하고자 했을 때 어려움에 부딪혔다. '연합한다고 특별히 좋을 일도 없는데 굳이 연합해야 하는가, 각 부서가 알아서 잘 하면 되는 거 아닌가' 하는 의견을 강하게 주장하기에 더 이상 연합에 대한 논의를 진행할 수가 없었다. 사실 그 교회는 여러 교단의 사역자들이 모여 초교파로 사역하는 교회였다. 그럼에도 연합하는 것이 여간 어렵지 않았다. 참으로 안타까운 현실 앞에 좌절감이 밀려왔다.

우리 부서만, 우리 교회만 잘하면 되는 거 아닌가? 이 말이 틀린 말은 아니다. 그럼에도 연합해야 하는 이유는 연합하면 더 큰 능력이 발휘될 수 있기 때문이다. 캠퍼스 복음화를 예를 들어보자. 캠퍼스를 복음화하는 일은 한 교회나 선교단체가 감당하기에는 벅차다. 한 도시에 거룩한 영향력을 끼치는 것 역시 한 교회의 힘만으로는 도저히 불가능하다. 믿음의 사람들과 공동체가 함께 힘을 합쳐야 한다.

연합은 쉽지 않지만 결코 포기할 수 없는 의미와 가치가 있다. 조직적으로 활동하는 사탄의 세력들은 절대로 나 혼자나 우리 교회, 우리 교단의 힘만으로 다 감당할 수가 없다. 사탄의 조직적인 활동과 기독교를 향해 부정적인 시선을 거두지 않고 있는 세상에 맞서려면 연합이 필요하다. 마치 국가대표팀 경기처럼, 평소에는 지역별로 연고 팀이 나눠서 경쟁하지만 국가대표 경기를 할 때는 온 국민이 하나 되어 응원하여 힘을 결집하는 것처럼 이제는 함께 힘을 합치고 연합해야 할 때이다.

한국교회의 초창기 부흥의 이면에는 교단과 교파를 초월하여 연합해서 모였던 연합 모임이 있었다. 한국교회 초기, 미국과 캐나다 등지에서 온 선교사들은 저마다 파송된 교단들이 있었고 그로 인해 서로 경쟁하기에 이르렀고, 10여 년 이상 선교해도 별로 열매가 없었다. 그러다가 각성하고 교단과 교파를 초월해서 모여 함께 말씀을 듣고 기도하기 시작했을 때 회개하게 하시는 성령의 역사와 하나 됨의 역사, 부흥의 역사가 일어나게 되었다. 그렇게 연합을 통해 놀라운 부흥을 경험했던 한국교회가 지금은 어떤 모습인가? 온전히 하나 되지 못하고 개 교회주의와 교단주의로 인해 기독교 내의 연합도 쉽지 않아 보인다.

교회 성장학 분야에서 세계 최고 권위자로 일컬어지는 피터 와그너 박사는 "한국교회가 개인주의, 개 교회 중심으로 나간다면 미래가 없다. 한국교회는 연합해야 한다"고 역설했다. 그만큼 한국교회는 지금 연합의 필요성을 절실히 외치는 소리에 귀 기울여야 할 때이다.

작은 불씨 하나에서부터

나 하나 헌신한다고 무슨 의미가 있나 싶을 수도 있다. 연합사역을 위해 섬길 때마다 종종 느끼는 것이기도 하다. 한번은 대학에 입학하는 크리스천 신입생 환영회를 대학 주변의 여러 교회들과 연합하여 진행한 적이 있었다. 함께 힘을 합쳐 캠퍼스를 복음화하자는 마음과 뜻이 모아져 진행하게 된 뜻깊은 행사였다. 그런데 얼마 후 권위자로부터 이런 말을 듣게 되었다.

"우리 교회 단독으로도 얼마든지 진행할 수 있는 일을 굳이 왜 다른 교회와 함께 진행해서 남 좋은 일 할게 뭐 있어. 우리 교회만 잘하면 되는 거지, 연합은 뭐 하러 해…."

뭔가로 머리를 심하게 한 대 맞은 기분이었다. 너무나 큰 충격이었다. 영혼 구원과 캠퍼스 복음화를 위해 교회들이 함께 힘을 합쳐도 모자랄 판에 교회들끼리 경쟁하도록 만드는 현실이 너무나 서글펐다. 어쩌면 이러한 모습이 그동안의 한국교회 안에 있었던 보편적인 정서가 아닐까 싶다.

연합한다는 것이 많이 힘들기도 하고 내 힘이 너무 미약한 것 같다는 생각이 들어 마음이 몹시 낙심이 되었다.

'하나님! 저 너무 힘이 드네요. 연합사역을 하라는 마음, 하나님께서 주신 거 맞나요? 이렇게 이해받지도 못하고 눈치 보면서 굳이 연합사역을 해야 하나요?'

너무 힘이 들어 지치기도 하고 그만 쓰러져 누운 채로 하나님께 하소연을 하고 있었다. 연합사역을 그만 포기해야 하나 하는 생각까지 들었다. 그러다 잠이 들었고 새벽녘에 다시 잠이 깨었다. 새벽기도를 나가야 하는 시간이 된 줄 알고 몸이 반응을 한 것이다. 그런데 평소보다 조금 일찍 깨어났다. 새벽기도 나가기엔 조금 이른 시간이라 어떻게 할까를 잠시 고민하다가 극동방송을 들으려고 라디오를 켰다. 그 순간 라디오에서 찬양 소리가 울려퍼졌다.

"나는 아네 내가 살아가는 이유 불이 되는 것 작은 불이 큰 산 모두 태우듯이 나를 쓰소서…."

찬양 가사가 마음에 큰 울림으로 다가왔다.

'그렇구나! 큰 불도 처음엔 작은 불씨 하나에서 시작되는구나!'

이런 깨달음과 함께 연합사역을 위한 작은 불씨가 되라는 감동이 밀려왔다. 성령님이 주시는 위로와 감동이 분명했다. 그 후부터는 누가 알아주지 않고 금방 효과가 나타나지 않아도 하나님께서 기뻐하시는 사역이라는 생각에 마음을 다시 굳건하게 다잡고 계속해서 섬겼다. 그렇다. 연합의 불씨가 되고 부흥의 횃불이 되는 것은 누가 알아주지 않고 오해를 받기도 하고 분명 힘든 여정이지만 그만큼의 가치가 있고 의미도 있다.

무엇보다 성경에서 연합을 중요하게 다루고 있다. 예수님께서 제자들을 전도하러 보내실 때 혼자 보내지 않으시고 꼭 둘씩 짝을 지어 보내셨다. 함께하는 것의 중요성을 잘 아셨던 것이다. 초대 교회도 함께 모여 찬양하고 기도하다가 성령의 권능을 체험하게 되었고 부흥의 불길이 온 땅에 번져가게 되었다.

선배 목회자와 교제하던 중 나눴던 이야기이다. 잠시 교회사역을 쉬면서 안식하던 중 집 근처에 있는 교회에서 예배를 드리게 되었는데 그 교회에 인접한 곳에 한 교회가 새 건물을 지어 입당하게 되었다고 했다. 그런 상황이 되면 먼저 있던 교회에서 부정적으로 생각하는 것이 보통인데 그 교회의 목사님은 설교 중에 "우리 교회 옆에 새로운 교회가 들어오게 되었는데 축복합시다. 우리가 잘해야 합니다. 아마도 주민들은 우리가 어떻게 하는지 지켜볼 것입니다. 이때 우리 교회와 옆에 새로 들어온 교회가 서로를 축복하고 연합해서 이웃을 섬긴다면 그들은 우리를 통해 화목 제물 되신 예수님을 보게 될 것입니다"라고 말씀하시는 것을 듣고 큰 감동을 받았다는 것이다. 그 이야기를 전해들은 나 또한 연합에 대한 아름다운 마음을 가지고 실천하려는 교회와 목회자들이 적지 않음에 큰 감동과 울림이 있었다.

세상이 여전히 우리를 주목하고 있다. 그동안은 한국교회가 너무나 많은 실망스런 모습을 보여주었다면 이제는 달라져야 한다. 개교회주의, 교단주의를 넘어서 예수님을 그리스도로 고백하는 교회들이 힘을 합치고 연합하여 사회에 거룩한 영향력을 회복해야 할 때이다.

생명을 살리고 부흥케 하는 능력

진실로 다시 너희에게 이르노니 너희 중의 두 사람이 땅에서 합심하여 무엇이든지 구하면 하늘에 계신 내 아버지께서 그들을 위하여 이루게 하시리라 마 18:19

두 사람이 합심하여 구해도 이루어주신다면 더 많은 숫자가 모여 합심하여 기도하게 될 때는 얼마나 놀라운 일들이 일어나겠는가! 핵폭탄이 처음에 스파크를 일으켜서 폭발할 수 있는 기본적인 질량을 원자물리학 용어로 임계 질량이라고 한다. 피터 와그너 박사는 영적인 면에서도 교회가 부흥되고 그 지역을 기도로 변화시킬 수 있는 최소한의 단위라 할 수 있는 임계 질량 50명이 있으면 정체의 벽을 넘어 부흥을 체험할 수 있다고 하였다. 전용복 목사님은《생명력 있는 중보기도》라는 책에서 다음과 같이 말한다.

"헌신된 중보 기도자들의 연합된 기도가 파도치기 시작하면 교회에 들어오는 이들마다 보이지 않는 하나님의 손길이 자기를 위로하시는 것과 하나님의 능력과 역사가 계속해서 예배와 찬양 가운데 나타나는 것을 볼 수 있게 된다. 하나님의 능력으로 교회를 통해 하나님의 나라가 더욱 넓어지기를 기도하면 놀라우신 하나님의 역사를 체험하게 된다."

우리나라는 세계에서 유일한 분단 국가로 남아 있는데 우리 나라에 앞서 분단 국가였다가 지금은 하나 된 독일이 통일되는 과정에 독일 한 교회의 작은 기도모임이 불씨가 되었다. 라이프치히시의 니콜라이 교회에서 동서독 통일을 위한 기도회를 처음에는 청년들을 포함해서 몇 명이 모여 작은 불씨로 시작했는데 점점 많은 사람들이 동참하게 되었고 그 불씨가 점점 커져가자 동독 정부는 도시 곳곳을 봉쇄하고 이 기도회를 막으려 했지만 그럴수록 더 많은 사람들이 모여들고 평화행진까지 이어지게 되어 결국 동서독을 가로막고 있던 베를린 장벽이 무너지는 역사가 일어났다. 작은 기도의 불씨가 독일 통일의 큰 불로 지펴진 것이다. 주의 이름으로 연합하여 기도하는 곳에는 이처럼 놀라운 하나님의 역사가 일어난다.

대전에서 청년사역을 담당하던 때의 일이다. 하나님은 나에게 연합사역에 대한 마음을 주셔서 지역 교회의 청년대학부들과 캠퍼스선교단체들과의 연합사역을 위해 기도하게 하셨다. 그러던 중 학원복음화협의회 대전충청지역 총무로 섬기던 민병우 간사님(지금은 목사로 섬기고 있음)을 만나게 되었다. 이 만남이 계기가 되어 지역 교회의 청년사역자들과 캠퍼스 선교단체들과의 만남이 자연스레 이루어지게 되었다.

대전 지역은 인구 대비 대학생이 전국에서 두 번째로 많은 지역이었고 그로 인해 이단의 활동 또한 가장 활발한 지역이기도 했다. 그런 지역에서 하나님이 연합하여 사역할 것에 대한 비전을 주시고 기도하게 하셨고 연합사역을 할 수 있는 기회를 주심으로 하나님께서 인도해 가심을 알게 해주셨다. 얼마 지나지 않아 학복협 대전충청지역 교회실행위원장으로 세워주셔서 연합사역을 주관해가도록 하신 것이다. 청년들이 교단과 교파를 넘어 함께 교제하게 하셨고 지역을 위한 연합기도회도 진행하게 되었다.

당시에 'Again 1907' 연합기도모임이 전국적으로 펼쳐지고 있었는데 대전에서도 청년연합기도운동을 펼치게 하셨고 'Again 1907 Korea 전국연합기도회'가 대전에서 열릴 때 메인 스태프로 섬기도록 하셨다. 그리고 해마다 진행된 캠퍼스 복음화 운동에서도 함께 연합하게 하셨다. 학복협 주관으로 지역 교회 청년부와 캠퍼스 선교단체들이 힘을 합쳐서 캠퍼스 복음축제를 진행했고 이는 적지 않은 결실로 이어졌다.

한 해는 카이스트에서 복음축제를 진행하게 하신 적이 있다. 섬겼던 교회가 카이스트 바로 옆에 위치하고 있어서 카이스트 학생들이 적지 않았고 카이스트 복음화 운동에도 함께 동참하여 섬기게 되었다. 한번은 카이스트에 새로운 총장님이 부임하면서 새로 바뀐 학점 및 등록금 제도로 학생들이 심한 부담감을 느껴 캠퍼스 복음화 운동이 점점 힘을 잃어가고 있었다. 카이스트 복음화 협의회에 속한 임원들과 카이스트 내의 캠퍼스 선교단체 학생들도 많이 힘들어하며 기도해달라고 도움을 요청하기까지 했다.

카이스트에서 해마다 열린 예수 축제라는 행사를 카이스트 학생들과 카이스트 내 캠퍼스 선교단체들 위주로 진행했었는데 그해에는 섬기던 교회를 비롯해 학복협에 속한 지역 교회 청년대학부와도 함께 연합하여 캠퍼스의 회복과 부흥 그리고 복음화를 위한 집회를 제안하여 7주간 연합 중보기도집회 후 마지막 7주차에 3일간 예수 축제를 진행하게 되었다. 그렇게 연합해서 모여 함께 기도로 준비하면서 마지막 3일 중 하루는 온전한 복음 전도 축제로 진행하면 좋겠다는 감동이 와서 연합회 임원들과 상의하여 믿지 않는 사람들을 많이 초청할 수 있는 복음축제콘서트를 기획하게 되었다.

믿지 않는 사람들을 초청하기 위해서 그들에게 다가갈 수 있도록 크리스천이면서 지명도도 있고 복음의 통로가 될 만한 게스트를 섭외하자는 의견이 모아졌다. 그런데 그 과정이 쉽지 않았다. 주로 학생들이 모여서 진행하게 된 행사라 많은 사례비를 드릴 수 없어 믿지 않는 사람들에게도 잘 알려진 지명도 있는 게스트를 초청하는 것은 힘들어 보이기까지 했다. 그렇지만 계속 기도하면서 하나님께서 인도해주실 것을 간절히 기도했다.

그리고 남성 듀엣가수 유리상자의 이세준 씨가 CCM 2집 음반을 발표했다는 소식을 접하게 되어 메인 게스트로 30분 이상 출연해주실 것을 요청드렸다. 며칠 후 매니저로부터 연락이 왔는데, 이세준 씨가 바빠서 찬양을 1,2곡 부르고 갈 수밖에 없다고 했다. 준비하던 모든 스태프들과 긴급 기도를 하면서 하나님께서 이 모든 상황을 주관해주실 것을 기도하며 행사 당일을 맞이했다.

카이스트 강당에서 진행된 복음축제콘서트에 참여하기 위해 많은 사람들이 줄을 서서 기다리며 입장했다. 여러 CCM 사역자들과 행사에 사회를 볼 크리스천 아나운서가 도착했고, 메인 게스트였던 이세준 씨도 도착했다. 그는 행사장에 도착하여 현장의 뜨거운 분위기와 접견실에서 의전을 할 때 행사의 취지와 기도로 준비해온 이야기를 듣고는 감동을 받은 듯했다. 1,2곡 부르고 급히 가야 한다고 했던 분이 사회자의 진행에 따른 토크쇼와 함께 1시간 가까이 자신의 삶의 이야기와 노래를 들려주었다. 심지어 마지막에는 관중석에 나가 열창을 했다.

행사를 준비하며 기도하던 중 성령님께서 장미꽃 천 송이를 준비하라는 감동을 주셔서 준비해두었는데 그 장미꽃을 한아름 안아들고는 '당신은 사랑받기 위해 태어난 사람' 노래를 부르면서 관중들에게 일일이 한 송이씩 나누어주기까지 했다. 기도로 행사를 준비하긴 했지만 이토록 놀랍게 성령님께서 역사하시는 것을 보고는 준비하고 섬긴 스태프들이 감격하며 하나님께 영광을 돌렸다.

행사는 성황리에 마무리되었다. 단지 행사가 잘 진행된 것을 이야기하려는 것이 아니라 그 이후에 일어난 변화가 놀라웠다. 카이스트 내의 크리스천들과 선교단체들이 힘을 얻게 되었고 점심 때마다 식당 앞에서 찬양을 부르며 성경책을 나눠주는 등 놀라운 변화의 역사가 일어났다. 그동안 기독교에 대해 부정적인 시선들, 특히 과학 영재라고 일컬어지는 카이스트 학생들이라 기독교 신앙에 대해 부정적인 시선들이 강했었는데 그런 시선들이 조금씩 변화되는 흐름을 감지할 수 있었다.

함께 연합기도회와 복음축제콘서트에 참여했던 교회 청년대학부들도 전도에 대한 강박관념을 버리고 전도에 힘쓰게 되는 계기가 되었다. 이러한 일들은 한 교회의 청년대학부나 선교단체가 할 수 있는 일이 아니다. 연합할 때 놀라운 역사가 일어날 수 있는 것이다.

또 너희 다섯이 백을 쫓고 너희 백이 만을 쫓으리니 너희 대적들이 너희 앞에서 칼에 엎드러질 것이며 레 26:8

다섯이 백을 쫓으면 백 명이면 산술적으로는 2천 명을 쫓아야 하지만 만을 쫓는다고 말씀한다. 말 한 마리를 끌 수 있는 힘을 1마력이라고 할 때 두 마리의 말이 힘을 합치면 산술적으로는 2마력이지만 무려 8배인 16마력의 힘을 낼 수 있다고 한다. 이것이 시너지 효과이고 연합의 능력이다.

교회 연합과 부흥의 불씨

한국 기독학생운동의 선구자이자 학원복음화협의회 상임대표를 지내신 이승장 목사님은 《하나님의 청년은 시대를 탓하지 않는다》라는 책에서 연합의 중요성에 대해 역설한다.

"예수께서 생애의 마지막에서 대제사장적인 기도를 드리실 때의 중보기도제목은 '우리가 하나가 된 것같이 그들도 하나가 되게 하려 함이니이다'(요 17:22)였습니다. 예수님의 기도가 틀림없이 모두 성취되었다면, 하나님의 백성은 과거, 현재, 미래의 모든 자녀들이 하나가 된 것입니다. 그래서 교회는 하나입니다. 비록 교파가 다르며 지역 교회가 다르더라도 한 아버지의 자녀들로서, 한 주(主)를 믿는 한 몸의 지체의식이 그리스도인들에게는 반드시 있어야 합니다. 특히 한국 개신교회가 분열과 불화를 계속하는 동안 국가 사회를 위해 연합되어 일하는 모습을 보여주지 못해 불신사회 전도에 큰 장애가 된 것은 심히 가슴 아픈 일입니다. 이 시대를 사는 한국 그리스도인들이 가장 힘써야 할 일 중 하나가 연합사업입니다."

한국교회를 새롭게 하고 사회와 세상에 희망을 제시하기 위해서 많은 노력이 필요하지만 우선 연합이 필요하다. 기성 세대가 어려워 한다면 청년 세대가 기꺼이 연합의 밑거름이 되어야 한다. 청년들은 장년들과 달리 교단과 교파에 덜 민감하다. 청년연합사역을 하면서 이런 점들을 더욱 실감하게 된다.

학원복음화협의회를 섬기는 다양한 교단의 청년사역자들과의 교제와 교파를 넘어선 연합사역을 통해서 청년 세대가 한국교회 연합에 있어 희망의 불씨가 될 수 있음을 본다. 매년 청년사역자 훈련학교를 통해 각 교단의 청년사역을 맡고 있거나 담당하게 될 청년사역자들을 세워가고 있다. 그런데 섬기는 분들이나 참여하는 분들이 다양한 교단에서 모였지만 전혀 이질감이 없다. 오직 한국교회 청년들을 살리겠다는 하나 된 마음과 일념이 있을 뿐이다.

청년연합수련회와 청년연합기도회, 캠퍼스 복음축제 등을 여러 교회와 선교단체들과 함께 섬길 때도 마찬가지였다. 우리가 속한 교단, 단체가 더 낫다는 생각은 조금도 들지 않는다. 오히려 '오직 겸손한 마음으로 각각 자기보다 남을 낫게 여기라'(빌 2:3)는 주님의 말씀처럼 서로를 더 높여주고 세워주려는 마음이 가득한 것을 보았다.

이처럼 열린 마음으로 청년들을 섬기는 사역자들과 교파에 매이지 않고 주님을 사랑하는 청년들이 있기에 한국교회 연합과 부흥에 대한 자그마한 희망을 품어보게 된다. 앞으로 기독교를 향한 사회적 분위기와 시선이 더 냉랭하고 어려워질 수도 있겠지만 작은 불씨들이 지펴진다면 한국교회 연합과 부흥의 불길이 번져갈 뿐 아니라 갈등이 끊이지 않는 세상을 향해서도 희망의 메시지를 전할 수 있을 것이라 기대하고 기도하며 기다리게 된다.

새벽이슬 같은 주의 청년들! 그대들이 하나님께서 새 시대에 새롭게 일으키실 한국교회 연합의 주역이자 부흥의 불씨가 되어 주길! 주의 권능의 날에 주님을 위해 싸우기 위해서 힘을 합쳐 즐거이 헌신하는 새벽이슬 같은 주의 청년들로 우뚝 서주길 간곡히 부탁한다.

11

영적 전쟁의 군사로 주님께 나오라

주의 권능의 날에

주의 권능의 날에 주의 백성이 거룩한 옷을 입고 즐거이 헌신하니 새벽이슬 같은 주의 청년들이 주께 나오는도다 시 110:3

여기서 '주의 권능의 날에'라는 뜻은 '주님께서 권능으로 임하시는 날에, 마지막 전쟁의 날에'라는 의미이다. NIV 성경에서는 '당신의 전투의 날에'(on your day of battle)로 번역하고 있고, 《메시지》에서는 '주님의 위대한 승전 날에'라고 표현하고 있다. 시편 110편 3절은 시편 110편의 전체적인 배경과 맥락 속에서 이해해야 한다. 시편 110편은 그 주제가 '메시아의 통치와 심판'이다.

여호와께서 내 주에게 말씀하시기를 내가 네 원수들로 네 발판이 되게 하기까지 너는 내 오른쪽에 앉아 있으라 하셨도다 시 110:1

여호와께서 말씀하신 '내 주'는 히브리어 '아도니'를 번역한 것으로서 다윗의 자손으로 오실 메시아, 즉 예수 그리스도를 가리킨다. 그래서 이 구절은 '하나님께서 예수님에게 말씀하시기를 내가 너의 원수로 너의 발판이 되게 하기까지 너는 내 우편에 앉아 있으라'는 표현이다. 이것을 풀어쓰면 하나님께서 죄악과 사망의 권세인 사탄의 권세를 짓밟아 무너뜨리시고 예수 그리스도의 발 앞에 무릎 꿇게 하실 때까지 예수님께 하나님 우편에 앉아 있으라고 말씀하신다.

이 말씀을 좀 더 쉽게 이해하기 위해서는 우리의 상상력이 조금 필요하다. 그것은 '전쟁 상황'이다. 우리가 영화에서 보았던 전쟁 상황을 떠올려보자. 영화 〈반지의 제왕〉에서 보면 악으로 세상을 정복하려는 악의 세력들이 있다. 악의 세력을 대적하지 않으면 세상은 온통 악으로 가득 차게 된다. 반드시 악의 세력에 맞서 싸워야 세상을 지켜낼 수 있다. 이를 위해 악에 맞서 싸울 수 있는 사람들, 즉 전사들이 필요하다. 절대 선이신 하나님의 권세에 대적하는 악의 세력, 사탄의 권세가 죄악으로 세상을 뒤덮어 자신들의 목적을 이루려 하는 긴박한 전쟁의 때에 이들과 맞서 싸울 전사들의 자발적인 헌신이 필요하다. 그래서 시편 110편 3절에서 주의 권능의 날, 즉 치열한 영적 전쟁의 날에 주를 위해서 기꺼이 싸울 수 있는 새벽이슬 같은 주의 청년들이 주께 나아온다고 말씀하시는 것이다.

그런데 이 전쟁의 결말은 우리가 이미 알고 있다. 영화에서 주인공이 결국 승리할 것을 알듯이 우리가 싸워야 할 이 전쟁도 대장 되신 예수님과 그분을 따르는 우리가 궁극적으로 승리할 것이다. 이미 승리할 것을 안다면 재미없을 것 같지만 꼭 그렇지만은 않다. 주인공이 승리할 것을 알면서도 수많은 사람들이 영화를 보는 이유는 결론은 알고 있지만 그 과정은 모르기 때문이다. 어렵고 힘든 과정을 어떻게 이겨내고 승리할 것인지 궁금하기 때문에 그 과정을 기대하면서 영화를 본다.

우리도 마찬가지이다. 우리의 삶은 영적 전쟁이며 세상은 영적 전쟁터와도 같다. 그러나 이 전쟁은 이미 승리가 보장된 전쟁이다. 하나님께서 우리의 삶에 승리를 주실 것은 분명한데 어떻게 승리하게 하실지 기대하면서 살면 된다. 그리고 승리가 보장된 전쟁에 자원하고 헌신하여 공을 세울 수 있는 기회를 잘 활용하면 된다.

그런데 너무 안타까운 사람들이 있는데 우리의 삶이 영적 전쟁인지도 전혀 인식하지 못하는 사람, 자신이 영적 전쟁의 전사로 부르심을 받고 있는 것을 모르는 사람, 그래서 자신을 향한 주님의 위대한 부르심을 피하고 외면하기만 하는 사람이다. 이 전쟁이 승리가 보장된 전쟁임을, 하나님께서 온 세상의 통치자이시며 결국 죄악의 권세를 깨뜨리시고 영광 가운데 승리하실 것이며 그 주님과 함께하는 우리에게도 승리하게 하실 것을 알지 못하는 사람들이 있다. 그래서 자신이 전쟁 중에 있지만 결국 승리할 것이라는 어떤 믿음도 기대감도 없이 힘든 영적 전쟁터에서 날마다 때마다 공격당하고 상처 입고 패배자처럼 슬픔과 고통 중에 거하면서도 그 이유조차 모르는 경우가 적지 않다.

'제임스 패커'가 이렇게 말했다.

"우리가 세상의 주인이시며 세상을 다스리시는 하나님을 모른 채 살아가야 한다면 너무 비참할 것이다. 하나님을 모르는 이들에게는 세상은 이해할 수 없고, 미쳐 돌아가며, 고통스러운 장소일 뿐이다."

이 세상을 창조하셨을 뿐 아니라 만물을 주관하시고 다스리시는 하나님을 모르고 이 세상이 어떻게 돌아가고 있는지 전혀 알지 못한 채 오로지 자기 자신이 주인인 것처럼 생각하며 살아가는 사람은 사실은 사탄의 거짓 속임수에 속아 살아가는 것이기에 정말 불쌍한 사람이 아닐 수가 없다.

영적 세계에 대한 눈을 뜨라

그런데 어떤 이들은 이 세상을 지배하려는 악한 존재에 대해 이야기하면 그것은 영화 속에서나 있는 것으로 생각하는 분들이 있다. 그것은 영화 속에서나 일어나는 일이 아니다. 실제이며 현실이다. 영화에서 악으로 세상을 지배하려는 세력들처럼 이 세상을 죄와 악이 넘쳐나는 곳으로 만들려는 존재가 실재한다.

도둑이 오는 것은 도둑질하고 죽이고 멸망시키려는 것뿐이요 내가 온 것은 양으로 생명을 얻게 하고 더 풍성히 얻게 하려는 것이라 요 10:10

이 말씀처럼 정말 우리의 영혼을, 하나님이 주시려는 인생의 행복을 도적질하고 죽이고 멸망시키려는 존재가 있다. 하나님의 말씀인 성경에서는 그를 '사탄' 또는 '마귀'라고 부르며 그를 따르는 악한 영들이 있다고 말한다. 사탄은 지금도 많은 영혼들을 거짓으로 미혹하여 하나님을 섬기지 못하게 하고 세상의 죄와 유혹에 빠져 살게 만든다.

이처럼 우리가 우리를 유혹하고 공격하는 존재가 있다는 사실을 모르면 꼼짝없이 유혹에 넘어가고 만다. 우리를 무너뜨리려는 적에 대해서 모르면 적의 공격에 맞설 수가 없고 결국 패배하고 만다. 우리가 인정하기 싫을지라도 이 땅에서의 삶 가운데 우리는 전쟁에 직면하고 있다. 그것은 영적 전쟁이며 사탄과의 치열한 싸움이다.

우리가 주목하는 것은 보이는 것이 아니요 보이지 않는 것이니 보이는 것은 잠깐이요 보이지 않는 것은 영원함이라 고후 4:18

이 말씀을 쉬운성경에서는 이렇게 표현한다.

"우리는 보이는 것들에 시선을 고정시키는 것이 아니라 보이지 않는 것들에 시선을 고정합니다. 이는 보이는 것은 한순간이지만 보이지 않는 것은 영원하기 때문입니다."

이 말씀처럼 이 세계는 '보이는 세계'와 '보이지 않는 세계'로 이루어져 있다. 보이는 것은 잠깐이고 보이지 않는 것이 영원한 것이며 더 본질적인 것이다. 보이는 세계는 보이지 않는 세계에 의해 영향을 받는다. 마치 눈에 보이지 않는 정신(생각)에 의해 행동(눈에 드러나는 것)으로 나타나는 것과 같다. 그러므로 눈에 보이지 않는다고 해서 존재하지 않는다고 하는 것은 옳지 않다. 우리 육의 눈에 보이지 않지만 실재하는 것들이 많이 있다. 우리의 피부에 영향을 끼치는 자외선 같은 것은 우리의 눈으로 볼 수가 없다. 그래서 선크림과 같은 자외선 차단제를 바르지 않고 장시간 햇빛에 피부가 노출되면 피부가 상하게 되는 것과 같다. 이와 같은 원리로 사탄이 비록 우리 눈에 안 보인다고 해서 마치 그런 존재가 없는 것처럼 여기며 살아가다가는 사탄과 그로 인한 죄의 영향력에 의해 큰 치명타를 입게 된다. 사회와 민족의 역사 속에 오랫동안 뿌리내린 악한 관습과 제도들, 건전하지 못한 문화, 성적인 타락과 온갖 범죄들, 대규모의 마약 거래, 폭력, 다툼과 전쟁, 잔악한 테러 행위, 자살과 살인 등 이 모든 것들은 우리가 일반적으로 '악한 것들'로 인식하고 있는 것인데 이러한 것들이 바로 죄와 악이 드러나는 현상들이며 그 배후에 바로 사탄의 역사가 있는 것이다.

영국의 신학자이자 사상가인 C. S. 루이스는 영적 존재인 마귀에 대해 인간이 빠질 수 있는 두 가지 오류에 대해 이렇게 이야기한다.

"마귀에 대해서 인간은 두 가지 오류에 빠질 가능성이 있다. 이 두 가지가 모두 잘못이며 또 서로 반대되는 것이다. 하나는 마귀의 존재를 믿지 않는 것이고, 다른 하나는 마귀를 믿기는 믿되 과도하고 건강하지 못한 만큼의 관심을 기울이는 것이다. 즉, 마귀를 지나치게 의식하며 두려워하는 것이다!"

이처럼 과학이 발달한 시대에 마귀가 어디 있느냐며 마귀의 존재를 믿지 않으려는 것이 첫 번째 오류이고 귀신론을 지나치게 강조하는 이단처럼 감기 들리면 감기 귀신이 들렸다고 하면서 축사 기도를 하는 등 모든 것을 마귀와 연관지어 생각하려는 것이 두 번째 오류이다. 모든 일을 그렇게 생각해야 한다면 얼마나 피곤하겠는가! 우리가 마귀에 대해 너무 과도한 신경을 쓰고 피곤하게 살 필요는 없다.

그렇지만 우리는 성경말씀을 통해서 분명히 마귀의 실체를 인정하고 그에 대한 대비책을 강구해야만 한다.

사실 C. S. 루이스가 지적한 두 가지 오류 외에 한 가지 오류가 더 있다. 그것은 마귀의 존재를 믿긴 하지만 그다지 대수롭지 않게 여기는 것이다. 마귀는 분명히 존재한다. 그리고 마귀는 우리가 대수롭지 않게 여길 만큼 가벼운 존재는 아니다. 우리의 적 마귀가 어떤 존재인지 모르면 우리는 정말 우리가 처한 영적 전쟁에서 패할 수밖에 없다. 우리가 영적 전쟁에서 승리하기 위해 반드시 알아야 하는 것은 우리의 적이 누구인지 어떤 존재인지에 대해서 알아야 한다.

이승장 목사님은 《하나님의 청년은 시대를 탓하지 않는다》라는 책에서 다니엘서의 묵시 부분을 강해하면서 신앙생활은 치열한 전투이기에 눈에 보이는 현상 세계에서 발생하는 사건들만 아니라, 눈에 보이지 않는 하늘에 속한 영적 실체를 배워야 하고, 나와 가정 및 교회와 사회에 생긴 갈등 문제를 영적으로 조종하는 세력을 보고 싸울 수 있어야 한다고 권고한다. 우리는 이미 치열한 영적 전쟁의 한가운데에서 살아가고 있음을 알아야 하고 이 전쟁에서 승리하는 법을 배워야 한다.

승리하기 위해서는 적을 알아야 한다

손자병법에서 승리의 원리로 제시하는 '지피지기백전불태'(知彼知

己百戰不殆)란 말을 잘 알 것이다. 적을 알고 나를 알면 백번을 싸워도 위태롭지 않다는 뜻이다. 이처럼 전쟁에서 이기기 위해서는 적을 알고 나를 알아야 한다. 그러기 위해서는 먼저 우리의 적이 누구인지를 알아야 한다. 어설프게 알아서는 안 되고 제대로 알아야 한다. 적이 누구인지, 어떤 존재인지, 규모와 조직, 주로 사용하는 전략과 전술은 무엇인지 등을 알아야 한다. 그러면 우리가 알아야 하는 적은 도대체 누구이며 어떤 존재인가?

너 아침의 아들 계명성이여 어찌 그리 하늘에서 떨어졌으며 너 열국을 엎은 자여 어찌 그리 땅에 찍혔는고 네가 네 마음에 이르기를 내가 하늘에 올라 하나님의 뭇 별 위에 내 자리를 높이리라 내가 북극 집회의 산 위에 앉으리라 가장 높은 구름에 올라가 지극히 높은 이와 같아지리라 하는도다 그러나 이제 네가 스올 곧 구덩이 맨 밑에 떨어짐을 당하리로다 사 14:12-15

이 말씀에서 계명성은 히브리어 원어로는 루시퍼이다. 그는 하나님을 섬기는 천사로서 찬양을 담당했던 천사였다(겔 28:13-17). 하나님을 향한 예배와 찬양을 주관하던 천사장이 교만하여져서 하나님처럼 높임을 받으려고 반역을 꾀하였고 이에 동조한 천사들은 그를 뒤따르게 되었다.

하늘에 전쟁이 있으니 미가엘과 그의 사자들이 용과 더불어 싸울새 용과 그의 사자들도 싸우나 이기지 못하여 다시 하늘에서 그들이 있을 곳을 얻지 못한지라 큰 용이 내쫓기니 옛 뱀 곧 마귀라고도 하고 사탄이라고도 하며 온 천하를 꾀는 자라 그가 땅으로 내쫓기니 그의 사자들도 그와 함께 내쫓기니라 계 12:7-9

사탄은 하나님을 예배하던 자리와 마음을 지키지 못하고 교만하여 무너졌다. 이것은 사탄의 주된 전략이자 우리를 무너뜨리는 방법이기도 하다. 그러므로 사탄의 주요한 목적은 하나님께서 가장 정성을 들이신 존재이기에 하나님을 가장 사랑하고 높여드려야 할 인간이 하나님을 예배하지 못하게 하는 것이다. 또한 그 마음을 혼미하게 함으로 하나님의 영광의 복음의 광채가 비치지 못하게 하여 하나님을 믿지 못하게 하는 것이다(고후 4:4). 그래서 결국에는 하나님이 아닌 다른 대상, 즉 우상을 숭배하게 만드는 것이다.

카일 아이들먼은 《거짓 신들의 전쟁》이라는 책에서 우리 삶의 모든 영역, 즉 '음식', '섹스', '오락', '성공', '돈', '성취', '로맨스', '나', '가족' 등을 하나님보다 더 사랑하여 섬기는 우상숭배가 우리도 인식하지 못할 정도로 깊이 만연되어 있고 이러한 것들을 통해 거짓 신들이 우리 마음의 보좌를 차지하기 위해 전쟁을 벌이는 중인데도 우리가 그 사실을 깨닫지 못할 때, 그 전쟁이야말로 우리에게 가장 치명적인 전쟁이 된다고 경고한다.

이 세상에서 가장 치열한 전쟁터는 지금도 전쟁의 위협이 끊이지 않는 팔레스타인 지역이나 지구상에 유일한 분단 국가로 남아 있는 남북한의 대치 상황이 아니다. 그 어느 곳보다 가장 치열한 전쟁터는 바로 인간의 마음이다. 우리 마음을 차지하기 위한 치열한 전쟁이 지속적으로 펼쳐지고 있다. 이 전쟁에는 잠시의 휴전도 용납되지 않는다. 사탄의 유혹과 공격이 계속되기 때문이다. 그래서 긴장을 늦출 수 없고 늦추어서도 안 되는 것이다. 예수님도 제자들에게 "시험에 들지 않게 깨어 있어 기도하라"(막 14:38)라고 말씀하신 이유가 여기에 있다.

우리를 넘어뜨리기 위해 호시탐탐 기회를 노리는 사탄과 그를 따르는 악한 영들이 사람을 미혹하는 또 다른 주무기는 거짓과 참소이다. 진실을 마치 거짓인 것처럼 속여서 사람을 미혹한다. 처음 사람 아담과 하와가 이러한 사탄의 유혹에 넘어졌다. 선악과를 먹으면 정녕 죽으리라는 하나님 말씀을 "너희가 결코 죽지 아니하리라 너희가 그것을 먹는 날에는 너희 눈이 밝아져 하나님과 같이 되어 선악을 알 줄 하나님이 아심이니라"라는 달콤한 말로 하와를 미혹했다. 이미 하나님의 형상을 닮은 존재라 굳이 하나님과 같이 될 이유가 없음에도 하나님과 같이 될 것이라는 사탄의 유혹에 넘어간 하와가 선악과를 보았을 때는 먹음직도 하고 보암직도 하고 지혜롭게 할 만큼 탐스럽기도 한 열매처럼 보였다. 이미 거짓말에 속아 넘어갔기에 분별력이 흐려졌던 것이다. 그래서 그 열매를 따먹고 아담에게도 주어 먹게 했다.

그 결과는 사탄의 말처럼 하나님과 같이 되어 선악을 알게 되기는커녕 무엇이 선이고 악인지 분간하지 못하는 짐승 같은 존재로 전락하고 말았다(시 49:20). 그로 인해 인간에게는 그리고 사람이 살아가는 세상에는 수치와 부끄러움, 두려움과 불신, 근심, 걱정, 미움, 시기, 살인이 가득하게 되었다. 달콤한 거짓말의 유혹에 속아 넘어간 대가는 쓰디쓴 아픔과 고통으로 돌아왔다. 아담과 하와처럼 사탄의 달콤한 유혹의 말에 넘어가 하나님께서 인간에게 주시려는 행복과 풍성한 삶을 도둑질 당하는 사람들이 얼마나 많은가!

근신하라 깨어라 너희 대적 마귀가 우는 사자 같이 두루 다니며 삼킬 자를 찾나니 너희는 믿음을 굳건하게 하여 그를 대적하라 이는 세상에 있는 너희 형제들도 동일한 고난을 당하는 줄을 앎이라 벧전 5:8,9

베드로 사도의 이 권면의 말씀대로 우리는 근신하고 깨어 기도하고 믿음을 굳건하게 하여 사탄을 대적할 수 있어야 할 것이다. 베드로 사도뿐 아니라 바울도 에베소 교회 성도들을 향해 이렇게 권면했다.

끝으로 너희가 주 안에서와 그 힘의 능력으로 강건하여지고 마귀의 간계를 능히 대적하기 위하여 하나님의 전신 갑주를 입으라 우리의 씨름은 혈과 육을 상대하는 것이 아니요 통치자들과 권세들과 이 어둠의 세상 주관자들과 하늘에 있는 악의 영들을 상대함이라 엡 6:10-12

사탄은 정치계와 권력 등의 배후에서 조종하는 역할을 하기도 하고 어떤 특정한 지역을 장악하여 영향력을 행사하기도 하며 종교와 철학, 이념 등을 통해서도 사람들을 거짓으로 미혹하고 넘어뜨리고 있으며 개개인의 삶에도 부정적이고 파괴적인 영향력을 행사한다. 이 세상에 역사하는 사탄의 세력들은 개인과 사회, 나라와 민족, 세계 곳곳에서 광범위하게 조직적으로 활동하며 악한 영향력을 행사하고 있다. 이처럼 우리의 적 사탄이 어떤 존재인지 알지 못하고 자칫 방심한다면 우리는 정말 우리가 처한 세상이라는 영적 전쟁터에서 당할 수밖에 없을 것이다. 사탄은 분명히 존재하고, 우리가 대수롭지 않게 여길 만큼 가벼운 존재가 아닌 것은 분명하다.

그렇다고 해서 마귀에 대해 과도하게 관심을 기울이고 집착하는 오류를 범해서는 안 될 것이다. 마귀에게 과도한 관심을 기울이는 사람들은 작은 병에 걸려도 마치 그것이 악한 영의 역사인 것처럼 대적기도를 하는데 그럴 필요까지는 없다. 또 어떤 사람들은 영적 전쟁이라고 해서 사탄이 마치 하나님과 동등한 힘을 가진 존재인 것처럼 생각하는데 사탄은 절대로 하나님과 동등한 존재이거나 대등한 싸움을 하는 존재가 아니다. 피조물에 불과한 사탄이 창조주 하나님과 비교될 수도 없고 비교되어서도 안 된다. 설령 비교한다고 하더라도 사탄은 하나님과 게임이 되지 않는다.

온 세상의 통치자이신 하나님

하나님은 온 우주의 통치자이시다. 지금도 하나님은 온 세상을 통치하고 계신다. 우리의 기도를 통해 하나님께서 세상을 통치하시는 것이 밝히 드러나는 것이다. 이것은 우리가 분명히 알아야 하는 너무도 명백하고 확고한 진리이다. 우리가 믿는 주님은 우리가 살고 있는 지역과 민족, 온 세계를 통치하시는 분이시다.

여호와께서 내 주(예수님)에게 말씀하시기를 내가 네 원수들(마귀와 그를 따르는 타락한 천사들)로 네(예수님) 발판이 되게 하기까지(발등상 아래 무릎 꿇을 때까지) 너는 내 오른쪽에 앉아 있으라(권능으로 다스리라) 하셨도다 여호와께서 시온에서부터 주의 권능의 규를 내보내시리니 주는 원수들 중에서 다스리소서 시 110:1,2

사탄은 결국 예수님의 발등상 아래에 무릎을 꿇게 될 것이다. 사탄의 패배는 창세기에서부터 이미 예견되었다.

내가 너로 여자와 원수가 되게 하고 네 후손도 여자의 후손과 원수가 되게

하리니 여자의 후손은 네 머리를 상하게 할 것이요 너는 그의 발꿈치를 상하게
할 것이니라 창 3:15

이와 같은 말씀대로 예수님은 십자가와 부활의 권세로 사탄의 머리를 상하게 하셨고 사탄은 치명타를 입은 것이다.

너희가 선한 데 지혜롭고 악한 데 미련하기를 원하노라 평강의 하나님께서 속히 사탄을 너희 발 아래에서 상하게 하시리라 롬 16:19,20

우리가 치르고 있는 이 전쟁의 승패는 이미 결정되어 있다. 그렇지만 안심하고 무장해제하기에는 아직은 이르다. 결정적인 치명타를 입은 사탄이 마지막까지 발악하고 있기 때문이다. 이것은 신학적인 표현으로는 D-day와 V-day라고 한다. 이미 승리는 결정된 것(Decision-Day)이지만 완전한 승리의 날(Victory-Day)은 아직 오지 않았다. 그때는 예수님께서 다시 오시는 재림의 날이다. 이것을 또 다르게는 '이미, 그러나 아직 아니다'(already, but not yet)라고 표현하기도 한다. 하나님의 나라는 예수 그리스도의 오심(초림)과 십자가를 지심으로 이미 시작되었지만 하나님의 나라가 완성되는 것은 아직 아니다. 마지막 완성의 날은 예수 그리스도의 재림의 날이다.

우리는 이 D-day와 V-day 사이에 살아가고 있다. 그래서 아직 긴장을 늦추어서는 안 된다. 사탄은 마지막까지 최후의 발악을 하고 있으며 믿지 않는 자들은 말할 것도 없고 할 수만 있다면 택하신 자들도 넘어뜨리기 위해 지금도 두루 다니며 삼킬 자를 찾고 있다. 우리는 예수님께서 다시 오셔서 사탄을 최후 심판하시는 그날까지 결코 방심해서는 안 된다. 그러면 그날, 예수님께서 다시 오셔서 완전한

승리를 노래하게 되는 날은 언제일까? 그날에 대해서는 하나님 아버지만 아신다고 말씀하셨다. 그래서 그날에 대해서는 쉽게 이야기할 수 있는 것이 아니다. 그러나 예수님께서 이렇게 말씀하신 적이 있다.

이 천국 복음이 모든 민족에게 증언되기 위하여 온 세상에 전파되리니 그제야 끝이 오리라 마 24:14

예수님의 이 말씀을 통해서 우리가 알 수 있는 사실은 천국 복음이 모든 민족에게 증언되기 위해 온 세상에 전파되는 그때에 끝이 오리라는 것이다. 이것이 아직은 사탄을 영원한 멸망에 던지시지 않는 이유이다. 또한 구원받은 우리들을 천국으로 바로 데려가지 않으시고 이 세상에 남겨두시는 이유이기도 하다. 아직 천국 복음을 듣지 못하고 죽어가는 사람들, 그리고 듣기는 하였으나 믿음으로 응답하지 못한 이들과 민족들에게 다시 한번 복음을 전하는 통로가 되어야 한다. 그것이 우리에게 주어진 최후의 사명이라 할 수 있다. 이 위대한 사명의 부르심에 자발적으로 헌신하여 응답하는 새벽이슬 같은 주의 청년들을 간절히 기대하고 계신다.

명장 중의 명장이신 예수님

해외에서도 인정할 정도로 전 세계 해군 역사상 가장 위대한 명장으로 인정받는 이순신 장군은 23전 23승이라는 참으로 믿기 어려운 놀라운 전과를 올렸다. 그 이유는 싸워서 이길 만한 전투에만 나갔기 때문이라는 것이다. 한번은 당시 임금이었던 선조의 명령에도 전투에 임하지 않자 오해를 받아 많은 어려움을 당하기도 했지만 전투에 나가 이길 승산이 없다고 판단되면 그 뜻을 굽히지 않았다. 승산이 없는 전투에서 패한다면 나라 전체가 더 큰 위기에 빠질 수 있다는 생각에서 그렇게 했을 것이다. 지혜로운 결정이 아닐 수가 없다.

적보다 전력이 부족한 상황에서 섣부른 전투는 패할 수 있기에 철저히 연구하고 분석한 후에 싸워 이길 수 있는 전략과 확신이 섰을 때만 전투에 임했고, 그로 인해 해전 역사상 유래를 찾아보기 힘든 승리를 거두게 된 것이다. 이처럼 뛰어난 지략으로 수십 배에 달하는 적군과의 전투에서도 연전연승을 거둘 때 군사들의 사기는 하늘을 찌를 듯했을 것이다. 출정하는 전투마다 승리로 이끄는 명장을 장수로 모시고 있다면 군사들은 패배의 두려움을 이길 수 있게 된다.

우리가 치르고 있는 치열한 이 전쟁, 영적 전쟁에서 승리할 수 있는 길이 있다. 명장 중의 명장이신 예수님을 장군으로, 주군으로 모시면 승리가 보장된다. 예수님을 구주로 고백한 사람들은 이미 예수님을 주군으로 모신 사람들이다. 그러므로 우리에게는 승리가 보장돼 있다. 이 주님을 따르면, 주님 안에 거하면 승리할 수 있다.

우리 주 예수 그리스도로 말미암아 우리에게 승리를 주시는 하나님께 감사하노니 고전 15:57

주의 오른쪽에 계신 주께서 그의 노하시는 날에 왕들을 쳐서 깨뜨리실 것이라 뭇 나라를 심판하여 시체로 가득하게 하시고 여러 나라의 머리를 쳐서 깨뜨리시며 길가의 시냇물을 마시므로 그의 머리를 드시리로다 시 110:5-7

지금은 악의 세력이, 어둠의 권세가 득세하는 것 같지만 궁극적으로 사탄의 세력은 패하고 말 것이다. 우리 주님께서 결국 사탄의 권세를 깨뜨리시고 승리하실 것이다. 그리스도인들은 주님의 궁극적 승리를 믿는 사람들이며 주님 안에 거할 때 그 승리가 우리의 것이 될 것을 믿는 사람들이다. 또한 승리의 영광을 함께 누리고, 우리가 속한 이 영적 전쟁에서 공을 세울 수 있으며 상급과 면류관을 받을 기회가 있는 사람들이다.

　앞에서 언급했듯이 시편 110편 3절을 표준새번역 성경에서는 이렇게 말하고 있다.

　"임금님께서 거룩한 산에서 군대를 이끌고 전쟁터로 나가시는 날에, 임금님의 백성이 즐거이 헌신하고, 아침 동이 틀 때에 새벽이슬이 맺히듯이, 젊은이들이 임금님께로 모여들 것입니다."

　최고의 사령관이신 예수님은 인류 구원을 위한 이 전쟁에서 싸울 영적 전사들을 찾고 계신다. 인류를 구원하시려는 이 위대한 구원의 여정, 영적 전쟁에 헌신할 사람들을 하나님께서 찾으시고 부르실 때에 그 부르심에 기꺼이 응답할 사람이 누구인가?

주의 군사들로 훈련되기

　임진왜란 당시에 칠천량해전의 참패로 조선수군이 전멸하자 당시에 조선 조정과 선조 임금은 〈수군불가론〉을 내세워 수군을 없애고

육군에 흡수, 재배치하려고 했다. 이때 이순신 장군은 직접 선조에게 "신에게는 아직 열두 척의 배가 남아 있사옵니다"라는 장계를 올렸다. 그 열두 척의 남은 판옥선을 가지고 명량 울돌목에서 왜군의 3백 척이 넘는 대선단을 물리쳤는데, 이것이 역사에 길이 남은 '명량대첩'이다. 이처럼 명장 이순신 장군이 숫적으로 열세인 전력임에도 절망하지 않고 열두 척의 배로도 수십 배에 달하는 적을 물리칠 수 있다는 확신을 갖고 전투에 임하셨다는 사실이 놀랍기도 하고 고맙기까지 하다. '겨우 열두 척밖에 안 되는 배로 뭘 할 수 있나'라고 생각했다면 전투에 임할 생각도 하지 않았을 것이고 그러면 역사는 어쩌면 지금과 다르게 바뀌어 있을 수도 있기 때문이다.

예수님에게는 열두 명의 제자가 있었다. 예수님은 당신을 따르던 수많은 무리들을 뒤로한 채 열두 명의 제자들을 집중적으로 양육하는 데 많은 시간과 열정을 할애하셨다. 청년들을 섬길 때도 예수님의 마인드가 요구된다. 교회에서 청년부의 임원이나 리더라면, 그리고 선교단체에서 섬기고 있다면 더더욱 예수님의 제자양육 원리를 따를 필요가 있다. '얼마나 많은 사람들이 모이는가'보다 '얼마나 헌신된 주의 제자, 그리스도의 군사들을 훈련시키느냐'가 더 중요하다.

학원복음화협의회 협동총무이자 청년사역연구소를 운영하는 이상갑 목사님은 청년사역은 시계가 아니라 나침반을 따라가야 한다고 강조한다. 얼마나 단시간에 많은 사람이 모이게 하느냐가 중요한 것이 아니라 적은 인원, 그것이 한 명이든 두 명이든 예수님을 온전히 따르는 사람을 세워가야 하고 그것이 올바른 사역 방향이라는 것이다.

전임사역으로만 17년간 나는 청년사역과 교육총괄사역을 하며 사람을 살리고 키우고 세우는 사역에 중점을 두고 섬기면서 제자훈련과 영성훈련, 비전과 리더십 훈련, 선교훈련학교, 중보기도학교 등 다양한 훈련과정들을 통해 주님을 따르는 한 사람의 제자를 세우고 주님을 위해서 목숨을 걸 수 있는 한 사람의 그리스도의 군사를 세우기 위해 힘써왔다.

그렇지만 그 과정이 결코 순탄하지만은 않았다. 하나님의 사람으로 세워지는 것을 제일 싫어하는 사탄과의 치열한 영적싸움을 치러야 했고 간절한 눈물의 기도와 헌신이 뒤따라야만 했다. 그럼에도 인정과 칭찬보다는 오해와 비난을 받기까지 했다.

해마다 청년들의 영적 성장을 위한 훈련과정을 진행할 때 가능한 많은 청년들을 모집해 대규모로 진행하는 강의 형식의 훈련과정도 있었지만 소규모로 더 친밀한 교제와 나눔이 있는 과정을 진행하기도 한다. 제자훈련이라는 이름으로 진행하는 과정은 예수님이 열두제자를 양육하셨듯이 딱 열두 명만을 모집해서 양육한다.

한 해에는 이런 일이 있었다. 훈련과정에 신청한 열두 명에게 오리엔테이션을 진행하는데 예상치 못한 형제 한 명도 포함되어 있었다. 그 전 해에 다른 훈련과정을 신청하여 참여하다가 막판에 중도 탈락했던 형제였다. 제자훈련 과정에 참여하겠다고 왔지만 왠지 신뢰가 가지 않았다. '아마도 오늘은 그냥 와본 걸 거야! 다음 주부터는 안 올 텐데…' 하는 생각이 들었고 훈련교재를 받아가는 형제의 모습을 보면서도 별 기대를 하지 않았다. 그런데 이게 웬일인가! 나의 예상은 빗나가고 말았다. 그 형제는 누구보다도 열심히 참여하였다. 그 것도 빠지지 않고 예습도 열심히 해오는 것이 아닌가! 훈련이 반 이상 진행되고 있던 상황이라 괜한 생각을 했다고 여길 때쯤 형제가 내게 할 말이 있다고 했다.

"목사님! 저, 다음주에 군대(해병대) 지원한 곳 발표가 있습니다. 기도해주세요."

"그래요? 합격이 되면 군대는 언제 가나요?"

"몇 주 뒤에 가게 될 것 같습니다."

"그렇군요! 열심히 제자훈련을 받는 것을 보고 얼마 뒤에 있을 선교훈련도 받고 지난번에 가려다 못간 단기선교도 다녀오면 좋겠다고 생각하고 있었는데, 아쉽네요!"

"네! 저도 아쉽습니다."

"만약, 합격이 안 되면 선교훈련도 받고 단기선교도 갈 수 있나요?"

"이번에 꼭 가고 싶어서 하나님께 기도했는데 합격시켜주시지 않을까요?"

"군대에 가서 나라를 지키는 군사가 되는 것도 중요하지만 그보다 먼저 그리스도의 군사로 무장하는 것이 중요할 것 같아요. 만약 안 되면 하나님께서 그것을 더 원하시는 것으로 알고 선교훈련을 받고 단기선교에 참여할 수 있나요?"

"네! 목사님 그렇게 할게요."

결과가 어떻게 되었을까? 1차에는 합격이 되었다. 그런데 얼마 후 형제로부터 2차 발표에서는 떨어졌다는 소식을 듣게 되었다. 그 형제는 아쉬워했지만 하나님은 그 형제를 위한 더 좋은 계획을 갖고 계셨다. 약속대로 형제는 선교훈련을 받고 단기선교에 참여하였고 하나님의 은혜를 넘치도록 받았다. 예전에는 형제의 어머니와 누나가 중보기도를 많이 해주었는데, 이제는 자신의 믿음으로 하나님을 고백하는 청년으로 우뚝 서게 되었다. 그는 얼마 후 군 입대를 하게 되었다. 군 입대 전에 먼저 하나님나라를 위한 영적 군사로 무장하게 하신 하나님의 계획하심이 놀라웠다.

교회나 선교단체에서 훈련받을 기회가 있다면 적극적으로 참여하라. 기회가 항상 오는 것은 아니다. 주어진 기회를 놓치지 말라. 예수님의 제자로 세워지고 그리스도의 군사로 세워져야 세상에서도 영적으로 무장한 주의 청년으로 살아갈 수 있다. 예수님이 제자들을 부르실 때 그들은 믿음으로 응답했다. 그래서 그들은 하나님나라의 귀한 일꾼으로 쓰임 받게 된 것이다. 지금도 주님은 사람을, 특별히 주의 청년들을 찾고 계신다. 만약 주님이 지금 이 시대에 열두 명의 제자들을 찾으신다면 그 열두 명에 포함되고 싶지 않은가? 기드온의 300용사처럼 주님을 위해 싸울 군사들로 부르신다면 그 부르심에 기꺼이 응답하여야 하지 않겠는가! 천국은 침노하는 자가 차지한다고 하였다. 우리의 열심과 헌신도 중요하다. 하나님께 우리의 열심을 보여드리자.

내가 또 주의 목소리를 들으니 주께서 이르시되 내가 누구를 보내며 누가 우리를 위하여 갈꼬 하시니 그때에 내가 이르되 내가 여기 있나이다 나를 보내소서 하였더니 사 6:8

다음세대를 영적 군사로

몇 년 전 하나님의 은혜로 한국 NCD에서 주관하여 진행한 미국의 성장하는 여러 교회들을 탐방할 기회가 있었다. 인상 깊었던 것은 최근 미국의 새로운 부흥을 선도하는 여러 교회들이 가정과 연계하여 다음세대를 믿음의 세대로 양육하는 사역에 힘쓰고 있다는 것이다. 노스포인트 커뮤니티교회(North Point community church)와 리싱크 그룹(Rethink Group) 주도하에 매년 대규모 교육집회인 '오렌지 컨퍼런스'가 열리고 있는데 이 컨퍼런스가 오렌지라는 이름을 사용하게 된 것은 가정의 따뜻한 마음이 빨간색을 상징하는 것으로 보고, 교회의 밝은 빛을 노란색으로 보았고 이 두 기관이 힘을 합쳐 일을 할 때 다음세대의 영적 성장을 도모할 수 있다고 보았기 때문이다.

노스포인트 커뮤니티교회 사역의 핵심은 가정과 교회가 다음세대들의 교육을 위해 동역한다는 점이다. 그들은 실제로 가정의 모든 부모가 교사역할을 할 수 있도록 도와주고 함께하는 사역을 실시하고 있다. 예를 들어 주일예배 때 선포되었던 말씀을 가정에서 실천할 수 있는 내용으로 별도로 나눠주어 신앙과 삶이 일치할 수 있도록, 그래서 선데이 크리스천이 아닌, 매일의 삶에서 신앙 원리로 살아가도록 훈련하는 일에 많은 인력과 열정, 재정을 투자하고 있다. 이러한 사역은 최근에는 한국교회에도 소개되어 교회와 가정이 다 함께 다음세대를 세우는 일에 동역하도록 하는 밑거름이 되고 있다.

다음세대를 하나님의 사람으로, 예수님의 제자로, 그리스도의 군사들로 세워가는 데는 교회와 기관, 가정 모두의 전방위적인 협력이 필요하다. 제자훈련을 비롯하여 그 어떤 훈련과정이든 하나님의 사람으로 세워가는 과정은 장년과 청년들뿐 아니라 더 어릴 때부터 진행해도 좋을 것이다. 어릴 때부터 신앙 성장을 위해 힘쓸 때 그것이 밑거름이 되어 청소년과 청년의 부흥, 나아가 장년 세대의 성장으로 이어지는 것이다. 그렇기 때문에 장년과 청년들의 훈련에만 초점을 맞출 것이 아니라 청소년들과 어린이들을 믿음의 세대요, 비전의 세대로 세워가는 것에 깊은 관심을 가져야 한다.

예수전도단에서 30여 년간 대학 캠퍼스에서 청년사역을 감당하였고 지금은 국제 대학사역 리더로 사역하며 좋은 가정 세미나의 전문 강사이기도 한 박현숙 간사님은 《하나님 아이로 키워라》라는 책에서 이제 다시 각 영역에서 하나님나라의 영향력을 일으키는 사람이 필요한 시대가 되었다고 말한다. 그러면서 어릴 때부터 세속의 가치와 음란과 폭력 문화 등을 통해 우는 사자처럼 다음세대를 삼키려 드는 원수와의 영적 전쟁에서 승리하는 강한 군사로 아이들을 키워야 한다고 강조한다.

청년 이야기를 하다가 갑자기 아이들을 키우는 이야기를 하느냐고 궁금해할지도 모르겠다. 그런데 분명한 사실은 청년은 영원히 청춘으로 머무는 것이 아니다. 언젠가는 결혼도 하고 아이도 낳아 기를 것이 아닌가! 생각보다 그 시기가 멀지 않을 것이다. 오랫동안 청년사역과 교육사역을 담당하다 보니 사역 초창기에 섬겼던 많은 청년들이 벌써 결혼을 해서 자녀들을 낳아 양육하고 있다. 그들의 주된 관심사가 바로 자녀양육이다. 어떻게 하면 자녀들을 믿음으로 양육할 것인가 하는 것은 젊은 크리스천 가정의 주 관심사이자 핵심 과제이기도 하다.

청년이라고 해서 아직 아이를 신앙으로 키우는 것을 자신과 무관하다고 생각해서는 안 된다. 단지 좋은 배우자를 만나서 결혼하는 것만을 꿈꾸지 말고 좀 더 멀리 내다보았으면 좋겠다. 가정을 이루고 자녀들을 낳아서 믿음과 비전의 세대로 잘 기르는 것이 그 어느 때보다 절실히 요구되는 시대이다.

나도 부모가 되어 자녀를 양육하다 보니 자녀를 믿음으로 양육하는 것은 그저 되는 것이 아님을 뼈저리게 느낀다. 부모가 크리스천이라고 해서 자녀들도 자동적으로 크리스천이 된다는 보장이 없다. 부단한 노력이 필요하다. 기도는 말할 것도 없고 필요하다면 교육도 받아야 한다. 크리스천 부모들을 위한 교육과정이 필요할 것 같아 내가 먼저 부모교육코칭과정을 이수하고 부모코칭스쿨을 개설했다. 기독교학교교육연구소와 함께 협력하여 '기독학부모교실'을 열고 크리스천 학부모들을 세우는 데 힘을 써왔다.

학부모를 위한 기도회도 진행하였고 수능시험을 앞두고는 한 달간 수험생 학부모들을 위해 매일 기도회를 진행한 적도 있다. 이때 한 학부모가 매일 눈물을 흘리시며 기도하시기에 그 이유가 궁금했었는데 기도제목을 나누면서 그 이유를 알게 되었다. 자녀가 고등학교 3학년이 되었을 때 부모의 욕심에 입시를 너무 지나치게 강조하다 보니 자녀가 믿음을 저버리게 되었다. 믿음도 잃고 대학에도 떨어져서 방황하더니 2년 넘게 그 방황이 끝나지 않더라고 하시면서 이제라도 믿음을 회복하고 대학 입시에도 합격하기를 간절히 기도하신 것이었다.

다음세대를 믿음의 세대로 세워가는 데는 부모님들의 역할이 매우 중요하다. 크리스천 부모라면 자녀들이 좋은 성적을 얻고 대학에 합격하는 것보다 먼저 신앙으로 바로 서게 하는 것에 우선순위를 둘 수 있어야 한다. 다음세대가 믿음을 저버리는 것을 가장 원하는 존재가 누구이겠는가? 사탄이다. 청년들을 포함해서 다음세대에 믿음을 전수해주기 위해서는 그만큼 치열한 영적 싸움을 치러야 한다.

감사하게도 최근 한국교회는 다음세대에게 많은 관심을 기울이기 시작했다. 단지 그들을 믿음으로 키워내는 데 급급하기보다 이왕이면 영적 거장으로 세워가야 한다. 어쩌면 그것이 이 시대의 크리스천 부모들과 한국교회에게 주어진 막중한 사명이 아니겠는가! 나는 전임사역으로 섬기던 교회마다 교육총괄사역과 청년사역을 하면서 어린이와 청소년, 그리고 청년들을 영적 거장으로 세워가기 위해 힘썼다.

사역 초기에는 주로 청년들을 그리스도의 제자요, 군사로 훈련하는 과정을 몇 년간 진행하다가 청소년들도 훈련을 받아야 할 필요성을 느껴 청소년들을 훈련시키기도 했고 최근에는 청년들과 청소년, 초등학생들까지 함께 훈련을 진행한 적이 있었다. 초등학생들이 잘 따라올 수 있을까 걱정하는 마음도 있었는데 오히려 초등학생들이 더 집중하며 적극 참여하는 것을 보고 놀랐다. 훈련을 받던 청년들도 어린 동생들이 열심히 참여하는 것을 보고 많은 도전을 받았다. 영성 훈련을 꼭 장년이나 청년들만 받아야 하는 것이 아니라 청소년이나 초등학생들도 필요하고 충분히 가능하다는 것을 경험을 통해서 알게 되었다.

하나님의 등불은 아직 꺼지지 아니하였으며 사무엘은 하나님의 궤 있는 여호와의 전 안에 누웠더니 여호와께서 사무엘을 부르시는지라 그가 대답하되 내가 여기 있나이다 하고 삼상 3:3,4

어린 사무엘이 하나님의 궤가 있는 성전 안에서 잠을 자다가 하나님께서 부르시는 음성을 들었던 것처럼 어려서도 얼마든지 하나님 앞에 머무는 훈련, 하나님의 음성을 듣는 훈련이 가능하다. 교회학교에서도 다음세대를 양육할 때 이런 부분들을 고려하면 좋을 것이다.

다음세대를 섬기는 사역자와 교사들은 주일예배와 이어지는 분반 모임만으로는 충분하지 않음을 호소한다. 예배와 분반 모임을 합쳐서 1시간 30분 정도의 시간만으로는 세상의 문화와 가치관에 흠뻑 젖어 있는 다음세대를 영적 군사는커녕 그들의 믿음을 지켜내기도 쉽지 않다. 가능하면 별도의 시간을 내어 훈련을 시킬 수 있어야 한다. 학원에 보내야 한다는 이유로 반대하는 부모님들도 당연히 있다. 그런 분들이 그렇지 않은 분보다 더 많다. 청년들 역시 학업과 일, 아르바이트 등을 이유로 참여를 꺼리는 이들도 있다.

그러나 의외로 학원 시간을 조정해서라도 참여시키는 부모들도 있고, 아르바이트를 조정해서라도 참여하고자 하는 청년도 있었다. 심지어 훈련 후 단기선교에 참여하기 위해 다니던 회사를 휴직하고서 참여하는 청년도 있었다. 그만큼 영적 목마름과 갈급함을 안고 있는 이들이 적지 않으며 잘 훈련받고 영적 군사로 세워져서 하나님께 쓰임 받고 싶다는 열망을 지닌, 바알에게 무릎 꿇지 않은 7천 명의 용사 같은 다음세대들을 예비하고 계심을 보게 된다. 그런 청년들과 청소년들, 어린이들을 보는 것 그리고 그들을 영적 군사로 도전하고 훈련시킬 수 있다는 것은 다음세대를 섬기는 사역자로서 큰 기쁨이 아닐 수가 없다.

그들은 전체 크리스천 숫자나 학생들 수에 비하면 소수인 것은 분명하다. 그러나 예수님께서도 당신을 뒤따르던 수많은 무리들보다 주님의 부르심에 배와 부친을 버려두고 주님을 따랐던 수제자 베드로를 비롯한 열두제자를 세우시는 것에 더 많은 열정을 할애하신 것 또한 분명하다. 예수님을 따르던 수많은 무리들은 예수님이 로마병사들에 붙잡혀 끌려가 고문을 당하시자 예수님을 외면하고 달아났다. 물론 예수님의 제자들도 마찬가지였지만 부활 후 예수님은 제자들을 다시 찾으셨다. 수많은 무리들을 다시 불러 모으신 것이 아니라 3년이 넘게 동거동락했던 제자들을 다시 찾으시고 그들을 위로하셨고 그들에게 또다시 사명을 맡기셨다.

예수님은 그들을 통해 온 인류를 복음화시키는 위대한 사명을 맡기셨다. 그리고 그들로도 충분하셨다. 세상 기준으로는 제자들을 비롯해 초대 교회의 주축이 된 120여 명이 부족해 보였을지 모르지만 주님은 그렇게 보시지 않으셨다. 이 세상을 구원하고 하나님나라를 이루어가는 데는 주님을 온전히 따르려는 소수의 훈련된 제자들과 군사들이 필요하다. 주님을 따르던 수천, 수만 명의 무리가 아닌 120여 명의 초대 교회 성도들 그리고 3만 2천 명 중 선별된 기드온의 300용사들처럼 말이다.

영적 군사로 서기 위해서는 먼저 자기 자신을 돌아볼 수 있어야 한다. 그저 예배만 겨우 드리고 있거나 그마저도 철저히 지키지 못하고 있다면 주의 군사로 세워지기에는 아직은 갈 길이 멀다. 기드온의 3만 2천의 용사 중에 싸울 준비가 되지 않아서 되돌려 보내진 나약한 군사가 되지 않도록 자신을 부지런히 살펴보고 분발할 수 있어야 한다. 청년이 먼저 영적으로 바로 서야 믿음 위에 선 가정을 이루고 그 믿음의 바탕 위에 믿음의 자녀들과 다음세대들이 길러진다. 그것은 세상의 물결을 거스르는 일이다. 그래서 결코 쉽지만은 않을 것이다. 그러나 비록 그 길을 가려는 사람들이 소수일지라도 그 길을 걸어가자. 주님이 말씀하신 좁은 길이라 찾는 사람이 적지만 외로워하기보다 함께 힘을 모으자. 교회와 기관, 가정이 힘을 합쳐서 함께 다음세대를 믿음의 세대요, 그리스도의 군대로 세워가자.

하나님께서는 이 땅을 두루 살피며 사람을 찾고 계신다. 죄악이 넘쳐나는 이 세상의 치유와 회복, 구원의 역사를 위해 어둠의 권세, 사탄의 권세에 맞서 싸울 군사들을 부르고 계신다. 교회를 다니며 구원받았다는 것에만 만족하는 사람이 아니라, 예수님의 심장으로 예수님의 손과 발이 되어 상처 입은 영혼들과 세상을 치유하고 회복하며 구원하려는 예수님의 제자요, 복음과 부활의 증인으로 살아가는 믿음의 용사가 필요하다. 계속해서 새롭게 일어나는 다음세대를 믿음의 용사로 양육하는 크리스천 부모들이 되는 꿈을 꾸고 함께 그 꿈을 이루기 위해 치열하게 싸우자. 오늘 당신이 눈물로 심는 헌신의 씨앗들은 하나님의 때에 결실을 맺어 이 땅을 치유하고 회복하는 영광스러운 비전을 이루게 될 것이다!

우리 오늘 눈물로 한 알의 씨앗을 심는다
꿈꿀 수 없어 무너진 가슴에 저들의 푸른 꿈 다시 돋아나도록
우리 함께 땀 흘려 소망의 길을 만든다
내일로 가는 길을 찾지 못했던 저들 노래하며 달려갈 그 길
그 날에 우리 보리라 새벽이슬 같은 저들 일어나
뜨거운 가슴 사랑의 손으로 이 땅 치유하며 행진할 때
오래 황폐하였던 이 땅 어디서나 순결한 꽃들 피어나고
푸른 의의 나무가 가득한 세상 우리 함께 보리라

고형원 사, 곡 〈우리 함께 보리라〉

●

이슬은
금새 사라진다

●

이슬의 특징 중 하나는 금방 사라진다는 것이다. 아침에 해가 뜨고 낮이 되면 사라져버리는 것이 이슬이다. 빛나는 청춘도 영원하지 않다. 쉬 사라지는 이슬처럼 금새 사라지고 만다.

에브라임아 내가 네게 어떻게 하랴 유다야 내가 네게 어떻게 하랴 너희의 인애가 아침 구름이나 쉬 없어지는 이슬 같도다 호 6:4

이러므로 그들은 아침 구름 같으며 쉬 사라지는 이슬 같으며 타작마당에서 광풍에 날리는 쭉정이 같으며 굴뚝에서 나가는 연기 같으리라 호 13:3

천상병 시인은 〈귀천〉이라는 시에서 "나 하늘로 돌아가리라 새벽빛 와 닿으면 스러지는 이슬 더불어 손에 손을 잡고 나 하늘로 돌아가리라"라고 고백한다.

젊음은 새벽빛 와 닿으면 사라져버리는 이슬과 같다. 인생을 오래 사신 분들에게 청년의 시기를 보내신 적이 언제였는지 여쭈어보면 그분들의 대답은 '눈 깜빡할 새' 청년의 시기가 지나가버렸다고 말한다. 이토록 빨리 지나가기 때문에 이 시기가 더욱 소중한 것이고 이 시기를 잘 보내는 것이 중요하다.

시편에서 유일하게 모세의 시로 알려진 시편 90편에서 모세는 인간의 유한성을 다음과 같이 고백한다.

주께서 사람을 티끌로 돌아가게 하시고 말씀하시기를 너희 인생들은 돌아가라 하셨사오니 주의 목전에는 천 년이 지나간 어제 같으며 밤의 한 순간 같을 뿐임이니이다 시 90:3,4

우리의 연수가 칠십이요 강건하면 팔십이라도 그 연수의 자랑은 수고와 슬픔뿐이요 신속히 가니 우리가 날아가나이다 시 90:10

인생의 시간이 마치 날아가는 것처럼 신속히 지나간다고 고백하고 있다. 인생 전체가 그렇게 빨리 지나가버리는 것이니 인생의 일부분인 청년의 시기는 더 말할 것도 없다. 그렇기 때문에 인생을 허비해서는 안 된다. 너무도 소중한 청년의 시기를 정말 귀하고 의미 있게 보내는 지혜가 필요하다.

우리에게 우리 날 계수함을 가르치사 지혜로운 마음을 얻게 하소서 시 90:12

인생의 창조주를 기억하라

청년 시절에 해야 할 많고 많은 일들 중에 가장 중요한 것은 인생의 창조주를 알고 기억하는 일이다.

청춘아 겁먹지마

청년이여 네 어린 때를 즐거워하며 네 청년의 날들을 마음에 기뻐하여 마음에 원하는 길들과 네 눈이 보는 대로 행하라 그러나 하나님이 이 모든 일로 말미암아 너를 심판하실 줄 알라 전 11:9

이 말씀은 앞부분에 분명히 "청년의 때를 즐거워하고 마음에 원하는 대로 행하라"라고 하면서 청년의 때를 즐기고 마음껏 누리라고 말씀하고 있다. 그러나 이 말씀을 여기까지만 적용해서는 안 된다. 이 구절을 통해 하시는 말씀은 이것이 다가 아니다. 더 중요한 것이 남아 있다. 그것은 바로 뒷부분의 말씀이다.

"그러나 하나님이 이 모든 일로 인하여 너를 심판하실 줄 알라."

'그러나'라는 표현에서 보듯 반전이 있다. 하나님께서 내가 행하는 모든 일로 나를 심판하신다는 것이다. 심판하신다고 하니 조금 섬뜩하기도 하다. 이 구절을 다르게 표현하면 "하나님께서 내 인생을 결산하신다"는 것이다.

너는 청년의 때에 너의 창조주를 기억하라 곧 곤고한 날이 이르기 전에, 나는 아무 낙이 없다고 할 해들이 가깝기 전에 해와 빛과 달과 별들이 어둡기 전에, 비 뒤에 구름이 다시 일어나기 전에 그리하라 전 12:1,2

청년의 때에 창조주요, 심판주이신 하나님을 기억하라는 것이다. 그리고 그 하나님 앞에서 인생을 결산할 때가 언젠가 다가온다는 것을 잊지 말아야 한다. 젊음의 열정과 힘, 배짱과 용기는 있었지만 그 소중한 젊음을 무엇을 위해, 누구를 위해 써야 할지 알아야 한다.

우리가 누리고 있는 이 젊음은, 이 소중한 청년의 시기는 내 것이 아니다. 착각해서는 안 된다. 내가 주인이 아니다. 내 인생의 주인이 계신다. 내 생명의 창조주가 계신다. 생명은 창조주 하나님께서 주신 선물이다. 그리고 청년의 때에 누리고 있는 젊음도, 청년의 시기도 바로 창조주 하나님께서 주신 귀한 선물이다. 이 사실을 절대로 잊어서는 안 될 것이다.

청소년기와 청년 초기에 방탕한 삶을 살다가 참회한 어거스틴은 이렇게 말했다.

"하나님께서 나를 하나님의 형상대로 창조하셨습니다. 그러므로 내가 하나님의 품 안에서 안식하기까지 나는 참 평안을 누릴 수 없습니다."

하나님은 우리 인생의 창조주이시다. 우리는 오직 창조주 하나님 안에서만 참 안식과 평안을 누릴 수 있다. 창조주 하나님 안에서 참된 인생의 가치와 의미, 목적과 사명을 발견할 수 있다. 인생의 참 기쁨과 행복을 맛볼 수 있다. 이 모든 것은 창조주 하나님을 만나고 그분을 믿음으로 고백할 때 누릴 수 있는 것이다.

카르페 디엠 & 메멘토 모리

'오늘을 즐기라'는 의미로 이해되는 카르페 디엠(Carpe Diem)은 호라티우스의 라틴어 시 한 구절로부터 유래한 말이라고 한다. 영화 〈죽은 시인의 사회〉(1989년)에서 고(故) 로빈 윌리엄스가 열연했던 키팅 선생님이 가르치던 학생들에게 "카르페 디엠, 오늘을 즐겨라, 소

년들이여, 삶을 비상하게 만들어라"라고 해서 유명해졌는데 이 대사
는 미국영화연구소(AFI)가 선정한 미국 영화 역사에서의 100대 명대
사 기록에서 95번째로 선정되어 모르는 사람들이 없을 정도다.

그런데 이 표현과 함께 오랫동안 유럽인들의 삶을 떠받치던 두 기
둥의 하나로 여겨지던 말이 있는데 그것은 '메멘토 모리'(Memento
Mori)이다. 이 말은 라틴어인데 우리 말로는 '죽음을 기억하라'는 뜻
이다. 로마 시대 전쟁에서 승리한 장군이 성대한 개선행진을 할 때
바로 뒤에 노예 한 명을 세워놓았다고 한다. 그 노예의 임무는 장군
에게 계속해서 '당신도 죽는다는 것을 기억하라'(memento mori), '당
신도 한낱 인간임을 기억하라'라는 말을 하는 것이었다.

'카르페 디엠'(오늘을 즐겨라!)과 '메멘토 모리'(죽음을 기억하라!) 이
둘은 따로 떼어놓을 수 있는 것이 아니다. 동전의 양면처럼 둘이 함
께할 때 의미가 있다. 젊음, 그리고 오늘을 마음껏 누리되 그것이 영
원하지 않고 이슬처럼 금새 사라진다는 것을 꼭 기억하고 인생의 끝
이 있으며 그 끝에 생명, 건강, 젊음을 선물로 주셨던 창조주 하나님
을 인생의 심판주로 만나게 될 것을 기억해야 한다. 그럴 때 오늘, 그
리고 젊음을 누리되 방종하지 않을 수 있도록 균형을 잡아주고 좌로
나 우로나 치우치지 않을 수 있다. 인생에는 반드시 결산날이 있다.

청년이여 네 어린 때를 즐거워하며 네 청년의 날들을 마음에 기뻐하여 마음에
원하는 길들과 네 눈이 보는 대로 행하라 그러나 하나님이 이 모든 일로 말미암
아 너를 심판하실 줄 알라 전 11:9

이 말씀은 반어적인 의미로 쓰여진 것처럼 보인다.

"젊을 때 즐기고 싶으면 즐겨라. 하고 싶은 대로 하라. 그런데 그렇게 살면 하나님의 심판이 있을 것이다."

이런 의미로 젊음을 즐기는 것을 다소 부정적으로 표현한 것처럼 보인다. 그런데 같은 구절의 다른 번역본을 보면 의미는 조금 다르게 느껴진다.

청년이여, 네 젊은 시절을 즐거워하여라. 네 젊은 날에 마음을 기쁘게 하여라. 네 마음이 원하는 것과 네 눈이 보는 것을 따라 즐겨라. 그렇지만, 이 모든 일들에 하나님의 심판이 있다는 것도 기억하여라. 전 11:9, 쉬운 성경

빛을 보고 산다는 것은 즐거운 일이다. 해를 보고 산다는 것은 기쁜 일이다. 오래 사는 사람은 그 모든 날을 즐겁게 살 수 있어야 한다. 그러나 어두운 날들이 많을 것이라는 것도 기억해야 한다. 다가올 모든 것은 다 헛되다. 젊은이여, 젊을 때에, 젊은 날을 즐겨라. 네 마음과 눈이 원하는 길을 따르라. 다만, 네가 하는 이 모든 일에 하나님의 심판이 있다는 것만은 알아라. 전 11:7-9, 표준새번역

세계적인 작가 도스토예프스키는 16세 때 자신의 아버지가 농노들로부터 살해되는 것을 보았다. 그는 아버지를 죽인 사람들을 기억하면서 사회주의 운동에 뛰어들었다가 체포돼 사형선고를 받게 되었다. 사형수들을 싣고 가는 열차가 간이역에 멈췄을 때 그는 어느 부인으로부터 작은 책 한 권을 받게 된다. 그것은 신약성경이었다. 사형을 기다리면서 그는 감옥에서 성경을 읽기 시작했다. 작은 성경책 속에서 하나님의 음성을 듣고 그리스도를 만나게 된다. 사형집행 시간이 5분밖에 남지 않았을 때 그는 그 이전까지는 단 한 번도 시간의 소중함을 생각해보지 않았다. 5분에서 3분이 지나가버렸다. 이제 2분밖

에 안 남았을 때 그는 하나님께 간구했다.

"만약 제가 사형을 면제받고 다시 살아날 수만 있다면 한 순간도 잃어버리거나 소홀히 여기지 않고 소중히 쓰겠습니다. 가장 소중한 일, 의미 있는 일에 남은 생명을 드리겠습니다."

그런데 그는 정말로 사형 집행 직전에 황제의 특명에 의해 풀려나게 되었다. 그는 그 일로 시간과 생명의 소중함, 살아 있음의 은혜와 감격을 깨닫고 하나님께 감사를 드렸고 그에게 주어진 소중한 순간 순간들을 잘 활용하여 많은 사람들이 읽고 감명을 받은 《죄와 벌》 같은 명작들을 남길 수 있었다. 이처럼 우리에게 주어진 젊음, 그리고 인생이라는 유한한 시간, 그러나 참으로 소중한 시간을 가장 의미 있는 일, 가장 중요한 일, 반드시 해야만 하는 일을 하며 지혜롭게 관리할 수 있어야 할 것이다.

우리 인생을 주님께 맡기자

하나님께서는 힘든 상황을 살아가고 있는 우리를 결코 포기하지 않으신다. 우리만 하나님을 향한 믿음과 기대를 포기하지 않는다면 어떤 힘든 상황도 뛰어넘을 수 있는 은혜를 주시는 분이 바로 하나님 이시다.

무엇 하나 기대할 수 없는 상황에서 믿음으로 은혜를 누린 한 청년의 이야기를 소개하고 싶다. 다니던 대학도 이름 있는 대학이 아니었고 뭐 하나 내세울 것이 없는 청년이었다. 신앙생활도 예배와 청년부 모임에 나올 때도 있고 수시로 건너뛸 때도 있을 만큼 굳건한 믿음도 아니었다. 그런데 그 청년의 어머님이 믿음이 좋으신 분이셨다. 새벽마다 아들을 위해 기도하기를 쉬지 않는 분이셨다. 어머니의 믿음 덕분에 그 청년도 수련회에 참여해서 은혜 받고 조금씩 변하기 시작했다.

부족한 믿음이지만 기도하면서 앞날을 하나님께 맡겼고 회사에 취업하는 과정에서 놀라운 하나님의 인도하심을 경험하게 되었다. 졸업반 때 실습을 위해 일을 했던 곳이 나름 규모가 있는 기업이었는데 그곳에서 정식 직원을 뽑는데 경쟁률이 무척이나 셌다. 회사에서 여러 대학교에 요청해서 해당 과에서 10등 이내의 학생들만 추천하도록 요청했다고 했다. 그런데 이 청년은 성적이 꼴찌나 다름없었다. 하지만 실습하던 곳에서 일하시던 분이 한번 지원해보라고 하셔서 별 기대 없이 지원했다. 아니나 다를까 면접관들이 어떻게 이런 성적으로 지원했는지 다들 궁금해했다.

이 소식이 사장님 귀에도 들어갔고 사장님이 도대체 누군데 이렇게 대담하냐고 하면서 한번 봤으면 좋겠다고 하셨다는 것이다. 결과는 놀랍게도 합격이었다. 이 청년과 함께 합격한 사람은 같은 학교에서 성적이 제일 좋은 학생 한 명뿐이었다. 아무리 생각해도 하나님의 은혜가 아니면 될 수 없는 일이 일어난 것이다. 그렇게 은혜로 합격한 회사에 지금도 잘 다니고 있다.

아무리 힘들고 열악한 상황이어도 하나님을 향한 믿음만 포기하

성춘아 검먹지마

지 않으면 가장 좋은 길로 인도해주시는 분이 하나님이시다. 그 하나님께 불안한 청년의 때를 믿음으로 맡겨보라. 근심, 걱정만 하면서 시간을 흘려보내기에는 청춘에게 주어진 시간이 너무나 짧다.

또 여호와를 기뻐하라 그가 네 마음의 소원을 네게 이루어 주시리로다 네 길을 여호와께 맡기라 그를 의지하면 그가 이루시고 시 37:4,5

너희 염려를 다 주께 맡기라 이는 그가 너희를 돌보심이라 벧전 5:7

여기서 '너의 염려를 다 주께 맡기라'는 말씀을 NIV영어성경에서는 'Cast all your anxiety on him'이라는 표현을 쓰고 있다. 즉, 던져버리듯이 염려와 근심을 주님께 맡기라는 것이다. 우리의 염려와 근심을, 세상살이의 무거운 짐을 누구에게 던져야 하겠는가? 우리 인생을 책임져주시는 분, 신실하신 하나님, 믿을 만한 하나님, 우리 인생을 맡길 만한 분이신 주님께 던지라고 말씀한다. 이 구절을 유진 피터슨은 《메시지》에서 "하나님께서 여러분을 세심하게 돌보고 계시니, 아무것도 근심하지 말고 하나님 앞에서 사십시오"(벧전 5:7)라고 번역하고 있다.

주님은 베드로에게 깊은 곳에 그물을 던지라고 말씀하셨다. 베드로는 그 말씀을 따라 그의 인생과 젊음 그리고 미래를 던진 것이다. 깊은 곳에 그물을 던지듯 내 인생, 젊음, 미래를 우리 인생의 창조주 되시는 하나님께 던져보자. 그럴 때 그물 가득 고기가 잡히듯이 내 인생 최고의 수확을 거두게 하실 것이다. 그 하나님께 내 젊음, 미래, 인생을 맡길 만하지 않겠는가! 베드로도 '나를 따라오너라! 내가 너로 사람 낚는 어부가 되게 하리라!'는 주님 말씀에 배와 부친을 버려두고 따랐다. 모든 인생을, 인생 전부를 하나님께 던진 것이다.

내가 신학대학 진학을 결심했을 때 부모님의 반대가 예상되었다. 내가 먼저 예수님을 믿었고 부모님은 아직 믿음이 없으실 때였다. 가난한 집안에서 일반대학 전자공학과에 합격한 상황이라 무척 좋아하셨는데 그것을 포기하고 신학대학으로 진학한다면 당연히 반대하실 것이라는 생각에 마음이 무거웠다. 복잡한 마음으로 말씀을 묵상하고 있는데 베드로가 주님의 부르심에 배와 부친을 버려두고 주님을 따랐다는 말씀이 도전이 되었다. 너도 그렇게 할 수 있겠냐고 내게 물으시는 것 같았다.

'네! 주님, 주님이 원하시면 저도 저희 부모님도 포기하고 주님의 부르심을 따르겠습니다.'

결단의 기도를 드렸다. 그리고 부모님을 뵙고 말씀드렸을 때 당연히 이해를 못하시고 반대하셨다. 그렇지만 그 반대가 아무런 문제가 되지 않았다. 이미 마음을 확고하게 정했기 때문에 전혀 흔들리지 않았다. 나를 부르시는 하나님께 전공과목과 부모님을 다 버리고 던진 것이다. 그랬더니 책임져주시는 하나님을 경험할 수 있었다. 신학대학과 신학대학원을 합쳐서 7년간의 등록금도 신실하게 채워주신 것은 말할 것도 없고 부모님도 하나님께서 믿음의 여정으로 인도해주셨다. 부모님을 포기한다고 해서 정말 버리라는 것이 아니라 하나님과 하나님의 부르심을 더 우선시할 수 있는지를 테스트하신 것이다.

아브라함에게 100세 때 주셨던 귀한 아들 이삭을 바치라고 하셨던 것처럼 말이다. 이 테스트에 통과하면 나머지는 하나님께서 책임 져주신다. 우리의 필요를 준비하시고 돌보아주시는 여호와 이레의 하나님을 경험할 수 있다. 인생도, 가정도 다 하나님께 던지듯 맡겨 드리자. 하나님께 맡기면 하나님이 반드시 책임져주신다. 적지 않은 청년들이 하나님께 헌신하기를 주저하는 이유 중 하나가 앞날에 대한 걱정 때문이다. 그런 이유로 헌신을 망설이는 청년들에게 권한다. 하나님께 전적으로 헌신하는 것이야말로 앞날과 미래에 대한 가장 확실한 투자이자 보험이다.

우리에게 주신 젊음의 선물을 감사히 여기고 기쁘게 누리자. 다만 인생의 끝에서 우리 인생을 결산하시는 하나님이심을 알고 우리에게 주어진 인생의 날들을 하나님의 영광을 위하여 하루하루 살아가자. 우리의 불안하고 걱정 많은 젊음과 미래, 인생을 다 주님께 맡겨드려 서 하나님께서 책임져주시는 행복한 인생을 살아가는 새벽이슬 같은 주의 청년들이 되자.

당신 앞에 놓인 인생의 경주, 믿음의 경주가 결코 만만하지는 않을 것이다. 그러나 당신은 결코 혼자가 아니다. 구름같이 둘러싼 수많 은 믿음의 선배들이 당신을 응원하고 있다.

이러므로 우리에게 구름같이 둘러싼 허다한 증인들이 있으니 모든 무거운 것 과 얽매이기 쉬운 죄를 벗어버리고 인내로써 우리 앞에 당한 경주를 하며 믿음의 주요 또 온전하게 하시는 이인 예수를 바라보자 그는 그 앞에 있는 기쁨을 위하 여 십자가를 참으사 부끄러움을 개의치 아니하시더니 하나님 보좌 우편에 앉으 셨느니라 히 12:1,2

믿음의 선배들이 응원하고 있으니 힘을 내라. 무엇보다 당신이 달려갈 고난의 길을 친히 앞서가시고 그 길 끝에서 두 팔 벌려 맞아주실 주님이 계신다! 숨을 고르고 힘을 비축하여 뛸 준비가 되었는가? 나에게 주어진 경주를 힘껏 달려가보자.

청춘아, 겁먹지 마

초판 1쇄 발행   2016년 1월 25일

지은이   김세진

펴낸이   여진구
책임편집   2팀 | 최지설, 김나연
편집   1팀 | 이영주, 김수미   3팀 | 안수경, 유혜림   4팀 | 김아진
책임디자인   이혜영, 전보영 | 마영애
기획·홍보   김영하   해외저작권   김나은
마케팅   김상순, 강성민, 허병용, 이기쁨   마케팅지원   최영배, 이명희
제작   조영석, 정도봉   경영지원   김혜경, 김경희

이슬비전도학교   최경식, 전우순   303비전성경암송학교   박정숙, 정나영, 정은혜
303비전장학회 & 303비전꿈나무장학회   여운학

펴낸곳   규장

주소 06770 서울시 서초구 매헌로 16길 20(양재2동) 규장선교센터
전화 02)578-0003   팩스 02)578-7332
이메일 kyujang0691@gmail.com   홈페이지 www.kyujang.com
트위터 twitter.com/_kyujang   페이스북 facebook.com/kyujangbook
등록일 1978.8.14. 제1-22

ⓒ 저자와의 협약 아래 인지는 생략되었습니다.

책값 뒤표지에 있습니다.
ISBN 978-89-6097-437-1 03230

규 | 장 | 수 | 칙

1. 기도로 기획하고 기도로 제작한다.
2. 오직 그리스도의 성품을 사모하는 독자가 원하고 필요로 하는 책만을 출판한다.
3. 한 활자 한 문장에 온 정성을 쏟는다.
4. 성실과 정확을 생명으로 삼고 일한다.
5. 긍정적이며 적극적인 신앙과 신행일치에의 안내자의 사명을 다한다.
6. 충고와 조언을 항상 감사로 경청한다.
7. 지상목표는 문서선교에 있다.

하나님을 사랑하는 자 곧 그의 뜻대로 부르심을 입은 자들에게는 모든 것이 合力하여 善을 이루느니라(롬 8:28)

규장은 문서를 통해 복음전파와 신앙교육에 주력하는 국제적 출판사들의
협의체인 복음주의출판협회(E.C.P.A:Evangelical Christian Publishers
Association)의 출판정신에 동참하는 회원(Associate Member)입니다.